AF252358

PARTICULARITÉS

ET

OBSERVATIONS

SUR LES

MINISTRES DES FINANCES

DE

FRANCE

LES PLUS CÉLÈBRES,

Depuis 1660 jusqu'en 1791.

À LONDRES :

Au No. 9, Frith-street, Soho ; et chez A. Dulau et Co. Soho-square ;
J. Deboffe, Nassau-street ; Deconchy, New Bond-street,
et N. Pannier, Leicester-square.

1812.

De l'Imprimerie de Cox et Baylis, 75, Great Queen-Street,
Lincoln's-Inn-Fields.

TABLE DES MATIÈRES.

———

Cet ouvrage, destiné à donner une juste idée des Ministres des Finances de France les plus célèbres, a paru devoir être dédié au Ministre qui a porté le plus loin la science de la finance ; et l'hommage de ce livre est offert aux mânes de William Pitt.

Il n'est ici considéré, ni comme politique, ni comme orateur, mais comme l'administrateur qui a le mieux saisi les grands principes de la régie de la fortune d'un état, et a constitué le plus savamment le crédit national. S'il n'a pas embrassé dans ses pensées tout le système de la finance ; si même dans les parties dont il s'est spécialement occupé, il a laissé ouverture à des amendemens ; ses institutions et ses déterminations sur les finances, et sur l'ordre public, nécessaire à leur maintien, portent l'empreinte de grandes conceptions, de combinaisons justes, d'une grande dextérité dans l'exécution.

Un impôt sur le revenu a ouvert à l'état une grande source de richesse, a créé un produit croissant sans cesse dans la proportion de la crue du prix de tous les objets commerçables ; et cet impôt perçu sur l'intérêt de la dette nationale, en a tempéré l'exagération.

Les emprunts, par une méthode artistement combinée, ont reçu une grande extension ; et d'immenses capitaux ont été obtenus à un bas intérêt. Des délais ont été accordés aux capitalistes pour le payement des sommes placées dans ces emprunts ; l'époque des payemens partiels a été mise en concordance avec les besoins de l'état, et avec les temps où l'échéance des arrérages dus par l'état verse dans le public de grandes sommes. Après les premiers payemens, la banque suppléé les prêteurs pour le payement intégral ;

et le capital acquis est le gage de ces avances. L'emprunt est accompagné d'un impôt, qui non-seulement pourvoit au payement des arrérages, mais au remboursement dans un certain nombre d'années; et cet impôt, après ce rachat, étant toujours versé dans la caisse d'amortissement, en accroît le montant.

Cette caisse opérant ce remboursement par voie d'achat des créances de l'état, offre toujours un acheteur au propriétaire de ces créances; il n'est aucun état où le crédit national ait été aussi habilement organisé.

La banque, qui est le caissier de l'état, s'est-elle trouvée dans l'impossibilité de payer en espèces réelles? Elle a été par une sagacité subtile, autorisée à payer en billets, sans qu'ils soyent déclarés monnoie nationale; et cependant sans que le créancier puisse exercer une contrainte personnelle, s'il s'est refusé à prendre ces billets pour valeur.

Le roi tombe-t-il dans l'impossibilité d'exercer les fonctions de la royauté? Mr. Pitt trace les erremens qui doivent être suivis dans cette crise; et son plan devient un régime constitutionnel.

Des matelots révoltés assiégent-ils le pays dont ils sont les défenseurs contre l'ennemi qui le menace ? des mesures de répression, de fermeté, d'indulgence, sagement combinées, font cesser cette dangereuse insurrection, et portent ces insensés à réparer leurs coupables égaremens, par des actes d'héroïsme.

La Grande Bretagne et l'Irlande soumises au même roi, mais indépendantes l'une de l'autre, avaient des droits, et un gouvernement séparé ; et souvent prenaient des partis incohérens ; la réunion de ces deux corps politiques en un seul, et la fixation d'une proportion dans leurs contributions augmentent leur force, et assurent le bien-être de l'un et de l'autre.

Tels sont les titres de Mr. Pitt à la suprématie dans l'administration des finances. Nous nous abstiendrons de joindre ici des louanges. L'éloge d'un homme d'état est le récit des services qu'il a rendus à sa patrie. Nous doutons même si nous devons faire mention du désintéressement de Mr. Pitt. Administrateur des finances de la nation la plus riche de l'Europe, il est mort pauvre ; mais dans un caractère aussi élevé que le sien, le mépris des richesses, sentiment héréditaire dans sa famille, n'est qu'une vertu d'un ordre fort secondaire.

Que Mr. Pitt ne soit point de la nation, dont les ministres sont passés ici en revue, cette considération ne peut empêcher que son nom soit placé à la tête de cet ouvrage. Quiconque étend la sphère d'un genre de connaissances, a droit aux hommages de tous les pays où il est fait usage de ces connaissances. C'est la prérogative dont ont joui dans ce siècle tous les hommes supérieurs dans une science ou dans un art ; Frédéric-le-Grand dans l'art militaire, le Prince de Kaunitz dans la politique, Montesquieu dans la législation, la Grange dans la géométrie, Linnée dans la botanique, &c. &c. Qu'il soit permis de joindre aux noms de ces grands hommes, celui de Mr. Pitt ; sans prétendre, toutefois, qu'il ait été dans la science qu'il a professée, aussi loin qu'ils ont été dans la leur.

PARTICULARITÉS ET OBSERVATIONS,

&c. &c. &c.

OBJET ET PLAN DE CET OUVRAGE.

La gravité et le genre des impôts, la masse des dettes, la dispensation du revenu public, et toutes les dispositions que comprend l'administration de la finance, ayant la plus grande influence sur la puissance et le bonheur des nations, il est important de connaître et d'apprécier les hommes qui dirigent ces grands moyens de force et de prospérité. Éloge et reconnaissance sont dus à qui a rempli avec honneur, talent et succès, ces importantes fonctions ; le mépris doit punir l'impéritie qui détériore la fortune publique ; l'indignation doit poursuivre l'immoralité qui sacrifie cette fortune à des intérêts individuels. Par cette concession ou ce refus de l'estime et de l'affection nationale, l'opinion est érigée en moyen de gouvernement ; et la perspective du salaire du génie et de la vertu, qui seul soit digne d'eux, électrise les âmes, et les porte à entreprendre ce qui est grand et utile.

L'inspection à laquelle on se propose de soumettre les ministres des finances de France, ne remontera pas au delà du règne de Louis quatorze, à l'époque où ce prince a commencé à régner par lui-même ; car ce n'est qu'alors que la finance a eu réellement en France un caractère de science ; et que les ministres qui l'ont dirigée méritent d'être observés. Dans le temps où Condé et Turenne conduisaient à des victoires presque continuelles les armées Françaises ; où Louvois y établissait la régularité du service et la subordination ; où Vauban créait l'art des fortifications, Du Quesne et Tourville la tactique maritime ; où de grands magistrats réformaient l'ordre judiciaire ; où les anciens Pères de l'église semblaient revivre dans la personne de Bossuet ; où Corneille, Racine, Molière, Boileau, portaient au plus haut degré la gloire de la littérature Française : dans ce temps de prodiges, M. Colbert a introduit dans la finance un plan d'administration ; qui, sauf quelques modifications, des corrections qui l'ont rectifiée, ou des altérations qui l'ont dégradée, a été suivi jusqu'en 1791, que la Révolution survenue dans la constitution politique, s'est étendue à la constitution de la finance. Les impôts existans ont été supprimés ; d'autres leur ont été substitués ; le crédit public a été dirigé d'après des idées fantastiques ; des valeurs idéales ont été portées à des sommes énormes ; une monnoie décréditée a eu un cours forcé. C'est entre ces deux termes ; c'est depuis 1660 jusqu'en 1791, que seront concentrés les observations sur les ministres des finances de France ;

mais sur ceux seulement qui sont remarquables par des opérations importantes.

Quiconque n'a paru sur la scène ministérielle, que pour y montrer l'impuissance de s'élever à la hauteur de ses fonctions, ne doit point être tiré de l'obscurité où il est enfoui ; et son nom ne doit servir que de note chronologique dans l'histoire de la fortune publique. Nos regards même ne s'arrêteront point sur les ministres, qui quoique doués d'un esprit supérieur, et par leur caractère capables de grandes choses, n'ont rien fait de distingué et d'important ; soit qu'ils ayent été trop peu de temps en place pour mettre de grandes idées à exécution ; soit qu'ils se soyent bornés à une régie sage et juste d'après les erremens reçus ; en se restreignant dans ce cercle et y obtenant des succès, ils ont acquis des droits à la reconnaissance nationale, mais n'en ont point à la célébrité. Les ministres qui, en ouvrant une route nouvelle dans les finances, les ont améliorées ou détériorées, sont les seuls dont l'éloge ou la censure puissent intéresser, et servir d'instruction.

L'espace de temps à parcourir, ainsi circonscrit, n'offre que neuf ministres dont l'effigie doive être tracée ; Colbert, Desmarets, Law, Machaut, Silhouette, Terrai, Turgot, Necker, Calonne, et encore Necker dans son second ministère. On ne se propose point ici d'écrire leur histoire, ni l'histoire de leur administration ; mais de donner une esquisse de leurs opinions, de leurs erreurs, de leurs succès, de leurs fautes, de leurs mœurs, même des détails de leur vie intérieure. L'histoire par la grandeur de ses tableaux fait connaître les nations, offre l'ensemble et la série des événemens; par leur ensemble en fait sentir la force et l'importance, par leur série en découvre l'origine ; mais l'exposition des particularités inhérentes à ces événemens, en indique les causes secrètes; met en état d'en apprécier les auteurs ; découvre par quelles voies ils sont parvenus aux grandes places ; par quels moyens ils ont dirigé les destinées de leur nation, réussi ou échoué dans leurs entreprises ; à quel prix ils ont acheté l'honorable malheur de commander aux hommes.

On a attendu pour soumettre ces ministres à cette inspection, qu'aucun d'eux n'existât ; parce que dans une dissection scientifique et morale, ainsi que dans une dissection physique, il répugne à la sensibilité d'opérer sur un être vivant. D'ailleurs le temps de l'équité est celui où la mort a mis un intervalle immense entre le juge et le jugé. Lorsqu'un ministre a disparu de la surface de la terre, et que l'affection ou l'aversion, l'espérance ou la crainte, ne falsifient plus l'opinion; la génération qui lui survit doit ouvrir sa tombe, doit lui dire : *lève-toi, l'impartialité va te juger, présente-toi à son tribunal, le respect ou le mépris des siècles t'attendent.*

C'est de ce redoutable jugement qu'on va fournir ici les matériaux. On ne se dissimule point que la promotion de cette justice posthume, n'est point sans inconvénient ni sans quelque danger. Les auteurs de changemens dans l'ordre public, laissent après eux des sectateurs, des intérêts qu'il n'est pas possible de contrarier, sans s'exposer au moins à une indisposition muette et secrète, quelquefois plus à craindre qu'une haine ouverte ; mais cette considération n'a point arrêté l'auteur de cet ouvrage. Parvenu à un âge qui l'avertit qu'il va bientôt être soustrait au pouvoir des hommes ; n'ayant rien à en attendre, peu à en craindre, il s'est déterminé à la promulgation d'un acte de justice envers les morts, d'une leçon pour leurs successeurs donnée par des exemples, d'une censure du suffrage des nations souvent fautif dans l'approbation et dans le blâme ; il a voulu que des vérités, dont il a acquis la connaissance par l'étude, par ses fonctions, par la communication des opinions des personnes les plus renommées en administration, ne restassent pas enfouies. Il a désiré, par une suite des sentimens dont il a toujours été animé, que même les derniers momens de son existence ne fussent pas absolument stériles.

Qu'il soit permis d'observer que cette notice des ministres des finances doit inspirer de l'intérêt, parce que des faits qui sont rapportés, un grand nombre n'est pas connu ; et ceux qui le sont, sont ici présentés sous un aspect nouveau, revêtus de circonstances ignorées ; ou considérés dans des effets qui n'ont point été ou n'ont été que foiblement observés ; *(a)* et la relation de ces faits mérite une entière confiance, parce que celui qui les transmet a eu des relations, ou d'affaires, ou de société, ou de parenté, avec tous les ministres des finances qui ont été en place depuis près de soixante-dix ans ; et que pour ceux dont le ministère remonte à un temps antérieur, il a obtenu de leur famille des renseignemens, et la communication de pièces inédites, dont les extraits sont ici livrés au public.

On ne doit point être étonné que tous ces ministres soyent ici loués et censurés ; parce que les plus estimables ont, sous quelques rapports, mérité censure ; les autres ont sous quelques rapports mérité éloge ; le ministre qui a porté le plus loin la rectification d'une partie de finance, en a ignoré ou négligé une autre ; dans quelque profession que ce soit, non-seulement il n'est point d'homme parfait, mais il n'en est point de complet. Vérité particulièrement sensible en administration.

Que si la censure est dans cet ouvrage plus commune que l'éloge, c'est une fatalité inévitable,

(a) Par exemple, le système de Law presque toujours aperçu dans la rue de Paris où se pratiquoient les manœuvres des agioteurs, et sous le rapport de la création et de la destruction de leurs fortunes énormes et subites, est vu ici relativement à la révolution qui en a resulté dans les mœurs nationales, à l'exhaussement du prix de toutes les denrées et marchandises, à l'allégement du poids des impôts, et à la facilité de leur recouvrement.

lorsqu'on observe avec attention et discernement,
Il en est des génies comme des héros, qui, vus de
près s'éclipsent où s'atténuent; ce qui toutefois n'empêche pas que le titre de génie n'appartienne à qui,
sur des sujets graves, donne quelque extension aux
connaissances humaines; qu'il ne soit dû respect,
à qui, par de grandes pensées, s'élève au-dessus de
ses semblables, et reconnoissance à tout bienfaiteur
d'une nation.

Enfin sur quelque personnage que l'auteur énonce
une opinion, on ne pourra entrevoir s'il a eu personnellement à s'en louer ou à s'en plaindre; l'opinion ne sera fondée que sur des faits constatès,
et ce seront ces faits qui jugeront.

Avant l'époque, objet de nos observations, l'administration des finances de France ne pouvait être considérée que comme un métier et non un art. Le revenu public n'a d'abord consisté que dans le produit des domaines, secondé par quelques secours temporaires et éventuels. Émanée de la féodalité, la finance était viciée par cette origine dont elle conservait l'empreinte. Long-temps l'administration de ce département a été réduite à la notion de la nomenclature de quelques droits, et à l'invention de manœuvres frauduleuses pour extorquer des contributions. *(a)* Long-temps les ministres des finances, par l'énorme puissance dont ils étaient investis, ont été des despotes ; tandis que, par leurs vues étroites, ils n'étaient que des commis.

Dans le seizième siècle, mémorable à jamais en Europe par l'émancipation de la pensée, la révolution qui s'est opérée dans les opinions, dans la croyance religieuse, dans les sciences, dans les arts, dans le système politique, s'est étendu jusqu'à la finance. Peu de temps après que la religion chré-

(a) Singulièrement l'altération des monnoies. Les officiers de la monnoie faisaient serment de n'en point révéler la falsification.

tienne eut éprouvé une grande scission, que lés puissances Européennes eurent conçu l'idée d'une balance politique, que Bacon eut renversé le trône philosophique d'Aristote, que l'art militaire eut éprouvé une grande rectification en Espagne, en France, en Allemagne, en Turquie, les finances de France sortirent du chaos où elles étaient plongées. Dans le ministère parut un de ces hommes extraordinaires, qui devancent leurs contemporains et anticipent l'avenir; le Duc de Sulli, qui dissipa les nuages qui couvraient la finance, y introduisit ordre, méthode, et quelques principes sages. Cependant quel qu'ait été son génie, et quelle que soit sa renommée, il faut reconnaître que ses vues ont été bornées à découvrir qu'on ignorait, à entrevoir les vices de ce qui existait, à pressentir ce qui devait être. Nous allons esquisser ce qu'il a fait, et ce qu'il a été, afin de connaître ce qu'il a laissé à faire, et quel modèle il a offert.

Lorsque M. de Sulli, vers l'an 1595, fut appelé à l'administration des finances, elles étaient dans une situation pire que celle où elles ont jamais été depuis. La plus grande partie des revenus de l'état était engagée ; celle dont le trésor royal était en possession n'était que de 23 millions ; la dépense indispensable exigeait des sommes bien plus considérables: la dette montait à 300 millions. *(a)*

(a) Le roi, pour désarmer les révoltés, avait été contraint de s'engager à rembourser l'argent employé à lui faire la guerre, et

La France était dévastée, ensanglantée, dépeuplée par ses ennemis et par ses citoyens ; une grande partie des terres était en friche, et ne pouvait de long-temps être remise en valeur. Point de bâtimens pour recevoir les produits du sol ; point de bestiaux, sans lesquels il ne peut exister de culture ; le peu de manufactures établies avant les guerres civiles, et que ces guerres n'avaient point détruites, étaient dans l'inaction, faute de fonds pour les mettre en activité, et faute de demandes de leurs ouvrages. Nulle trace de commerce extérieur, l'aspect effrayant qu'offrait la situation de l'état interdisait les ressources qui naissent du crédit ; et il n'existait point en France de capitaliste qui eut des fonds disposibles. D'autre part, le roi n'avait qu'une autorité nouvellement reconnue, et à laquelle il était probable qu'on refuserait de se soumettre, s'il exigeait de fortes contributions.

Pour sortir de cette crise terrible, on imagina de convoquer une assemblée des notables de la nation, distingués par leur rang, remarquables par leurs vertus et leur sagesse, mais ineptes à l'administration des finances. Cette assemblée présomptueuse, comme l'est presque toujours l'ignorance, fit une estime des revenus de l'état et de l'accroissement dont elle les jugeait susceptibles par une bonne ré-

pour soutenir cette guerre, il avait emprunté de ses plus fidèles sujets des sommes dont l'honneur et la reconnaissance prescrivaient un prompt remboursement.

gie ; proposa de se charger de l'acquit des dettes, pourvu que le roi abandonnât la perception de la moitié des revenus de l'état, et ne retint que l'autre moitié pour l'entretien de sa maison et la solde dés troupes. Lorsque cette proposition fut soumise à la délibération du conseil du roi, elle fut rejetée unanimement, comme essentiellement attentatoire aux droits de la couronne. Sulli seul sentit la nécessité d'y accéder, et l'avantage de profiter de l'erreur des notables dans l'estime des revenus de l'état, pour s'en attribuer les parties les plus productives, et ne céder à l'assemblée que celles dont l'évaluation était exagérée, et qui devaient servir à l'acquit des dettes. Le roi ayant suivi ce conseil hardi, déclara qu'il acceptait la proposition de l'assemblée, reçut les plus grands applaudissemens, et les plus grands témoignages de la reconnaissance nationale ; et cette détermination ouvrit la carrière au rétablissement des finances, auquel il était impossible de parvenir par aucune autre voie. Ce conseil est le plus grand service, que jamais Sulli ait rendu à Henri IV, et aux finances.

Les députés des notables ne tardèrent pas à reconnaître l'impossibilité de satisfaire les créanciers de l'état ; et étant exposés à leurs plaintes, ils demandèrent long-temps, et inutilement que le roi reprit l'administration de toutes les finances ; et ne l'obtinrent enfin que comme une grâce. Alors, le roi étant rentré en possession de la régie de toute la fortune publique, Sulli, certain d'être soutenu par un roi sur l'affection duquel il pouvait compter, et qui d'ailleurs était très-disposé à protéger tout ce qui lui procurait de l'argent ; n'ayant point à craindre de contradiction de la part de la nation, qui, par la démission de ses députés avait reconnu son incapacité, et s'était livrée au roi, Sulli se permit, ce qui sans ce préalable aurait été jugé violent et tyrannique.

Les dettes de l'état subirent une révision terrible ; toutes furent réduites ou supprimées. Les domaines engagés furent retirés ; et le remboursement des engagistes fut réglé avec la même rigueur que la liquidation des rentes. *(a)* Les contributions furent augmentées ; plusieurs furent réformées ; cependant elles restèrent empréignées de grandes imperfections. La taille, quoiqu'elle fut toujours une contribution partielle et injuste, fut un peu moins arbitraire ; *(b)* et le nombre des exemp-

(a) Toutes les rentes crées sans qu'il fut justifié du payement en capitaux furent supprimées ; celles constituées à un taux plus haut que l'intérêt légal, ce qui était le sort de presque toutes, attendu le discrédit de l'état, furent réduites, et les arrérages payés au-dessus du taux légal furent imputés en remboursement, et les capitaux furent restreints ou supprimés, proportion gardée de cet excédent.

(b) Les taillables pour justifier de la surcharge de leur cote de contribution furent admis à en faire la comparaison avec la cote d'autres de taillables leur commune, moyen de vérification fautif et litigieux.

tions fut restreint. *(a)* Une des plus sages dispositions fut l'augmentation des droits d'entrée dans
les villes ; mais une faute inexcusable fut que le
prix fiscal du sel, impôt encore plus onéreux que la
taille, fut considérablement augmenté, et que ces
augmentations furent sujettes à des vacillations qui
n'étaient autorisées par aucun motif ; et ce qui n'est
pas moins répréhensible, nombre d'édits bursaux
peu productifs, et nuisibles par leur concurrence
avec les grands objets de contribution, fatiguèrent et
vexèrent les contribuables. *(b)*

Dans la perception des revenus de l'état, autres
erreurs ; non-seulement il admit des fermiers, mais
des sous-fermiers des droits sur les consommations. *(c)* Dans la dépense et la confection des
marches, il porta une rigidité qui ne laissait pas
aux entrepreneurs un gain légitime ; rigidité si

(a) Suivant le droit alors admis, quiconque prenait les armes
s'ennoblissait par cette profession, et était exempt de taille ; ces
ennoblissemens modernes furent supprimés, et les lettres de noblesse, ou exemptions accordées pour argent, furent révoquées, et
la jouissance des privilèges pendant quelques années tint lieu de
remboursement.

(b) Ces édits furent tellement multipliés, qu'il y en eut 59 ré-
voqués, quand M. de Sulli sortit de place.

(c) Les sous-baux, antérieurs à son administration, ayant été
passés à un taux fort supérieur au bail général, il contraignit les
sous-fermiers à verser au trésor-royal le prix des sous-baux, mais
il continua l'usage de ces sous-baux.

excessive, que quelquefois il est difficile de la concilier avec la loyauté qui le caractérisait. *(a)*

Dans l'emploi des revenus de l'état, il n'est rien qui ne mérite applaudissement : des chemins sont ouverts; des canaux sont creusés; la Seine est jointe à la Loire; des édifices publics sont élevés; les palais du roi sont aggrandis, la capitale est embellie; tous ces monumens ont un caractère de grandeur, de dignité, d'utilité. L'économie, qui préside à la confection de ces ouvrages, permet d'en augmenter le nombre et la grandeur; et ces utiles et magnifiques dépenses n'empêchèrent pas que de grandes sommes ne fussent mises en réserve, pour pourvoir aux besoins qui pourroient survenir. *(b)*

(a) Il a fait quelquefois souscrire à des commerçans des engagemens auxquels ils n'eussent point consenti, s'ils en eussent connu les objets. Dans la guerre contre le Duc de Savoye, il fit avec des voituriers un traité pour le transport à Lyon d'une grande quantité d'effets dont le poids fut spécifié, et la qualité ne fut point indiquée. Lorsque les effets furent livrés aux voituriers pour le transport, ils furent fort surpris de voir que c'étaient des effets d'artillerie qui ne pouvaient être mis sur les voitures, comme les marchandises qu'ils s'attendaient à transporter, ils voulaient se refuser à ce transport, mais ils y furent contraints par voie d'autorité, et éprouvèrent une perte considérable. M. de Sulli rapporte ce trait dans ses Mémoires, et même s'en glorifie.

(b) A la mort d'Henri IV. il y avait vingt-trois millions en dépôt dans le trésor royal, et dix-huit millions allaient y rentrer qui n'avaient point d'autre destination. On a beaucoup blâmé cette stagnation de grandes sommes, qui mises en circulation auraient donné une grande activité à l'industrie ; mais alors il n'é-

Dans son plan pour la prospérité de la France, il eut principalement en vue de faire fleurir l'agriculture, et donna à cette profession la préférence sur toutes les autres professions lucratives; *(a)* mais souvent il lui nuisit en voulant la servir; il adopta un malheureux système réglémentaire qui infectait alors l'administration, et ordonna quand il ne fallait que protéger. *(b)*

Parmi les manufactures, il marqua prédilection pour celles qui sont instrumentales de l'agriculture, et qui fournissent aux besoins réels et essentiels; mais il répugna à l'admission de celles qui servent

tait point d'autres moyens pour la plupart des états de pourvoir aux événemens, surtout pour la France qui avait manqué si souvent à ses engagemens. Une destination de ces fonds bien entendue eût été de prêter une partie de ces sommes aux particuliers à un intérêt faible, mais sous la condition de rendre au gouvernement en cas de guerre: ce remplacement industrieux de la thésaurisation a été pratiqué par le grand Frédéric; mais était alors absolument inconnu.

(a) Le travail de la terre peut seul assurer la subsistance, et rend les hommes plus sains, plus forts, plus propres à soutenir les fatigues de la guerre; et ces motifs déterminèrent M. de Sulli à accorder préférence à cette profession.

(b) Il substitua l'empire de la loi à l'opinion et à la volonté du cultivateur; il soumit à une disposition générale ce qui ne pouvait être bien réglé que par des considérations partielles et locales; il défendit de convertir en pâture des terres qui rapportaient des grains, et même de les planter en vignes; et par cette interdiction de l'emploi du sol, qui pouvait être le plus avantageux, il diminua la valeur de son produit.

au luxe et aux plaisirs ; et avec quelque art que fussent travaillés leurs ouvrages, il ne les appelait que de *superbes babioles. (a)*

Il s'occupa peu du commerce extérieur, parcequ'il était nécessaire de donner auparavant, de l'énergie au commerce intérieur ; et il le servit essentiellement en assurant les propriétés et les créances, en ouvrant des communications, et en baissant l'intérêt de l'argent ; mais il s'abusa quelquefois sur l'efficacité des moyens qu'il employoit. *(b)*

Son caractère, qui n'est pas irrépréhensible est pourtant fort supérieur à ses connaissances. Il y éclate une passion pour le bien public qui est la première vertu d'un ministre d'état, et un courage une force sans lesquels les plus belles conceptions sont admirables sans être utiles. Cependant son dévouement aux avantages de l'état avait une teinte dure et sauvage, étouffait en lui tout autre sentiment, même la pitié, et ne lui laissait voir dans les intérêts individuels, que des victimes à sacrifier à l'intérêt général ; cette rigidité s'étendit à toutes les fonctions

(a) Il résista long-temps aux ordres du roi pour l'établissement de manufactures de soie, mais il se porta volontiers à établir des manufactures de laine, il prétendait que le vêtement en étoffes de laine ou de soie n'était point indifférent pour les mœurs.

(b) Ce fut une illusion évidente de croire qu'il opérait la diminution du prix des marchandises, en ordonnant de compter dans les actes par livres tournois, plutôt que par écus.

qui lui furent confiées. Grand-maître de l'artillerie, il mit cette partie de l'art militaire sur un pied
sur lequel elle n'avait jamais été en France ; mais
pour y parvenir, dès qu'il fut nommé à cet office il
réforma dans ce département cinq cents employés.
Il est triste, mais il est souvent inévitable que de
grands succès ne soyent obtenus que par une grande
rigueur : mais il était du moins possible, et il
aurait été à désirer que ses refus eussent été fermes
sans être durs, et que son ton et ses manières
n'eussent pas indisposé autant que sa sévérité *(a)*.

Dans l'administration des finances il porta une
grande intégrité, vertu qui dans ces temps était
presque insolite ; mais cette vertu n'alla pas jusqu'au désintéressement. Lorsqu'il avait été nommé
surintendant des finances, il avait déposé à la chambre des comptes l'état de son bien, mais il le retira
quelques années après, parce que l'exhibition de cet
état était en contradiction avec la modération qu'il
avait d'abord annoncée. Cependant il ne dut la crue
prodigieuse de sa fortune qu'à des dons du roi, et
à des moyens légitimes. Son caractère, sauf des défauts de forme, serait à l'abri de tout reproche, si
après la mort d'Henri IV, lorsque le prince de Condé
revint à Paris, et que ses desseins encore incertains

(a) Dans diverses occasions où des commerçans lui firent des
représentations sur la création de droits fort onéreux, il leur répondit avec une fierté et une dureté, que rendait encore plus révoltantes le contraste avec la bonté familière d'Henri IV.

étaient inquiétans pour le gouvernement, il n'eut pas été offrir ses services à ce prince ; conduite bien peu digne de l'ami d'un grand roi.

Revenons à l'appréciation du génie de M. de Sulli. Quoique ce ministre soit tombé dans de grandes erreurs en finance, quoique dans ses plans de politique étrangers à la sphère de ses études et de son expérience, il se soit livré à des écarts d'imagination, et que ses systèmes ne soient que des rêves ; ce qui est en lui le plus admirable est la rectitude de son jugement, qualité la plus essentielle dans tout genre de science et d'art, et surtout en administration. Sur tous les objets qui sans une instruction préalable peuvent être appréciés et jugés par la seule action d'une saine raison, il distingua le meilleur parti *(a)* ; et saisit la vérité avec un tact d'une justesse surprenante. Assemble-t-on les notables ; et la nation attend-elle de leurs lumières le rétablissement des finances ? il contredit cet enthousiasme inconsidéré ; il déclare

(a) Il projeta une paix perpétuelle de l'Europe ; et dans cette vue il voulait former quinze états prépondérans, qui se confédéreraient pour la garantir ; mais, pour la formation de ces quinze états, il fallait étendre le territoire des uns, restreindre celui des autres ; et ainsi pour obtenir la paix, il engageait dans des guerres dont le succès ne pouvait être assuré, et dont la fin ne pouvait être prévue ; et quand cette confédération aurait été établie, et la paix obtenue, rien n'en garantissait le maintien contre la collision des intérêts nationaux, et la déviation résultante des intérêts personnels, des opinions, des facultés, des passions des chefs des nations.

que la formation d'un plan de finance ne peut pas plus être l'œuvre d'une réunion d'hommes, que la création d'un système de physique, l'invention d'un art, la composition d'un drame, le commandement d'une armée; que toute conception doit germer dans la tête d'un seul homme, sauf la révision par plusieurs. Cette assemblée forme-t-elle des prétentions exorbitantes ? quelque irrégulières qu'elles soient, il croit qu'il faut éviter le danger de mettre la puissance royale en opposition avec un vœu qui a une apparence de vœu national; et en même temps il découvre les moyens de tirer avantage de cette témérité. Lorsque Henri IV. le consulte sur un projet de mariage avilissant, et qui pouvait être funeste à l'état, il ne répond qu'en déchirant la promesse de ce honteux engagement ; procédé audacieux, mais plus énergique que des paroles, pour faire sentir l'indignation qu'inspire à un homme d'honneur l'avilissement de son roi *(a)*. Lorsque le prince de Condé pour mettre en sûreté ses droits d'époux, s'enfuit de France ; Henri IV. éperdu consulte Sulli sur ce qu'il doit faire : il répond, *rien*. Quand le roi lui objecte que ce n'est pas un avis, il répond, *c'est le meilleur de tous ;* et, en effet, si on eut attaché peu d'importance à cette fuite, elle en aurait eu peu. Intervient-il comme arbitre dans des tracasseries

(a) Henri IV. surpris et indigné de cette audace, lui ayant dit, *êtes-vous fou, Sulli ?* il repartit, *plût à Dieu, Sire, qu'il n'y eût que moi en France.*

auxquelles le rang des intéressés donne l'importance d'affaires d'état, la sagesse de ses vues et la sagacité de son discernement s'étendent à tous les objets, et se manifestent dans la politique domestique *(a)*.

Rien de plus brillant que l'heureux changement qui s'est opéré en France dans le cours du ministère de M. de Sulli. Un état dépeuplé, dont les habitans sont pauvres, le sol inculte, le trésor public vide, la dette énorme, est transformé en un état dont la population est florissante, où l'on voit de toutes parts des terres défrichées, et des maisons rebâties ; la dette est diminuée, et dans le trésor public de grandes sommes sont en réserve. A l'aspect de cette restauration, une ignorante admiration a cru voir dans M. de Sulli l'auteur d'un prodige ; mais le prodige disparaît, si l'on observe par quels moyens il s'est opéré : douze années de paix, l'ordre public rétabli, et la propriété assurée par la paix ; un roi qui ayant

(a) Ayant été assez heureux pour appaiser, au moins pour un temps, les différens que les infidélités d'Henri IV. élevaient entre lui et la reine ; cette princesse dit à Sulli que, satisfaite du roi, elle voulait lui donner une grande preuve de confiance, et l'avertir que *trois personnes de la cour l'avaient requise d'amour. Madame,* lui dit Sulli, *ne parlez pas de cela au roi ; cela mettrait dans sa tête beaucoup d'idées, qu'il est plus sage d'en écarter.* La reine ayant insisté pour donner au roi cette marque de son affection et de sa fidélité : *Madame,* repartit le ministre, *le roi est trop homme du monde, pour ne pas savoir qu'on ne parle pas d'amour à une femme de votre rang, sans qu'elle y ait donné occasion.*

connu une extrême pénurie d'argent sentait la nécessité de la suppression de toute dépense qui n'était
pas indispensable ; l'abolition violente de la plus
grande partie de la dette publique ; la création de
nombre d'impôts. M. de Sulli a donné lui-même
la mesure de sa capacité en finance ; lorsqu'il a tracé
le plan des ressources de l'état en cas de survenance
d'une crise. Retard de payement des rentes pendant six mois ; emprunt de £1,200,000. ; augmentation du prix du sel ; don à exiger du clergé ;
augmentation des droits de péage par la réappréciation des marchandises ; création d'offices de magistrature ; création d'un triennal dans les offices de
finance. Que la prévention respectueuse qu'inspire
le nom de Sulli soit écartée, quelle opinion concevra-
t-on d'un tel plan ? (a) Ce qui constitue le véritable
mérite de M. de Sulli, et justifie l'admiration dont il

(a) La suspension du payement des rentes pendant six mois est
plus onéreuse pour les rentiers, par l'interruption subite de leur
revenu, qu'une réduction de rentes plus productives pour le
gouvernement ; un emprunt de 1,200,000 tournois est une bien
foible ressource ; le défaut de crédit pourrait nécessiter cette restriction ; mais un emprunt dans le même temps qu'une infidélité
aux engagemens contractés est une contradiction évidente. Augmenter les droits de péage, est accroître les obstacles du commerce
qui devaient être supprimés ; créer des magistratures inutiles, c'est
pervertir l'administration de la justice. Le doublement des
offices de finance était déjà un grand vice ; créer un triennal, c'est
l'aggraver ; augmenter le taux du prix du sel, c'est donner la préférence à l'impôt qui pèse le plus sur la misère, &c. &c.

est l'objet ; c'est la réunion d'un grand sens, qui comme nous venons de l'observer, dispose à saisir tous les genres de vérité ; d'une grande application aux affaires, qui donne de l'action à l'intelligence ; d'une grande observation de l'effet des institutions, qui l'a conduit à leur réforme, et l'a élevé à la fin de son ministère fort au-dessus de ce qu'il était d'abord, ainsi qu'il le reconnaît lui-même dans ses Mémoires ; enfin une âme grande et noble, et une grande fermeté dans le vouloir, nécessaire pour transformer des pensées justes en opérations utiles ; mais les grands principes de la finance, il ne les a point connus ; il ne s'était livré à l'étude de cette science qu'après avoir passé une partie de sa vie dans des occupations qui y étaient étrangères ; il n'y avait point alors de livres où les principes fussent consignés ; nul exemple dans l'administration Française, ni dans l'administration des autres pays, qui put servir de guide ; il a été pour la France dans cette partie, ce qu'a été pour la Grèce en astronomie, le philosophe, qui lui a appris que le soleil était plus grand que le Péloponèse.

Depuis la mort d'Henri IV. et la retraite de M. de Sulli jusqu'à l'avénement de M. Colbert au ministère, on compte 12 ministres des finances *(a)*, dont il n'est aucun, à qui la France doive des insti-

(a) MM. Jéannin, Schomberg, La Viell Ville, Marillac, Bullion, Bouthillier, Servien, D'Avoux, Bailleul, La Viell Ville pour le 2e. fois, Emérl, Maisons, Fouquet.

tutions importantes. Le Cardinal de Richelieu, dans le choix qu'il a fait des ministres, ainsi que des généraux, a souvent moins consulté le talent, que la soumission absolue à ses volontés. Le Cardinal Mazarin connaissait mieux les affaires extérieures et la politique, que le gouvernement intérieur; et d'ailleurs dans la régie des finances il prenait la ruse pour l'habileté, et estimait trop peu la probité. Eméri, sa créature, soutenait que l'équité était inadmissible en administration. M. Fouquet, le dernier ministre des finances qu'il ait mis en place, donna l'exemple de la déprédation par son luxe immodéré; et, quant à ses notions en administration, il était si loin des véritables principes, qu'il prétendait que dans les emprunts faits pour le compte de l'état, le taux de l'intérêt était peu important, parce que c'était de l'argent qui passait de la main d'un Français dans la main d'un autre. Enfin, l'heureuse destinée de la France plaça M. Colbert à la tête des finances; et alors a commencé un nouvel ordre de choses.

M. COLBERT.

M. Colbert doit être considéré comme le fondateur en France de la finance moderne. Nous avons vu que M. de Sulli malgré sa grande renommée ne peut être réputé que son précurseur; nous verrons que les successeurs de M. Colbert ne sont qeu ses écoliers, dont quelques-uns pourtant ont corrigé, perfectionné, amplifié l'ouvrage de leur maître. Comme son administration a formé une ère nouvelle en finance, comme il a étendu ses réformes sur presque toutes les institutions financières, nous en tracerons ici un plan plus ample, que celui des autres ministères, qui presque tous ne sont que des modifications, et des amendemens, qui sont le fruit du temps ; ou des altérations qui sont des preuves d'impéritie.

Impôts.

La paix nouvellement conclue permettait, et parconséquent prescrivait de diminuer les impôts ; ce devoir du trône fut rempli. Heureux ce ministre s'il lui avait toujours été possible de satisfaire les sentimens de justice et de bienfaisance dont il était animé; du moins il fut toujours le défenseur du peuple, et malgré des dispositions d'une rigueur extrême qu'occasionnèrent l'exorbitance des dettes de l'état, et les guerres qu'il eut à soutenir pendant la plus grande partie de son ministère, il lutta constamment contre l'augmentation des impôts. En 1661, première année de son ministère, et temps de paix, les impôts montaient à 81 millions ; et en 1683, année de sa mort, et temps de paix, les impôts ne montaient qu'à environ 87 millions, et loin que ces trois millions doivent être considérés comme une augmentation des charges nationales, il y avait diminution réelle, eu égard à la crue du taux des monnoies, à l'augmentation du prix des denrées, à l'extension du territoire du royaume par les conquêtes.

Parcourons les divers genres d'impôts établis en France : nous verrons dans presque tous, M. Colbert introduire de meilleurs principes, simplifier les règlemens, améliorer le sort des contribuables ; cependant au milieu de ces grandes et utiles réformes, n'être pas à l'abri de grandes erreurs.

Taille.

M. Colbert a considéré les tailles comme la partie principale du revenu de l'état ; mais comme une de celles qui par leur nature et par leurs vices, sont les plus onéreuses aux contribuables, et il en a réduit le montant dans une proportion étonnante. Quelques années avant ce ministère (à la vérité pendant un temps de guerre) cet impôt s'élevoit à 53 millions ;

quelques années avant sa mort, elles ne montaient plus qu'à 35 millions, et il projetait de les réduire à 25, si la diminution des dépenses le permettait. En attendant qu'on pût parvenir à ce but, il rendit cet impôt beaucoup moins onéreux en donnant des instructions pour rendre la répartition moins inégale et moins arbitraire, en supprimant nombre de priviléges qui soustrayaient à la contribution l'aisance et même la richesse ; en rendant le recouvrement moins dur par la prohibition de la saisie des bestiaux du cultivateur, et de ses instrumens aratoires.

Comme la taille réelle par sa fixité et par l'estime légale qui doit être la base de la répartition, entraîne moins d'embarras, moins de contestations, moins d'abus que la taille personnelle, surtout telle qu'elle était alors, il entreprit de convertir la taille personnelle en taille réelle ; et il fit l'essai de cette conversion sur la généralité de Montauban, pays d'élection et de taille personnelle, qui tenait au Languedoc, pays d'états et de taille réelle ; mais l'impôt établi en Languedoc fut pris pour modèle sans examen, sans discussion préalable des défectuosités graves qui y viciaient cet impôt, et comme les pays d'états sont grevés de contributions moins fortes que celles des pays d'élection, les charges de la province où se faisait cet essai n'ayant point été allégées, les vices et les inégalités de l'assiette et de la répartition de l'impôt, furent plus sensibles et plus graves ; et par la variation inévitable qui survint dans la

valeur des terres, les maux résultatis de ces inégalités s'aggravèrent *(a)*. M. Colbert l'ayant reconnu
suspendit son projet d'une réalisation générale, et
s'occupa de la rectification de la taille réelle dans
les provinces où elle était établie, pour, après qu'elle
aurait reçu son perfectionnement, y soumettre tout
le royaume.

Dans cette vue il fit tenir une conférence des
intendans des provinces de taille réelle ; et de leurs
travaux sortit un projet de réconstitution de cet
impôt *(b)*, défectueux encore, en ce que les véritables principes de la confection d'un cadastre
n'étaient point saisis, et que les exemptions toujours

(a) La conversion de la taille personnelle en taille réelle dans
la généralité de Montauban, fut terminée en 1666. Les inconvéniens qu'elle entraîna devinrent successivement plus graves,
et 60 ans après furent tels, que la culture de plusieurs terres, fut
abandonnée pour les soustraire à l'impôt ; cependant le gouvernement refusait de diminuer la masse de l'imposition de la
province, de crainte que les autres provinces ne formassent aussi
des prétentions pour obtenir des diminutions ; l'expédient qu'on
imagina en 1727 fut d'augmenter l'imposition de la généralité de
120 mille livres, qui furent réparties en diminution d'allivrement
aux terres trop imposées ; et cet expédient rendit à la culture
son activité.

(b) Le projet d'ordonnance existe. A la tête de la conférence
tenue pour la rédaction de cette ordonnance, était l'intendant
du Languedoc, M. Daguesseau, père du chancelier, moins célèbre,
mais plus profond penseur que lui, de l'aveu même de son fils ;
il écrivait à M. Colbert, en lui envoyant le projet d'ordonnance,
une lettre où l'on découvre des vues étendues et justes.

dérivant du régime féodal étaient mal fondées et trop nombreuses ; *(a)* impôt cependant plus juste, plus sage, mieux combiné qu'aucune des formes de taille alors admises en France. Ce projet avait passé sous les yeux du conseil, et était sur le point de recevoir le caractère de loi, lorsque M. Colbert mourut : ses grandes vues furent enterrées avec lui ; et même tout ce qui émanait de lui fut vu défavorablement, fut, autant qu'il était possible, mis à l'écart par son successeur, et depuis a été perdu de vue *(b)*.

Gabelle.

Il eût été à souhaiter que le génie, la sagesse, l'expérience de M. Colbert l'eussent déterminé à la suppression de l'impôt sur le sel, contribution excessivement onéreuse dans quelques provinces par le haut prix auquel est portée cette denrée, et dans toutes évidemment injuste, parce qu'elle pèse presque autant sur le pauvre que sur le riche, et beaucoup moins sur le célibataire que sur le père d'une nombreuse famille ; contribution funeste pour l'agriculture parce qu'elle prive les bestiaux d'un ali-

(a) Dans le Dauphiné, province de taille réelle, les propriétés étaient évaluées à 5,000 feux dont 1,500 étaient exempts de tailles, c'est près du tiers.

(b) Sous le règne de Louis quinze un intendant du Dauphiné voulut mettre à exécution le projet de réforme de M. Colbert, mais il ne fût point secondé par le ministère.

ment nécessaire à leur santé ; contribution pernicieuse en ce qu'en cette partie la fraude du droit
étant très lucrative, en donne l'habitude, cimente
l'immoralité, établit une guerre continuelle entre
les contribuables et les agens du fisc.

Du moins, d'après la conviction des maux que
produit cet impôt, M. Colbert tendit toujours à
en réduire le taux *(a)* ; mais ne pouvant en opérer
la réduction autant qu'il le désirait, il en régla du
moins la perception par une loi qui est un chef-
d'œuvre d'industrie financière, et établit l'organisation la moins défectueuse d'un impôt vicieux par sa
nature, et par des inégalités fondées sur des prérogatives constitutionnelles, qu'il n'osait ou ne pouvait détruire. *(a)*. La gêne et la rigueur sont portées
à un extrême degré ; mais il n'est presque aucune
gêne, aucune rigueur, qui ne soit commandée par
la nature de l'impôt, ou la situation du lieu où il

(a) En 1663 diminution du prix du sel ; en 1667 quelques
cantons sont affranchis de cet impôt, parce qu'il était presque
impossible de les y tenir strictement assujettis ; en 1668 autre
diminution ; en 1674 augmentation ; mais à la paix en 1678
réduction au prix de 1668. M. Colbert avait le projet d'une
nouvelle diminution, et en effet elle était bien désirable ; car malgré ces diminutions à la fin de son administration le minot de cette
denrée se vendait dans les provinces de grande gabelle 41 livres ;
ce qui revenait, eu égard à la valeur de la monnoie, à environ un
marc et demi d'argent. Plus de cent ans après, en 1789, dans
ces mêmes provinces, ce même quintal se vendait 62 ; ce qui ne
revenait qu'à environ un marc un cinquième.

est perçu ; et les combinaisons les plus ingénieuse-
ment ménagées, établissent une balance d'indulgence et de rigueur *(a)*.

Aides.

Les droits d'aides sont le genre d'impôts que M.
Colbert a le plus augmenté : à son avénement au
ministère, les aides ne rapportaient que 1,520,000,
à sa mort elles rapportaient 21 millions. *(b)* Il
est surprenant que M. Colbert, qui désirait faire
prospérer les manufacturés, et leur procurer dans
l'étranger un débit avantageux, ait préféré le genre
d'impôt qui enchérit le plus la main d'œuvre ; qui
d'ailleurs exige le plus grand nombre de surveillans,
dont la perception est dispendieuse, et dont la fraude
est fréquente. Mais ces inconvéniens sont moins

(a) La vente du sel est monopolisée, parce que la monopole
est nécessaire pour ce genre d'impôt ; dans les pays où le sel est
porté au plus haut prix, la consommation est forcée, contrainte
qu'exige le grand intérêt à se soustraire à cet approvisionnement.
Dans les pays où le prix est inférieur, la consommation est volontaire ; quand ces pays sont voisins de ceux où le sel est taxé au
plus haut prix, pour éviter les versemens, la consommation est
limitée. Quand la consommation est forcée, l'estime par le
fisc de cette consommation est beaucoup moins forte que dans
les pays où la consommation est limitée, et lorsque dans des pays
voisins les prix du sel sont inégaux, les sels fournis à ces pays
sont de diverses qualités.

(b) Il est possible, qu'en 1683, on ait classé dans les aides,
quelques impôts, qui auparavant n'y étaient pas compris ; mais
cela n'empêche pas qu'il n'y ait eu une grande augmentation.

graves dans les droits perçus à l'entrée et à la sortie
des villes ; et c'est le genre de droits qu'il a le plus
augmenté : ce fut une de ses premières opérations,
et il y procéda d'une manière aussi irrégulière que
violente et injuste ; car la moitié des octrois que les
villes avaient établis pour leurs besoins particuliers,
fut réunie au fisc.

En outre les droits d'aides reçurent une grande
extension : originairement, ils portaient presque
uniquement sur les liqueurs fermentées ; les métaux,
le papier et le parchemin, qui servent de monumens des conventions, et d'instrumens judiciaires,
et nombres d'autres objets y furent encore assujettis.

Le taux de ces droits fut aussi fort augmenté :
ceux sur les fers furent portés à un tel excès, qu'on
fut forcé d'en opérer la diminution par des abonnemens. Quelques droits furent supprimés, mais la
suppression fut bornée à des objets minutieux.

Un assez long-temps se passa avant que M. Colbert portât la réforme dans cette partie des finances :
il fallut que l'expérience et l'observation lui eussent
fait connoître et les abus qui y régnaient, et les
changemens qu'il était expédient et possible d'introduire. En 1680, une ordonnance établit l'ordre
qui subsistait encore lors de la révolution ; à la vérité modifié dans plusieurs parties. Divers droits
perçus sur les mêmes objets furent réunis en un
seul. Le montant du droit, les faits qui y donnent
ouverture, le temps, la forme de la perception,

tout fut spécifié et déterminé ; et cette fixation prévint des vexations et des discussions qui formaient une aggravation des droits.

Le montant de la récolte constaté au moment de la récolte, pour prévenir les soustractions au préjudice des droits du fisc, la perception des droits différée jusqu'au temps de la vente, l'affranchissement de la consommation du propriétaire, ont allégé les charges du contribuable, en maintenant et assurant les droits du fisc.

Quelque rectification qu'ayent produit ces réformes, nombre de défauts peuvent encore être reprochés à ce régime : *(a)* mais M. Colbert l'ayant rendu moins défectueux qu'il ne l'était, et ses successeurs n'y ayant pas fait, à beaucoup près, autant

(a) Il serait à désirer qu'il eût été établi extension de ces droits à tout le royaume, et égalité de taux proportionnellement aux valeurs ; uniformité nécessaire pour prévenir les versemens frauduleux d'une province sur l'autre, et les frais d'une surveillance très-dispendieuse et cependant insuffisante ; uniformité à laquelle il était possible de parvenir, sans violence, par des équivalens et des indemnités. C'était encore un grand défaut que les droits sur la vente en détail fussent plus forts et plus étendus à plus de provinces que les droits sur la vente en gros ; ce qui fait retomber sur le pauvre le poids principal de l'impôt ; que nombre de droits fussent au même taux, quoique portant sur des valeurs inégales, par exemple, les droits sur le poisson frais, et ceux sur le poisson salé ; faveur injuste accordée à la richesse ; que les droits d'entrée dans les villes fussent au même taux sur des vins dont les prix sont inégaux ; ce qui interdit cette entrée aux vins de faible qualité, etc. etc.

d'améliorations qu'il en a reçu de lui, la confection de ce code financier doit être comptée parmi les grands services que ce ministre a rendus à la France.

Droits de Traite.

LES droits à percevoir sur la translation des denrées et marchandises, d'un état à un autre, ou même d'une province à une autre, requièrent de plus grandes vues que les autres impôts, une connaissance plus étendue, une combinaison plus approfondie, des intérêts politiques, commerçans, fiscaux. M. Colbert a mieux qu'aucun de ses prédécesseurs, entendu cette partie de finance, qu'il n'a cependant traitée qu'imparfaitement, à cause de la résistance que lui ont opposée les puissances étrangères, et les provinces privilégiées. Mais autant que l'ont permis ces obstacles, un ordre sage a été admis ; les droits jusqu'alors perçus sur la circulation dans l'intérieur de l'état ont, lorsqu'il a été possible, été reportés aux frontières ; les droits qui avaient plusieurs dénominations n'en ont plus eu qu'une seule ; des droits perçus dans divers bureaux ont été perçus en un seul ; le taux de ces droits a subi la réforme la plus avantageuse au commerce, dans les relations avec l'étranger. Les droits sur l'importation et sur l'exportation ont été élevés ou restreints dans la proportion que requérait la main d'œuvre et la navigation nationale ; et par cette réforme, les manufactures et le cabotage de la France ont été tirés de l'anéantissement où les avait plongés un régime vicieux. Le règlement donné en 1667 fut pour les étrangers, surtout pour les Hollandois, un coup de foudre; et ce fut, pour la France, le palladium de son industrie et de son commerce, et une imitation de l'acte de navigation de l'Angleterre.

Cependant lorsque Louis XIV. (1678) par le succès de ses armes, et par nombre de victoires, devait avoir du moins le droit de régler et de protéger le commerce de ses sujets, il fut obligé d'en sacrifier les avantages à la paix de Nimègue. Les Hollandois ne consentirent à la grande extension que reçut le territoire Français, qu'à condition que le tarif récent, qui réprimait les invasions de leur commerce et de leur navigation, serait supprimé. *(a)*

. Le refus de plusieurs provinces de renoncer à des prérogatives, dont l'intérêt de l'état exigeait l'abolition, et dont souvent l'intérêt particulier de ces provinces, bien entendu, conseillait le sacrifice ; l'exemption dans quelques provinces de droits perçus dans

---

(a) Ce fut la seconde fois, pendant le règne de Louis XIV., que les intérêts commerciaux furent sacrifiés aux intérêts politiques. A la paix de Westphalie, quand les Hollandais, en faisant leur paix avec l'Espagne, avaient cessé d'avoir besoin des secours de la France, ils l'avaient forcée à révoquer une loi de 1629, qui gênait leur commerce, et défendait de fréter, dans les ports de France, des navires étrangers.

d'autres, ou l'inégalité de ces droits, forcèrent d'élever entre elles des barrières, qui d'un seul état en formaient plusieurs, ayant des intérêts indépendans, ou même contraires. *(a)* Il fallut attendre que le progrès des lumières, fortifiant le gouvernement, l'autorisât à faire le bien de la nation.

Le commerce reçut une grande extension par l'établissement de l'entrepôt, qui permit la réexportation des marchandises à l'étranger, en exemption de droits ; et par l'établissement de ports francs, qui, dans leur enceinte, admettent des genres de commerce interdits dans l'intérieur de l'état, qui ne se ressent point de cette licence.

Régie et Recouvrement des Impôts.

Dans la régie et le recouvrement des impôts, les vieilles formes adoptées lors de l'établissement de ces impôts, ont été maintenues malgré leurs défectuosités.

Presque tous les impôts, à l'exception de la taille, ont été affermés, d'après le préjugé, dans lequel on était alors, que cette méthode était nécessaire pour donner à la perception de l'activité, et pour asssurer l'acquit de la dépense publique ; et par cette fausse considération on privait l'état d'une portion des re-

(a) On distinguait des provinces absolument Françaises, des provinces réputées étrangères, des provinces dénommées étrangères réelles.

venus qui auraient dû entrer dans ses coffres ; on livrait les contribuables à la rapacité financière, et à la stricte exécution des lois fiscales, dont la modération est souvent prescrite par des considérations d'équité et de bien public.

Il fut de nouveau ordonné, ainsi que l'avait prescrit M. de Sulli, que les fermes seraient adjugées à l'enchère, quoique cette forme soit difficilement praticable dans quelque pays que ce soit, et plus particulièrement dangereuse en France par l'imprudente avidité des enchérisseurs.

Les sous-fermes d'usage dans le temps de M. de Sulli furent aussi maintenues, quoique ce soit un mode de perception très-vicieux ; puisque les gains des sous-fermiers forment une déduction de plus sur les revenus de l'état, et que la division des intérêts empêche une collaboration qui rend le recouvrement plus économique.

Autres Droits.

Indépendamment des impôts dont nous venons de donner l'esquisse, le revenu de l'état fut accru par la création de plusieurs autres droits, ou par l'exhaussement de leur taux ; et dans cette classe est singulièrement remarquable un droit de timbre sur le papier, qui excita alors des séditions en Bretagne et en Guyenne, et qui depuis a reçu une grande extension ; et dans ces derniers temps a formé une des mines les plus riches qu'ait exploitée la finance.

Avant **M.** Colbert un droit d'entrée était établi sur le tabac ; il le convertit en un droit de vente exclusive, qu'il afferma 500,000, et dont un siècle après, l'industrie financière a tiré soixante fois autant ; cependant il ne voyait pas favorablement ce genre de droit, et il regrettait que pour faire valoir ce privilége, le sol de plusieurs provinces fut privé d'une riche production ; et que de quelques provinces, où cette culture restait permise, il se fit dans les autres des versemens frauduleux ; et enfin, que l'achat de cette drogue chez l'étranger établit en sa faveur une créance sur la France.

Domaines.

LES domaines corporels de l'état, objet peu considérable, mais objet primitif du revenu public, furent régis avec plus d'attention et plus d'intelligence qu'ils ne l'avaient été jusqu'alors. M. Colbert sentit l'inconvenance de laisser subsister une empreinte d'inaliénabilité sur tout genre de valeur qui formait une propriété de la couronne ; et suivant la voie tracée par M. de Sulli, qui déjà s'était élevé au-dessus des préjugés superstitieux des hommes de loi, qui consacroient des propriétés minutieuses, il étendit l'affranchissement de l'inaliénabilité à tout genre de propriétés domaniales dont la régie donnait lieu à de grands frais, et qui étaient de nature à pouvoir plus facilement être mises en valeur par l'industrie des particuliers.

Mais autant il était expédient de faire de tels sacrifices, autant il était sage de prescrire une sage régie des bois domaniaux; partie considérable des productions forestières de la France, et dont le bon état est intéressant pour le service de tous les arts qui ont besoin de l'action du feu; pour la construction des bâtimens, et surtout pour la marine; leur exploitation fut réglée, de manière à les porter à leur plus grande valeur, et à les adapter aux besoins nationaux. L'importance de ces produits de la terre, autorisa à mettre de grandes gênes à la propriété privée; les coupes prématurées furent défendues; l'avidité des jouissances fut contenue, et l'intérêt individuel étant subordonné à l'intérêt général, sur un certain espace de terrain, on fut obligé de conserver un certain nombre de grands arbres, et par préférence ceux qui promettaient une plus belle crue. Les bois ecclésiastiques ou communaux furent soumis à un régime encore plus sévère; la coupe d'une grande partie de ces bois fut interdite, jusqu'à ce qu'ils fussent parvenus à un tel degré de valeur, qu'elle ne fut plus susceptible d'accroissement; et, pour favoriser la restauration et la prospérité de la navigation, la marine eut sur les bois qui pouvaient lui convenir un droit de préférence. N'y aurait-il point eu un meilleur plan à suivre dans cet aménagement des bois et le régime de leur exploitation ? C'est le sujet de plusieurs problèmes économiques et administratifs; mais ce qui n'est point incertain, est que M. Colbert a prescrit un régime mieux conçu que les précédens, et le plus sage qui fut connu de son temps.

Crédit.

M. Colbert n'a point porté dans la création et la direction du crédit, des vues aussi grandes et aussi sages que dans les autres parties de son administration ; d'abord il méconnut la nécessité de ce moyen de puissance, qui dans la lutte des nations change la proportion de la force respective de leurs richesses ; et quand il fut forcé d'y recourir, il ne sut point en manier les ressorts.

. Sous le ministère de M. Fouquet l'état avait subi une telle usure dans les prêts qui lui avaient été faits, que pour élever une digue insurmontable contre ces désordres, M. Colbert fit rendre un arrêt du conseil, qui défendit aux traitans, sous peino de mort, de faire désormais des avances de deniers au roi ; un long-temps ne se passa pas sans qu'il fût obligé de recourir à ces avances ; et il voulut alors faire révoquer cette prohibition ; mais il en fut détourné par un conseil sage ; on lui fit entendre que cette révocation donnerait plus d'éclat à sa faute, qu'il était plus sage de laisser tomber dans l'oubli une disposition décréditée par l'impossibilité de l'exécution, et la sévérité monstrueuse de la peine prononcée ; en conséquence il fut procédé à de nouveaux emprunts sans faire mention de l'arrêt, comme s'il n'avait pas existé ; il subsistait encore lors de la révolution, et depuis 1660 tous les gens d'affaires ayant fait des avances au roi, avaient encouru la peine de mort pour avoir rendu à l'état un service nécessaire. L'indignation que M. Colbert avait conçue de l'abus du crédit fut sensible, dans la perte qu'il fit subir aux créanciers de l'état ; les rentes données en payement aux traitans et aux fournisseurs, furent supprimées par forme de confiscation ; les rentiers au profit de qui avaient été constituées les rentes à bas prix, furent contraints de payer un supplément ; et même après ce payement, ne furent pas exempts de traitemens rigoureux ; comme les rentes nouvellement créées étaient suspectes de fraude d'après la corruption du ministère de M. Fouquet, elles furent supprimées, sauf à pourvoir au remboursement de celles qui auraient été légitimement acquises, et sur le pied de leur acquisition. Les débiteurs de l'état qui avaient été admis à se libérer en papier au lieu d'espèces réelles, furent obligés de payer de nouveau, sauf pour le papier qu'ils avaient fourni, une déduction sur le pied du cours de la place au temps du payement. D'anciennes rentes qui avaient déjà souffert des réductions en subirent encore de nouvelles, qui plus ou moins fortes suivant la nature des rentes, furent portées pour quelques-unes jusqu'à moitié du capital ; pour quelques autres la réduction fut encore plus forte ; et ensuite ces rentes furent remboursées non sur le

pied de leur constitution originaire, ni même sur
le pied de leur réduction, mais proportionnément
au cours qu'elles avaient dans le commerce depuis
ces réductions ; et encore les arrérages de ces rentes
ainsi réduites et morcelées, ne furent point payés
exactement. Cependant la guerre de 1672, et
l'obligation dans laquelle fut M. Colbert de recourir
à de nouveaux emprunts, forcerent à plus de ménagemens pour les créanciers de l'état qui furent
servis plus exactement de leurs rentes ; à la paix les
rigueurs recommencerent mais furent bien moindres,
et moins contraires à l'équité.

Une chambre de justice fut établie qui découvrit
de fausses ordonnances de comptant pour des
sommes considérables, les traitans furent d'abord
poursuivis criminellement à raison de leurs gains
illégitimes ; mais ensuite ils furent seulement condamnés à de fortes taxes, et encore suivant un usage
assez fréquent dans ces taxations, les plus riche sou
les plus en crédit, en obtinrent la décharge, ou la
réduction.

Des lettres de noblesse qui avaient été vendues, et
qui depuis encore avaient été confirmées moyennant
finance, furent supprimées, et les privilèges et prérogatives dont ces lettres avaient donné une jouissance temporaire, tinrent lieu de remboursement.

La création d'offices moyennant finance, forme
d'emprunt alors fort usitée, et plus onéreuse pour
l'état que des créations de rentes, ayant fort mul-

tiplié ces offices, nombre furent supprimés : cependant dans les temps de crise il y en eut encore des créations, mais d'un genre moins onéreux qu'il n'avait été par le passé et qu'ils ne furent par la suite.

Les créances sur l'état à des titres onéreux étant traitées si rigoureusement, il n'eût pas été juste que les dons ne se ressentissent point des sacrifices qu'exigeait le salut de l'état ; et les pensions subirent un retranchement d'un quart.

Lorsque M. Colbert fut forcé de revenir aux emprunts, les créanciers de l'état avaient été trop mal traités, pour qu'ils prissent une grande confiance én l'auteur des rigueurs qu'ils avaient éprouvées ; cependant l'aspect d'une sage administration, et la nécessité de faire valoir leurs capitaux les déterminèrent à les placer encore entre les mains du gouvernement ; mais les rentes constituées ne furent jamais fort recherchées, et l'argent des gens d'affaires ne fut obtenu qu'à dix pour cent. Dans cette pénurie M. Colbert imagina un nouveau genre d'emprunt, séduisant et commode pour le prêteur, mais gênant et dangereux pour l'état. Une caisse fut établie (1674) où l'on pouvait, à volonté, déposer et retirer ses deniers, avec un intérêt de cinq pour cent pendant le temps du dépôt ; cette caisse fut d'une grande utilité pour le soutien de la guerre de 1672 ; et à la paix de Nimègue les fonds déposés montaient à quatorze millions, somme considérable pour ce temps.

Ce fut pendant cette guerre que les emprunts devinrent plus considérables, malgré la répugnance qu'y avait M. Colbert, mais il ne fut pas le maître de les modérer. M. de Louvois voulait qu'on y eût recours pour mettre à exécution les grands projets de guerres et de conquêtes qu'il avait fait adopter à Louis XIV., qui avant de se déterminer entre ces deux ministres, fit intervenir dans cette discussion le premier président du parlement de Paris, M. de Lamoignon, qui fut de l'avis des emprunts, et les fit prévaloir. En sortant de cette conférence, M. Colbert lui dit : *vous triomphez, mais croyez-vous avoir fait l'action d'un homme de bien ? croyez-vous que je ne susse pas comme vous qu'on pouvait trouver de l'argent à emprunter ? mais connaissez vous comme moi l'homme auquel nous avons affaire ? Sa passion pour la représentation, pour les grandes entreprises, pour tout genre de dépense ? Voilà donc la carrière ouverte aux emprunts, par conséquent à des dépenses et à des impôts illimités ; vous en répondrez à la nation et à la postérité.*

Cependant la sage résistance de M. Colbert ne fut pas sans effet ; elle prévint une exagération immodérée de la dette publique, et un accroissement exorbitant de la force armée, qui n'eut lieu qu'après son ministère, et fit l'effroi et le malheur de l'Europe forcée par l'exemple de la France de faire prendre les armes à un plus grand nombre d'hommes. Par la restriction des emprunts, par les moyens de libération employés, par les dispositions rigoureuses qui y furent jointes, la dette qui, lors de l'avénement de M. Colbert au ministère, était de 52 millions, tandis que les revenus étaient de 89, n'était à sa mort que de 32 millions, et les revenus de 105 ; ainsi dans la première époque le revenu disponible n'était que de 32 millions, à la seconde il était de quatre-vingts trois.

Dépense.

SAGE dispensateur de la fortune publique, M. Colbert s'opposa avec courage à la dissipation des deniers royaux, dans lesquels il voulait qu'on vit toujours l'empreinte de la sueur des contribuables, des mains de qui étaient tirés ces deniers. Mais en même temps il en disposa libéralement et sans regret, toutes les fois que le bien public y fut intéressé.

Tantôt on le voit censurer la fréquence et la magnificence des camps de paix, qui n'étaient que de vains spectacles, infructueux pour l'instruction des gens de guerre, et ruineux pour les officiers auxquels ils donnaient le goût du luxe. Tantôt il tente de détourner Louis XIV. de la guerre et des conquêtes, et lui propose de donner une barrière à la France contre l'invasion de l'ennemi, en convertissant en république indépendante la Belgique qui depuis fut réunie à la France. Du moins il parvint à empêcher que les richesses de l'état fussent englouties dans le gouffre de la guerre. L'année la plus dispendieuse de la guerre de 1672, ne coûta que 110 millions, tandis que dans la guerre suivante de 1689, il est des années qui ont coûté jusqu'à 180 et tant de millions *(a)*.

S'agit-il d'assigner des fonds aux divers genres de dépense, la distribution en est faite dans une juste mesure de l'utilité ; cependant avec des ménagemens pour les penchans d'un jeune prince amateur de l'éclat et de la représentation, mais les seuls ménagemens réputés indispensables, pour faire à ce prix adopter l'ordre qu'il était essentiel d'établir. En 1666, temps de paix continentale, et de guerre maritime, voici le plan de dépense que trace M. Colbert : *V. M. a quatre sortes de dépense à faire ; la première et la plus nécessaire de toutes présentement, est la guerre de mer; la seconde, les affaires étrangères ; la troisième, la guerre de terre ; la quatrième, les dépenses du dedans du royaume, les plaisirs et les divertissemens de V. M.*

Je suis persuadé, Sire, que les deux premières doivent marcher d'un pas égal à l'exclusion, sans difficulté, des deux autres, qui ne doivent subsister que des restes, pour ainsi dire, de ces deux premières.

La 3ème. doit aussi subsister s'il est possible ; mais comme elle doit avoir long-temps la préférence

(a) Il est vrai que pendant cette guerre il y eut une augmentation du taux de la monnoie, mais peu considérable.

sur toute autre, elle peut bien souffrir quelque diminution dans un temps où elle n'est pas nécessaire.

La 4ème. doit souffrir toute la rigueur des retranchemens, et de toute l'économie possible, par
cette belle maxime : qu'il faut épargner cinq sols aux
choses non nécessaires, et jeter les millions quand
il est question de votre gloire.

Je déclare à V. M., en mon particulier, qu'un
repas inutile de 3000 livres me fait une peine incroyable; et lorsqu'il est question de millions d'or pour la
Pologne, je vendrais tout mon bien, j'engagerais
ma femme et mes enfans, et j'irais à pied toute ma
vie pour y fournir, s'il était nécessaire. V. M. ex-
cusera, s'il lui plaît, ce petit transport.

C'est d'après cette impulsion vers tout ce qui offre
un caractère de grandeur et d'utilité réelle, qu'ont
été conçus tant de projets, tant de grandes entreprises, tant d'ouvrages dont ont résulté la force, la
grandeur, la gloire, la prospérité de la France.
Tout ce qui a été fait pendant le ministère de M.
Colbert par le moyen de l'argent, peut être considéré comme lui étant dû, au moins en partie,
puisqu'il en a fourni les fonds, lorsqu'il n'en a pas
tracé et conduit la direction. Sous ce ministère
un asile est ouvert aux défenseurs de la patrie devenus par l'âge, ou par les blessures, incapables de
la servir (a) ; dans toutes les extrémités de la

(a) L'Hôtel des Invalides devait-il être un palais ? Était-il plus
convenable qu'il ne fût qu'un hospice bien approvisionné ? Tous

France des places fortes sont construites. Vers le
Nord où elle est sans barrières naturelles, des bar
rières artificielles sont élevées plus fortes que des
fleuves et des chaînes de montagnes, et de toutes
parts elle est protégée par un rempart qui dans
quelques parties est double et même triple. Des
ports de guerre, des ports de commerce sont creusés, agrandis, fortifiés. Dunkerque est acheté des
Anglais. Un canal est ouvert qui joint les mers Méditerranée et Atlantique. Dans nombre de lieux,
pour nombre d'objets, la nature est forcée, par des
moyens aujourd'hui décrédités d'après le progrès
des arts, mais qui étaient alors dans la classe de ce
que l'industrie humaine produisait de plus admirable.
Les manufactures, le commerce reçoivent des secours
immenses. Des fonds sont destinés pour tout ce
qui est grand et réellement utile. Dans les monumens, objets des affections de M. Colbert, tout a un
caractère de grandeur et de majesté ; et il marque
répugnance pour tout genre de dépense dont l'objet
est minutieux et frivole, ou dont le succès se borne à

les invalides devaient-ils être rassemblés ? n'aurait-il pas été plus
utile qu'ils fussent dispersés dans les provinces, où ils auraient
pu être de quelque utilité, où leur entretien eût été moins dispendieux ; où la dépense de leur entretien eût versé des fonds
dans des cantons qui en manquaient ? C'est M. de Louvois que a dû
peser ces questions, puisque c'est lui qui a fondé cet établissement ;
il n'est pas sans vraisemblance qu'il a sacrifié à une vanité que
trop souvent Louis XIV. prit pour de la grandeur.

violenter la nature. Laissons-le parler ; à travers des expressions quelquefois d'une simplicité triviale, on trouve des idées et des sentimens élevés : *V. M. sait qu'au défaut des actions éclatantes de la guerre, rien ne marque davantage la grandeur et l'esprit des princes, que les bâtimens ; et toujours la postérité les mesure à l'aune de ces superbes machines, qu'ils ont élevées pendant leur vie. Ah quelle pitié ! que le plus grand roi, et le plus vertueux de la véritable vertu qui fait les grands princes, fut mesuré à l'aune de Versailles ; et toutefois il y a à craindre ce malheur ; et, pour moi, j'avoue à V. M. que nonobstant la répugnance qu'elle a d'augmenter les comptans, si j'avais pu prévoir que cette dépense eût été si grande, j'aurais été d'avis de l'employer en des ordonnances de comptant (a). Pendant que V. M. a dépensé de très-grandes sommes en cette maison, elle a négligé le Louvre, qui est assurément le plus superbe palais qu'il y ait au monde, et le plus digne de la grandeur de V. M. ; et Dieu veuille que tant d'occasions qui la peuvent nécessiter, d'entrer dans quelques grandes guerres, ne lui ôtent les moyens d'achever ce superbe bâtiment, et ne lui donnent pour long-temps le déplaisir d'avoir perdu le temps et l'occasion.* Prophétie qui ne s'est que trop exactement accomplie ; cependant c'est au règne de Louis

(a) Dans les ordonnances de comptant l'objet de la dépense n'est pas spécifié.

XIV. ; et pendant ce règne, presque uniquement au ministère de M Colbert, que la France doit ses plus beaux monumens ; aussi pendant le cours de ce ministère a-t-il été dépensé en bâtisse, trois cent et tant de millions de ce temps-là.

Celui des beaux arts auquel on doit la construction de ces édifices, et qui par l'utilité de la plupart de ses ouvrages peut être rangé parmi les arts utiles, l'architecture eut une académie.

Par les mêmes soins de M. Colbert se formèrent nombre d'établissemens, qui enrichissent ou honorent une nation, singulièrement les institutions qui servent au progrès de l'esprit, et à la propagation des connaissances. Une académie est (1663) fondée pour l'observation des temps passés, par laquelle les générations qui ne sont plus, instruisent celles qui leur succèdent. En même temps cette académie est chargée du perfectionnement du style, dont le perfectionnement de la langue, déjà confié à l'Académie Française, n'est que l'initiation : mais de toutes ces institutions académiques celle qui mérite les plus grands éloges est celle des sciences ; (1666) manufacture de pensées qui, par la rectification et le développement de l'intelligence, améliore toutes les facultés de l'homme, et, par l'introduction de la théorie dans les arts, en étend la sphère et en vivifie l'action (a). Il est remarquable

(a) La première réunion de savans fut formée à Samarkande, dans le 15ème. siècle ; et sous la direction de cette société la terre fut

que Colbert qui a tant fait pour le progrès des lettres et des sciences était fort ignorant ; mais il avait la connaissance qu'il est le plus important qu'ayent les rois et les ministres, la notion qu'ont eu Charlemagne et Charles V. protecteurs signalés des sciences, la notion de la grande utilité de la culture de l'esprit humain.

Dans tout genre de sciences, de littérature, d'art, les succès sont récompensés ; et les bienfaits pécuniaires ennoblis par cette destination, ne sont pas seulement un avantage lucratif, mais un traitement qui honore. La munificence royale n'est pas circonscrite dans les limites de l'état ; quelque pays qu'habitent le génie, les talens, les arts, ils sont atteints par les récompenses que leur accorde Louis XIV., qui par ses bienfaits semble s'ériger en monarque de l'univers. Au reste, ces actes de générosité peuvent être réputés des actes d'équité ; car puisque toutes les nations recueillent les fruits des productions du génie, des talens, des arts, toutes leur doivent récompense.

mesurée, et des tables astronomiques furent formées. Un siècle, un pays barbare donnèrent à l'Europe un exemple qui ne fut suivi que plusieurs siècles après. En 1655 fut établie à Florence par un médecin, une académie des expériences ; en 1660 Charles II. fonda, en Angleterre, la société royale dont les transactions philosophiques sont le dépôt le plus honorable des productions de l'esprit humain. Colbert suivit ces grands exemples ; et dans les Mémoires de l'académie des sciences l'empire de la pensée est enlevé à l'Italie, et disputé à l'Angleterre.

En même temps qu'éloge est dû à M. Colbert pour avoir donné l'exemple de cette bienfaisance royale pour une classe d'hommes, qui jusqu'alors n'avait presque toujours eu pour récompense que l'estime publique ; éloge lui est dû encore pour avoir rempli ce grand objet à bien peu de frais ; cette dépense ne monta annuellement qu'à 67,500 de pension, dont 53,200 pour les nationaux, 16,300 pour les étrangers, et en y comprenant les gratifications, elle s'éleva à 100,866 ; et il tira de ces faibles dons un si grand parti, qu'il en fit retentir toute l'Europe, intéressa à la renommée de Louis XIV. cette classe d'hommes qui commande à l'opinon, et qui par son suffrage, voilant les fautes de ce prince, et même ses injustices, augmenta et cimenta sa puissance par l'admiration. Dans l'intérieur de l'état, les auteurs les plus célèbres séduits par des bienfaits, devinrent des défenseurs et des instrumens du gouvernement ; et sans être privés d'une juste liberté, furent contenus dans une juste mesure. *(a)* Nous ne pouvons nous empêcher

(a) Mezeral en est l'exemple : cet historiographe de France a exposé avec une grande liberté les droits de la nation, et les infractions qui en ont été faites ; et en même temps, il a censuré avec malignité et âpreté l'origine des impôts, et l'extension irrégulière qui leur a été donnée. Ses idées sur les droits de l'homme et sur la constitution du pacte social de la France, faisaient alors peu d'impression sur les esprits ; mais la critique des impôts attirait plus l'attention, et était beaucoup plus accueillie. M. Colbert fit dire à Mezerai, *qu'il le roi était trop juste pour craindre*

d'observer une singularité surprenante, que quoique Louis XV. ait donné aux sciences et aux lettres beaucoup plus que n'a donné Louis XIV., presque toutes les plumes ont été contre son gouvernement ; et il y a eu une interversion dans le caractère littéraire telle, que tandis que le satirique Boileau a été un flateur déterminé de Louis XIV., le panégyriste Thomas a constamment été le censeur des opérations des ministres de Louis XV.

Création des Valeurs alimentaires des Impôts.

LE moyen le plus efficace d'accroître les contributions, sans empirer le sort des contribuables, est de faire prospérer la population, l'agriculture, les arts, le commerce, valeurs alimentaires des contributions. Ce fut un but dont M. Colbert reconnut toujours la sagesse et l'importance, mais qu'il ne put pas toujours suivre, et dans la poursuite duquel quelquefois il s'égara.

Il favorisa la population en diminuant le nombre

la vérité ; trop grand et trop généreux pour s'opposer à sa promulgation ; mais que sa majesté ne lui donnait pas une pension, pour qu'il s'érigeât en critique amer des impôts, sur le produit desquels il était payé, et qu'il fallait que ses écrits ne dégénérassent plus en une satire de la finance. Mezeral n'ayant point tenu compte de cet avertissement, la moitié de sa pension fut retranchée : alors il publia qu'il ne se contenait dans ses observations, que parce qu'il y était forcé ; de ce moment, le reste de la pension fut supprimé ; et les gens de lettres, ses confrères, loin de le défendre ou de le plaindre, approuvèrent ce traitement,

des communautés, ou des vœux religieux prescrivent
le célibat, et en accordant des prérogatives aux gens
mariés ; il porta même ces avantages jusqu'à donner des pensions aux pères de nombreuses familles ;
(a) mais comme les bienfaits du gouvernement ne
confèrent point les qualités prolifiques, il ne tarda
pas à reconnaître l'illusion de ces concessions et les
révoqua.

La multitude des habitans serait un avantage
stérile ou même onéreux, s'il n'en était pas tiré parti par un sage emploi ; et le plan de M. Colbert
était que le plus grand nombre possible des hommes
fut employé à quatre professions : culture, arts
mécaniques et commerce, service militaire, navigation ; et qu'il ne fut pourvu aux autres professions qu'avec parcimonie, et après qu'il aurait été
fait au profit de celles-ci, le prélèvement qu'exigeait
leur succès.

L'agriculture que M. de Sulli considérait comme
la base de la richesse nationale éprouva de la part de
M. Colbert un traitement favorable, en ce qu'il tint
toujours à un taux fort modéré les tailles qui portent
principalement sur la culture ; mais il lui fit un préjudice essentiel en tolérant une police insensée sur
le commerce des grains, en souffrant que les cours
de justice réservassent à la consommation de leur
territoire les blés produits dans ce territoire, et

(a) Les pères de douze enfans vivans.

qu'elles défendissent de faire des magasins qui sont évidemment nécessaires pour transmettre la surabondance d'une récolte à la stérilité d'une mauvaise année. Il tomba encore dans une erreur pernicieuse en ce qu'il ne permit point l'exportation des grains dans les années d'abondance, ce qui priva le cultivateur du fruit de ses peines, et découragea la culture ; mais par cette méthode il favorisa les manufactures, objets de son affection.

On a beaucoup censuré ses règlemens sur la fabrique ; et on a représenté ce ministre comme un législateur minutieux, qui voulait étendre sa puissance sur les procédés des arts ; mais dans la vérité il n'a fait que sanctionner et légaliser l'opinion et le vœu des fabricans ; et ses règlemens ont formé une facture légale, qui a donné à l'acheteur notice et garantie de la composition des ouvrages. La bonté de cette méthode est prouvée par ses succès ; car c'est à compter de son introduction dans la fabrique, que les manufactures Françaises ont prospéré, sont entrées en concurrence avec les manufactures Hollandaises et Anglaises, et même ont eu sur elles la supériorité. Il existe encore un trophée de cette victoire manufacturière, en ce que les draps Français envoyés dans le Levant portent le titre de draps Londrins ; et, sur la foi de la marque, sont achetés et envoyés jusqu'au fond de la Perse, sans que les ballots qui les contiennent soient ouverts. Peut-être cependant eût-il été sage et expédient de stimuler une industrie novatrice, en permettant, sans déroger aux règlemens, une fabrique qui en fut indépendante, pourvu que les ouvrages qui en proviendraient portassent une empreinte d'irrégularité.

C'est sur la partie du commerce qu'on peut avec plus de raison reprocher à M. Colbert son système de contrainte, et sa méthode des priviléges : il livra à des compagnies exclusives, non-seulement le commerce de l'Inde et du Levant, dont la nature donne un motif ou un prétexte à cet exclusif, mais l'établissement des colonies dans les Indes Occidentales, et nombre d'autres entreprises. La circulation intérieure fut aussi gênée par une perception de droits sur les marchandises qui passaient des provinces sujettes aux aides, à d'autres qui refusaient de s'y soumettre quoiqu'assurées d'une indemnité, qui aurait compensé avantageusement pour elles cette augmentation de charges ; la fixation de ces barrières entre les diverses parties de l'état aurait été inexcusable, si elle n'avait pas été indispensable ; mais toutes les fautes de M. Colbert n'ont pas été forcées par des obstacles à des dispositions plus sages.

Malgré ces fautes, nul ministre n'a aussi essentiellement que lui servi le commerce ; non-seulement, comme nous l'avons observé, par l'ouverture des communications les plus importantes, et par

l'exhaussement et l'allégement de divers impôts,
dans la combinaison la plus favorable, mais encore
par l'interdiction des relations des Hollandais avec
les îles Françaises de l'Amérique. Il l'a servi par
les prêts et les dons faits à presque toutes les nouvelles compagnies de commerce, et dans les cas de
perte par l'abandon des sommes avancées. Il l'a
servi en donnant à l'administration pour base de
ses décisions l'opinion d'une assemblée des commerçans du royaume les plus éclairés. Il l'a servi en ré-
duisant au denier vingt, l'intérêt de l'argent qui était
avant lui au denier dix-huit, suivant la loi ; et suivant
le cours des affaires à un denier beaucoup plus fort.
Il l'a servi indirectement mais efficacement par la
réforme de l'ordre judiciaire ; car ce fut lui et non
le chancelier, qui en conçut le projet, et posa les
bases du code civil de 1667. La propriété étant
moins long-temps incertaine par l'abréviation des
contestations portées dans les tribunaux, les pro-
cédures, dont les frais corrodent les produits du sol
et de l'industrie, étant mieux réglées et moins dispendieuses, les transactions du commerce furent
plus assurées ; et, affranchies de ce genre d'impôt
judiciaire, laissèrent une plus grande marge aux
charges du fisc.

Enfin, on doit placer au rang des plus grands
services que M. Colbert a rendus à l'industrie et au
commerce, la tolérance dont il a fait jouir une des

classes de la nation la plus industrieuse, qui était dans la dissidence de la religion nationale; sa résistance constante et vigoureuse aux injustices dont après lui les protestans ont été les victimes, et dont il a résulté pour l'état une si grande perte d'hommes, d'industrie, et de richesse. Madame de Maintenon fait dans ses lettres une censure de M. Colbert, qui en est le panégyrique. Elle mande: *il n'y aura plus qu'une religion dans le royaume, c'est le sentiment de M. de Louvois; et je le crois là-dessus plus volontiers que M. Colbert, qui ne pense qu'à ses finances, et presque jamais à la religion.* M. Colbert était fort religieux; mais l'événement a fait connaître s'il avait raison de ne point confondre les principes de l'administration avec ceux de la religion; et de ne point persécuter au nom de Dieu.

Pour avoir une idée juste des grandes vues de M. Colbert, il ne faut pas se borner à l'appréciation de ce qu'il a fait; mais apercevoir ce qu'il a projeté, et qu'il n'a pu exécuter à cause du malheureux penchant de Louis XIV. pour le luxe et pour la guerre. Dans un mémoire que M. Colbert, quelques années avant sa mort, remit au roi, il trace ses projets; diminuer le prix du sel, et des droits d'aides; mettre le sel au même prix dans tout le royaume; établir de même un niveau entre les droits d'aides, proportion gardée de la valeur des denrées et des marchandises, diminuer le nombre des offices, onéreux par les priviléges qu'ils donnaient et par l'obstruction que leur multiplicité mettait à l'expédition des affaires; il excluait pour toujours les affaires extraordinaires, parce qu'elles se résolvent en charges plus gréveuses que des impositions; les seuls droits dont il proposait l'augmentation, étaient les droits d'octrois à l'entrée des villes; droits qui en effet frappent plus que les autres sur la richesse, mais qui, dans certaines villes, se conciliaient mal avec son plan de favoriser les manufactures.

La plupart de ses idées sont grandes, saines, justes; cependant toutes ne peuvent obtenir approbation. Quelques-unes des suppressions qu'il proposait, ou ne devaient point avoir lieu, ou ne devaient être que des réductions; et quelques réformes pouvaient être suppléées par des modifications. Il voulait supprimer le droit sur le tabac et le droit sur le timbre, et ne prévoyait pas le grand parti qui en a été tiré depuis: Il n'a point connu le caractère du véritable impôt territorial, qui de nos jours a été conçu avec une grande sagacité; il a maintenu les sous-fermes, qui ne sont qu'une addition inutile et évidente des frais de recouvrement; et il n'a point imaginé de rapprocher la forme des impôts de la forme de la régie, préférable toutes les fois qu'elle est possible; il eût aussi été à désirer, qu'il n'eût pas tant gêné la vente des produits du sol pour favoriser les manufactures par le bas prix des denrées; enfin, on voit avec regret, qu'il n'ait pas saisi l'idée de la correspondance entre les impôts et les emprunts; et la distinction du genre de besoins, qui doit faire employer l'un ou l'autre de ces moyens; comment l'emprunt doit suppléer l'impôt; comment l'impôt doit servir de base au payement des arrérages et au remboursement de l'emprunt.

Génie.

Les défectuosités, qu'on peut observer dans les conceptions de M. Colbert, ne peuvent empêcher l'admiration due à son génie; parce que ses erreurs appartiennent à son siècle, ses grandes idées n'appartiennent qu'à lui. Sans s'arrêter à des considérations partielles, qu'on contemple le résultat de son administration, l'on est frappé d'admiration et de respect en le voyant embrasser dans sa pensée presque tout ce qui peut contribuer au bonheur de l'homme, et à la prospérité d'un état. Les contributions les plus onéreuses allégées, toutes mieux ordonnées; leur répartition et leur recouvrement réglés avec plus d'intelligence; les domaines portés à une plus grande valeur; l'état plus riche, et le peuple moins pauvre; les arts fleurissant, les villes embellies; des palais magnifiques; de superbes édifices, de grands monumens s'élévant de toutes parts; une communication pratiquée entre les mers Atlantique et Méditerranée; des ports creusés; les spéculations du commerce étendues; le Français n'étant plus, pour ses besoins et ses jouissances, tributaire de l'étranger, qui au contraire le devient de son industrie ; les états Européens en possession d'approvisionner les autres parties du monde ayant un concurrent, et dans quelques parties, étant supplantés ; enfin, la France tirée de l'infériorité dans presque tous les genres d'industrie et de commerce et élevée au premier rang, et le peuple Français formant un peuple nouveau, voilà l'œuvre de Colbert ; et après la puissance divine qui crée, la puissance la plus bienfaisante est celle qui rectifie, anime, fait fructifier ce que la nature n'a livré que brut, imparfait, stérile.

Les grands services qu'il a rendus ne se sont pas bornés aux objets de finance, mais se sont étendus à tous les objets d'administration qui lui ont été confiés : à peine la marine est-elle entre ses mains, qu'elle sort comme par miracle de l'anéantissement, et la France se place au rang des premières puissances maritimes ; cependant ce serait concevoir une idée bien fausse de ce grand homme, que se le figurer comme un de ces êtres qu'on se représente doués par la nature de facultés presque surnaturelles, et qui par la seule force de la pensée, et par une inspiration subite, sans le secours de l'étude, de l'expérience, de la méditation, s'élèvent subitement à la notion de vérités soustraites aux regards du reste des hommes ; si ces sortes d'êtres existent, M. Colbert était loin de leur ressembler : sa conception était lente, et avait besoin d'être aidée par la

réflexion et même par la méditation ; la supériorité
de ses vues et ses succès n'ont été dus qu'à la faculté d'une longue contention d'esprit, à une persévérance infatigable dans le travail, *(a)* à une observation continuelle des faits, à une grande perspicacité dans la découverte des effets des institutions.

(a) M. Colbert ne connaissait ni les plaisirs, ni même le repos, que celui qu'exige absolument la faiblesse de la nature humaine : il donnait au travail tout le temps que ne lui enlevaient
pas les relations qu'exigeaient ses places ; il voulut apprendre le
Latin, et n'ayant point de temps à donner à cette étude, quand
il sortait, il fallait monter dans son carrosse un savant, qui pendant
le temps qu'il était en voiture, lui donnait des leçons de cette
langue.

Il exigeait de tous ses subordonnés la même assiduité au travail,
et obligeait ses commis à se rendre à leurs bureaux à cinq heures
et demie du matin, les y retenait jusqu'à une heure et demie,
leur donnait une heure et demie pour dîner, et depuis trois
heures ils restaient à leurs bureaux quelquefois jusqu'à onze ;
ainsi il y avait des jours où sur les vingt-quatre heures ils en
avaient seize de travail.

M. Desmarets, son neveu, intendant des finances, avait un
travail réglé avec lui qui était fixé à sept heures du matin été et
hiver : un jour, à St. Germain, il ne se rendit chez M. Colbert
qu'à sept heures un quart ; M. Colbert, sans lui parler, le mena
vers la pendule, et lui montra l'heure : M. Desmarets lui dit, mon
oncle, il y a eu hier un bal au château qui a duré fort tard, les
Suisses n'étaient pas levés, et m'ont fait attendre un quart
d'heure. Il n'y avait, répondit M. Colbert, qu'à vous présenter un quart d'heure plutôt, vous auriez attendu ; et vous vous
seriez rendu à l'heure donnée. Un tel ministre peut être désa-
gréable pour les personnes qui ont à traiter avec lui, mais l'état
est bien servi.

Qu'on suive le cours de son administration, on y trouve un perfectionnement graduel et sensible, et les institutions des derniers temps de son ministère sont fort supérieures à ce qu'ont été celles des premières années; en dernier résultat, nul ministre des finances ne s'est plus élevé au-dessus de ses prédécesseurs; et ceux de ses successeurs qui ont eu la plus brillante réputation ne l'ont surpassé que dans quelques parties. Voilà le symbole et la preuve du génie : on a dit de Louis XIV, que c'était un homme prodigieux; cette dénomination peut s'étendre à M. Colbert; et même c'est à lui surtout que Louis XIV. doit d'avoir été ainsi jugé.

Caractère.

Quelque répugnance qu'on éprouve à reconnaître de grands torts dans un grand homme, on ne doit point se permettre de taire, ni même d'affaiblir la vérité qui, en circonscrivant l'admiration, la consolide dans la sphère dans laquelle elle est concentrée. D'ailleurs, il faut que les hommes puissans sachent, que s'ils peuvent se soustraire à la justice des lois, ils ne peuvent échapper à celle de l'opinion. Le caractère de M. Colbert a été inculpé; et louable et sublime sous nombre de rapports, il n'est pas sous tous à l'abri de la censure. Une ambition illimitée était la base de son caractère : d'homme d'affaires du Cardinal Mazarin, devenu ministre des finances du roi, il a ensuite réuni sur

sa tête un double ministère, et prétendait encore à
la première dignité de l'état, à celle de chancelier;
c'est pour s'en ouvrir la voie, qu'il se fit recevoir
avocat... Cette passion absorbait et anéantissait en
lui toutes les autres affections; et si elle a été le
mobile des grands efforts par lesquels il a acquis
tant de gloire, et servi si essentiellement sa patrie,
elle ne lui a pas toujours permis de respecter assez
scrupuleusement les règles de la morale,... Il faut observer d'abord, toutefois sans lui en faire un crime,
la finesse et même la ruse qu'il employa pour s'élever d'un état très-subalterne à celui de ministre des
finances. Il ménagea cette transition avec art:
d'abord il ne prit que le titre de *commis royal*; il
parvint ensuite à être intendant des finances, place
dans laquelle il avait plusieurs confrères, qui tous
travaillaient avec le roi. Pour acquérir de l'ascendant
sur eux, il imagina d'acheter l'office de contrôleur-
général des finances, office comptable, et qui par
cette raison semblait incompatible avec des fonctions d'administration, mais office d'une grande
importance pour M. Colbert, en ce que par une
vérification de comptabilité, cet office donnait
notion de toutes les ordonnances tirées sur le trésor,
de quelque département des intendans des finances
qu'elles émanassent. Par cette connaissance, M.
Colbert s'érigea auprès du roi en censeur de toutes
les opérations de finance; et s'étant rendu le ré-

formateur de ses confrères, il ne tarda pas à devenir leur supérieur.

On est disposé à voir avec indulgence les procédés de l'ambition pour parvenir aux premières places, lorsque le résultat de cette ambition est de rendre de grands services à l'état ; mais cette indulgence ne peut s'étendre jusqu'aux manœuvres qu'a employé M. Colbert pour perdre M. Fouquet ; il s'est conduit vis-à-vis de lui avec une dissimulation et un artifice, qu'il est difficile de concilier avec la loyauté et la bonne foi ; et il l'a poursuivi avec une violence que ne peut avouer l'équité. (a) Il n'est pas

(a) M. Colbert, du vivant du Cardinal Mazarin, aspirait à l'administration des finances, et cherchait secrètement à ruiner M. Fouquet dans l'esprit du premier ministre : il lui avait nui, mais n'avait pu le perdre, il se réconcilia avec lui, en apparence ; mais l'espionna, et lui tendit des pièges. A la mort du cardinal, admis à la confidence du roi, il recommença ses manœuvres avec plus de succès, et fit connaître au roi, ce qui était très-vrai, que M. Fouquet faisait une déprédation énorme des finances. Ce ministre avait dépensé dix-sept millions à son château de Vaux ; des sommes immenses dans ses autres maisons ; il prodiguait l'argent à ses maîtresses, donnait des pensions et des gratifications à tous les courtisans ou gens en crédit qui pouvaient le servir ; il avait fait fortifier Belleisle qui lui appartenait, et il y entretenait une petite garnison. M. Colbert se servit de cette indiscrétion pour inspirer au roi des soupçons ; lui persuader, ce qu'on ne pouvait faire croire qu'à un jeune prince, sans expérience, et indisposé contre son ministre par d'autres considérations ; il lui fit croire que M. Fouquet avait le projet de se rendre souverain de Bretagne. Louis XIV., dans une conférence particulière avec

plus excusable dans nombre de procédés, et singulièrement dans son ingratitude envers le chancelier

le premier président de Lamoignon, dit, qu'il avait eu avis de ce
projet de M. Fouquet, et cette confidence est rapportée dans la
vie de ce premier président. Pour perdre irrémissiblement un
homme si puissant, M. Colbert projeta de lui faire faire son
procès; mais comme M. Fouquet était procureur-général du
parlement de Paris, il était à craindre qu'il n'y trouvât une
grande faveur; d'autre part, le parlement n'aurait pas souffert
qu'un de ses membres fût jugé par une commission. Pour lever
ces obstacles, M. Colbert se servit de l'amitié apparente dans laquelle il était avec M. Fouquet, pour lui persuader de remédier
à la détresse des finances, en vendant sa charge de procureur-
général, et en faisant porter le prix au trésor royal; ce qui lui
serait un grand honneur, et un grand mérite auprès du roi. M.
Fouquet ayant suivi ce conseil, fut arrêté et livré à une commission. M. Pélisson a aussi imputé à M. Colbert, mais peut-être
mal-à-propos, d'avoir, depuis la détention de M. Fouquet, retiré
de dessous les scellés apposés sur tous ses effets, quelques papiers
qui pouvaient compromettre la mémoire du Cardinal Mazarin,
et peut-être M. Colbert lui-même; mais qui servaient à la justification de l'accusé. On a reproché à M. Colbert, avec plus de
certitude, la composition de cette commission, dans laquelle il
fit entrer plusieurs de ses parens et de ses amis; un acharnement
évident contre l'accusé, et le traitement rigoureux qu'éprouvèrent
les commissaires qui ne se conformèrent pas à ses vues. Ce qui fut
très-surprenant est, que malgré tous ces moyens, quoique suivant
le rapport de M. Dormesson, qui fut aussi favorable à M. Fouquet
qu'il pouvait l'être, ce ministre parut convaincu de déprédations
immenses et de manœuvres criminelles, la commission, influencée
par l'opinion publique, par l'affection qu'inspirait le coupable,
par l'intérêt de nombre de personnes qui en avaient reçu des
bienfaits, le traita avec une indulgence qu'il ne méritait pas; et
ne le condamna qu'au bannissement hors du royaume : peine

Letellier, dont il avait été le commis, et à qui il devait sa fortune ; et dans l'inimitié violente qu'il eut toujours contre M. de Louvois, fils de ce chancelier, son bienfaiteur. *(a)*

« On s'est permis, du vivant de M. Colbert, d'attaquer sous un autre rapport sa probité, et de l'accuser d'infidélité dans l'administration des finances ; mais c'est une accusation dont il a démontré la fausseté dans un mémoire remis au roi, où il a justifié sa fortune qui était très-considérable, mais qui n'avait que des sources légitimes. Cependant son administration n'a pas été exempte de prévarications ; mais qui ne pouvaient être imputées qu'aux personnes qui travaillaient sous ses ordres, et qui ne furent pas assez surveillées. *(b)*

qu'il était bien extraordinaire d'infliger à un homme qui avait le secret de l'état. Et afin que rien ne manquât à la singularité de cette affaire, par un acte de puissance tyrannique sans exemple, la peine prononcée par les juges fut commuée par le roi en une peine plus grave, une prison perpétuelle !

(a) M. Colbert avait été commis de M. Letellier, secrétaire d'état de la guerre, et depuis chancelier. M. le Cardinal Mazarin, cherchant quelqu'un à qui il put confier l'administration de ses biens, M. Letellier qui connaissait les talens et l'application de M. Colbert, le plaça auprès du cardinal ; se flattant par ce choix de s'assurer d'un serviteur auprès du premier ministre.

(b) La fortune de M. Colbert montait, en 1683, à plus de dix millions, monnoie de ce temps ; mais il en mit l'origine sous les yeux du roi, et il démontra, que malgré les grands établissemens qu'il avait faits, et de grandes dépenses en bâtimens, car alors les

On cherchait à lui trouver des torts, et il donna
lieu à cette indisposition par ses défauts et même
par ses vertus ; car, fidèle au devoir de sa place, il
défendit avec une grande fermeté les intérêts de l'é-
tat contre toutes les prétentions individuelles. Peut-
être aussi a-t-il dû une partie de ses ennemis et de
ses contradicteurs à l'inimitié qui fut toujours entre
lui et M. de Louvois qui, maître des fortunes militaires, entraînait dans ses sentimens presque tous les
gens de la cour, qui était alors en possession de faire
adopter ses opinions par la masse de la nation.
D'ailleurs M. Colbert déplaisait par son ton et ses
manières ; quoiqu'il ne fut point dur dans ses sentimens, il l'était dans ses formes, un air humoriste
et rébarbatif, un front renfrogné qui avait acquis de
la célébrité, une sécheresse dans les discours, et une
rudesse dans les manières que donnent le cabinet,

ministres n'en faisaient pas de très-grande pour la table, il avait
pendant vingt-deux ans d'administration, par les appointemens de
ses places, et par les bienfaits du roi, pu acquérir une si grande
fortune. Il n'en fut pas ainsi de ses sous-ordres ; leurs déprédations éclatèrent après sa mort : M. Desmarets, son neveu, et intendant des finances, ayant le département des monnoies, fut
convaincu d'avoir gagné 40,000 livres sur une refonte de monnoie, et fut obligé de restituer cette somme. Bellinsani, premier
commis de M. Colbert pendant douze ans, fut arrêté et convaincu d'avoir gagné 500,000 par des ports de vins, ou intérêts
secrets dans des affaires de finances ; et il allégua, mais vraisemblablement pour s'excuser, que M. Colbert avait eu connaissance
de ces profits illicites.

et l'habitude des affaires, le manque des tournures
qui ne s'acquièrent que dans la société des personnes
d'un rang élevé, un despotisme offensant dans le
soutien de ses opinions. Quoiqu'il fut très-disposé
à consulter, avant que de se déterminer ; quand il
avait pris un parti, il ne tolérait aucune contradiction, ni même aucune représentation, et n'y voyait
que de la méchanceté ou de l'ignorance (a).

(a) On ne peut donner du caractère de M. Colbert, une idée
plus juste que celle qu'en a tracée le premier président de Lamoignon, qui voyait tout avec modération et justice, et jugeait
avec impartialité les personnes même qui lui déplaisaient, et
dont il avait à se plaindre. "M. Colbert," dit-il, " est un des
" esprits du monde, les plus difficiles pour ceux qui ne sont ni
" d'humeur ni d'état à lui être entièrement soumis ; cela vient
" plutôt de son humeur, que d'aucune mauvaise volonté ; mais
" cette humeur est capable de produire de bien mauvais
" effets ; car il la suit entièrement, et il se fortifie dans ses dé-
" fauts par ses bonnes qualités ; et comme il est plein de la
" connaissance des services qu'il rend, lesquels sont en effet très-
" grands, et tels que je crois qu'il n'y a personne qui pût
" travailler avec plus d'application, avec plus de fidélité et de
" capacité, même avec plus de succès pour dégager les finances
" du roi, pour en ôter les abus, et y établir un ordre excellent ;
" cette connaissance lui fait croire que tout ce qui ne suit pas
" ses sentimens est mauvais, qu'on ne peut le contredire sans
" ignorance ou sans malignité ; et il est si persuadé que toute
" la bonne intention est chez lui, qu'il ne peut pas croire qu'il
" s'en puisse trouver chez les autres, à moins qu'ils ne se rangent
" entièrement de son avis. C'est ce qui le porte à vouloir trop
" fortement ce qu'il veut, et à employer toutes sortes de moyens
" pour parvenir à la fin qu'il s'est proposée, sans considérer que

Même les mémoires qu'il mettait sous les yeux du roi portaient ce caractère de despotisme, de violence, d'intolérance de toute contradiction. Dès les premiers momens du ministère de M. de Louvois, ils se trouvèrent en opposition, et M. Colbert en censurant une opération de son rival, écrivait sur lui au roi : *Je n'ai pas cru qu'une affaire si importante serait confiée à un jeune homme de 21 ans, sans expérience sur cette matière, et qui croit qu'il est de l'autorité de sa charge de ruiner le royaume, et qui veut encore le ruiner, parce que je le veux sauver.* Louis XIV. lui-même, malgré le grand respect qu'il inspirait, et qu'il exigeait, n'était pas à l'abri de la fougue impétueuse du caractère de ce ministre ; on en trouve la preuve dans une réprimande, que lui fit ce monarque le 21 Avril 1671 : *Je fus assez maître de moi avant-hier, pour vous cacher la peine que j'avais d'entendre un homme que je comble de bienfaits comme vous, me parler*

" bien souvent les moyens sont tels, qu'ils peuvent rendre
" mauvaise la meilleure fin du monde. Son humeur et son habi-
" tude le portent aussi à conduire toutes choses despotiquement ; et
" comme il n'a pas été dans les compagnies réglées, où on apprend
" à déférer aux sentimens des autres, et à régler sa conduite et
" son propre jugement par le secours de ceux avec lesquels on
" travaille, il veut tout décider et tout emporter par sa seule auto-
" rité, sans se concerter avec ceux qui ont titre et caractère
" pour juger des objets dont il s'agit ; au contraire, ce sont ceux-
" là, dont il est le plus éloigné de prendre conseil ; parce que ce
" serait comme un partage d'autorité, qu'il ne peut souffrir."

de la manière que vous faisiez. J'ai eu beaucoup d'amitié pour vous ; il y paraît par ce que je faisais. J'en di encore présentement, et je crois vous en donner une assez grande marque, en vous disant que je me suis contenu un seul moment pour vous, et que je n'ai pas voulu vous dire ce que je vous écris, pour ne vous point commettre de me déplaire davantage ; c'est la mémoire des services que vous m'avez rendus, et mon amitié qui me donnent ce sentiment, profitez-en, et ne hasardez plus de me fâcher encore ; car, après que j'aurai entendu vos raisons, et celles de vos confrères, et que j'aurai prononcé sur vos prétentions, je ne veux jamais en entendre parler. »

L'humeur de M. Colbert dans l'intérieur de sa famille n'étant contenue par aucun obstacle, se manifestait avec une explosion souvent grossière, et même brutale. Un de ses fils ayant fait quelque faute assez grave qui fit un mauvais effet dans le monde, il l'en châtia, et un bâton fut l'instrument de cette correction.

Quels qu'ayent été les torts, quels qu'ayent été les défauts de M. Colbert, ils semblent disparaître en présence d'une moralité inébranlable sur les objets les plus importans, d'une passion pour le bien de l'état qui forme la véritable vertu ministérielle. Malgré sa haine contre les ministres ses rivaux, jamais il ne nuisit au succès de leurs opérations, et il ne les combattit qu'en effaçant l'éclat de leurs services par les siens. Il portait dans l'administration cette intrépidité qui n'appartient qu'aux âmes fortes, le courage de lutter contre toutes les contradictions, de s'élever au-dessus de l'opinion publique, de la braver, quand elle est injuste, et de mépriser l'injure; on l'avertit qu'il se répandait dans le public un libelle sanglant contre lui; il demanda si le roi y était offensé; on lui répondit que non, et il dit : *Dès-lors je dois croire que je ne le suis pas,*—et il refusa d'en prendre connaissance; mépris par lequel souvent la méchanceté et la calomnie sont plus punies et mieux réprimées que par les peines les plus sévères; il eut encore un autre genre de courage bien rare, celui de contrarier les goûts, même les passions de son maître, et de censurer ses défauts; il défendit contre le roi les intérêts du peuple avec un courage plus rare que celui qui brave la mort sur les champs de bataille, et cette exaltation de ses sentimens servit à agrandir ses pensées. On lit dans un mémoire qu'il remit au roi le 22 Juillet 1666 : " Voici, Sire, un métier fort " difficile que je vais entreprendre; il y a près de " six mois que je balance à dire les choses fortes à " V. M. que je lui dis hier, et telles que je " m'en vais encore lui dire.

" Je fais auprès de Votre Majesté le métier sans " comparaison le plus difficile de tous; il faut de " nécessité que je me charge des choses les plus " difficiles, et de quelque nature qu'elles soient;

" je me confie en la bonté de V. M. ; en sa haute
" vertu, en l'ordre qu'elle nous a souvent donné et
" réitéré de l'avertir au cas qu'elle allât trop vîte ;
" et en la liberté qu'elle m'a souvent donnée de lui
" dire mes sentimens...... V. M. a tellement
" mêlé ses divertissemens avec la guerre de terre
" qu'il est bien difficile de les diviser, et si V. M.
" veut bien examiner en détail combien de dé-
" penses inutiles elle a faites, elle verra bien que si
" elles étaient toutes retranchées, elle ne serait
" point réduite à la nécessité où elle est. ... V. M.
" doit considérer qu'elle a triplé les dépenses de
" son écurie, sous prétexte que dès lors qu'elle aura
" des affaires, elle la remettrait au même état
" qu'elle était auparavant; et si V. M. examine
" bien, elle trouvera que cette augmentation en
" livrées et nourriture d'hommes et de chevaux, en
" achats, en gages, va à plus de 200,000 livres tous
" les ans.

" Si V. M. considère son jeu, celui de la reine,
" toutes les fêtes, repas, festins, &c, elle trouvera
" que cet article monte encore à plus de 300,000
" livres ; que les rois ses prédécesseurs n'ont jamais
" fait cette dépense, et qu'elle n'est point du tout
" nécessaire.

" La dépense des meubles, quoique Votre Ma-
" jesté s'est retranchée, ne laisse pas de monter
" toujours insensiblement à des sommes assez con-
" sidérables.

" V. M. donne encore beaucoup de pensions et
" de gratifications inutiles à sa gloire, demeurant
" d'accord toutefois qu'il faut que V. M. donne
" quelque chose à ses plaisirs.

" Sur l'augmentation et la beauté des troupes
" de sa maison. La prodigieuse différence qui se
" trouvera entre ces troupes et celles des armées,
" abattra le cœur des officiers et soldats de celles-ci,
" et les minera, parce que dès-lors qu'il y aura
" un bon officier ou un bon soldat dans les troupes
" d'armée, il fera tous ses efforts pour entrer en
" celle de la maison. Ces troupes seront toujours
" regardées comme l'objet particulier de l'amitié,
" des soins, et de la dépense du roi, ce qui causera
" de mauvais effets dans les esprits des autres
" troupes, qui composeront assurément le plus
" grand nombre. Il est encore bon que V. M.
" sache deux choses dont on n'a osé demeurer
" d'accord, quand elle l'a demandé ; l'une qu'il a
" été affiché dans Paris un libelle portant ces
" mots : *Louis XIV. donnera les grandes ma-*
" *rionettes dans les plaines de Moret.* Et un
" autre, qui a été distribué dans les maisons, por-
" tant ces mots : *Parallèle des siéges de La Ro-*
" *chelle et de Moret faits par les rois Louis XIII.*
" *et Louis XIV.* Je sais bien, Sire, que ces
" sortes d'écrits ne doivent entrer pour rien dans
" les résolutions des grands princes ; mais je crois
" qu'ils doivent être considérés dans les actions

" indifférentes, qui requièrent l'approbation pu-
" blique ; toutes ces choses ont une si grande con-
" nexité avec les finances qu'il a été impossible de
" les omettre."

Produire un tel mémoire, c'est ériger un trophée
au héroïsme ministériel. Certes ce fut une grande,
noble, et salutaire idée que celle de combattre
l'amour du luxe et des plaisirs, par l'amour de la
gloire, et de mettre sans cesse le monarque en présence de l'univers et de la postérité : seul aspect qui
puisse préserver de l'abus de la puissance les peuples
qui n'en sont pas suffisamment garantis par les lois.

Sort ministériel.

L'EXISTENCE ministérielle de M. Colbert, le crédit dont il a joui, l'influence qu'il a eue sur le sort de
l'état, offrent deux époques très-distinctes. Jusqu'en
1670 il est le ministre prépondérant, et est le maître
de la cour ; depuis, M. de Louvois entraîne Louis
XIV. dans des plans de guerre, l'enivre de ses succès, et obtient la supériorité dans sa confiance.
Dans la première époque on voit M. Colbert en-
vahir tous les départemens ; prétendre soumettre la
politique à des intérêts de commerce et de finance ;
vouloir que la Flandre soit mise en république ;
détruire la prépondérance du commerce des Hollandois en France, au risque d'en faire des ennemis ;
s'ingérer à diriger l'ordre militaire, l'armement, la
tenue, la marche des troupes, les camps de paix ;

tracer un plan d'ordre judiciaire à l'insu du chancelier; et il n'est aucune partie du gouvernement
sur laquelle il n'étende son inspection. Dans la
seconde époque cette extension de puissance cesse;
il n'a plus d'influence sur le département des
autres ministres, et même il n'est plus aussi maître
dans le sien; il ne peut plus contenir avec la même
force le torrent des dépenses qu'entraînent la guerre,
les bâtimens, les fêtes; il n'a pas même le choix
des moyens de pourvoir à ces dépenses; à la paix
de Nimègue, il est obligé de sacrifier les prérogatives du commerce à l'extension du territoire; il a
encore assez de force pour empêcher la révocation
de l'édit de Nantes; mais il n'en a pas assez pour
soustraire entièrement les protestans aux persécu-
tions. Il éprouve les plus grands désagrémens à l'occasion des dépenses faites pour les bâtimens dont il a
l'administration (a), et reçoit du roi une réprimande

(a) M. de Louvois portait la plus grande économie dans toutes
les dépenses de son département, depuis les plus grands objets
jusqu'aux plus minutieux; on connaît sa lettre à M. de Menars,
beau-frère de M. Colbert et intendant de Paris : " Je vois, par
votre dernière lettre, que les fusils de la milice ont coûté dix-
huit francs; faites mettre en prison celui qui les a vendus, car
ils n'en valent que quinze." Comme M. Colbert n'avait pas
une surveillance aussi attentive ou aussi clairvoyante sur les dépenses de ses départemens, M. de Louvois découvrit en 1683,
que dans quelques ouvrages des bâtimens, il y avait eu des marchés trop dispendieux, et en donna avis au roi. Lorsque M.
Colbert rendit compte de ce qu'avait coûté la grille qui ferma
la grande cour de Versailles, le roi trouva cette dépense beau-

si dure, si offensante, que le chagrin qu'il en conçut peut avoir avancé sa mort; ses derniers momens sont affreux, et marqués au coin de la plus profonde douleur et du désespoir *(b)*. Ses obsèques sont troublées par ce peuple, dont il avait été le plus zélé défenseur. L'injustice le poursuit jusques dans la tombe. Ses services sont méconnus; et il faut que les fautes de ses successeurs apprenent à la France, qu'elle a perdu un grand ministre.

coup trop chère, et, après plusieurs choses très-désagréables, dit; " il y a là de la friponnerie." M. Colbert répondit, " Sire, je " me flatte au moins que ce mot-là ne s'étend pas jusqu'à moi ;" " non," lui dit le roi, " mais il fallait y avoir plus d'attention ;" et il ajouta, " si vous voulez savoir ce que c'est que l'économie, " allez en Flandre, vous verrez combien les fortifications des " places conquises ont peu coûté." Ce mot, cette comparaison avec M. de Louvois furent un coup de foudre.

(b) M. Colbert après le dernier travail, où le roi l'avait si fort maltraité, tomba malade de la maladie dont il mourut; et ses dernières paroles furent en parlant du roi : *Si j'avais fait pour Dieu, ce que j'ai fait pour cet homme-là, je serais sauvé deux fois, et je ne sais ce que je vais devenir.* Le roi ayant appris sa maladie, lui envoya un gentilhomme pour le visiter, et lui écrivit. Sa famille eut la plus grande peine à l'engager à recevoir ce gentilhomme. Il dit: " je ne veux plus entendre parler du roi, qu'au moins à présent, il me laisse tranquille." Ce ne fut que par une espèce de transaction, qu'on obtint de lui de laisser entrer ce gentilhomme dans sa chambre, à condition qu'il y resterait peu de temps; le malade fit semblant de dormir, et ne lui parla pas. Quant à la lettre il ne voulut pas l'ouvrir, la famille l'excusa de ce manque de respect alors impardonnable, en alléguant qu'il n'avait plus voulu penser qu'à son salut.

M. DESMARETS.

———

Depuis la mort de M. Colbert, les finances avaient passé entre les mains de MM. Pelletier, Pontchartrain, Chamillart *(a)*. Enfin M. Colbert

(a) Louis XIV. à la mort de M. Colbert, incertain sur le choix du successeur, avait trois personnes en vue ; M. Pelletier, conseiller d'état ; Gourville, qui de l'état de domestique de M. de la Rochefoucauld était parvenu à celui d'agent principal et de confident du grand Condé, et était célèbre par un esprit de ressources ; M. Desmarets, intendant des finances ; sa réputation n'était point encore flétrie, par la conviction de ses infidélités dans ses fonctions. Le roi, avant d'arrêter son choix, consulta le chancelier Le Tellier, le ministre le plus fin, le plus subtil, le plus adroit à dissimuler son intention et à la faire adopter. Le roi lui ayant demandé son avis sur ces trois personnages, le chancelier les loua également, et applaudit aux vues du roi ; mais ce prince ne se contentant pas de ces éloges, et l'ayant exigé qu'il marquat une préférence, et dit franchement son avis ; le rusé ministre protesta qu'il allait s'expliquer sans réserve, et dit que Gourville était un homme de beaucoup d'esprit ; que comme il était fort attaché à la maison de Condé, il était à craindre qu'il n'en fut trop dépendant ; mais qu'on devait espérer que les bontés du roi balanceraient et surmonteraient cette affection ; que M. Desmarets était stilé à l'administration des finances, qu'à la vérité il aimait l'argent, et n'était pas délicat sur les moyens d'en acquérir ; mais que les revenus de l'état étaient si considérables, que l'abus qui pouvait en être fait pour la formation de la fortune d'un particulier, n'était pas d'une

eut pour successeur un homme qui, par son génie,
était digne de l'être, M. Desmarets, son neveu, son

grande conséquence. Quant à M. Pelletier, le chancelier dit,
que c'était son parent très-proche, un homme appliqué, intelligent, vertueux; mais qu'il croyait qu'il n'était pas propre pour
l'administration des finances, parce qu'il n'était pas assez dur,
et aussi insensible qu'il fallait l'être dans cette place. Mais je ne
veux pas, dit le roi, qu'on soit dur et insensible, et M. Pelletier
fut choisi. C'était un homme circonspect, complaisant, disposé
à se ranger du côté le plus fort; et comme il était parent de
MM. Le Tellier et de Louvois, et qu'il leur devait sa place, pour
leur plaire, il s'érigea en censeur de l'administration de M.
Colbert; et pendant quelque temps parvint à la décréditer dans
l'esprit du roi; cependant dans le même temps, pour le soutien
des affaires, il suivait secrètement les erremens de ce grand
ministre.

M. de Pontchartrain était, sous nombre de rapports, le contraste
de M. Colbert; son accès était facile, son air affable, son ton
gai et riant, sa conception vive, son esprit brillant, mais plus
porté à l'épigramme qu'à la méditation. Son grand objet était
de pourvoir aux besoins du moment, et pour cet effet l'illusion
était son grand moyen. Sa parole n'était pas sûre; sa morale
en administration n'était pas délicate; et il ne considérait la
règle que comme un moyen de vendre la dispense; il écoutait
favorablement toutes les propositions des traitans, adhérait sans
un grand examen à leurs demandes par des concessions onéreuses
au peuple, leur accordait d'abord toutes les décisions qu'ils désiraient, les pressait de verser au trésor-royal, les sommes qui
étaient le prix de ces concessions; et quand ils avaient payé
une grande partie de ce prix, il révoquait ses décisions, leur reprochait de l'avoir trompé, et assignait leur remboursement à
de longs termes, en leur déduisant ce qu'ils avaient touché. Une
de ses principales ressources en finance fut la création d'offices
la plupart inutiles, ayant des fonctions illusoires et dont l'existence

élève, qui avait plusieurs de ses grandes qualités,
mais aussi plusieurs de ses défauts : d'une part, un

et les prérogatives étaient fort onéreuses pour l'état, il considérait
cette création d'offices, comme une mine inépuisable, et disait
au roi, *toutes les fois que V. M. crée un office, Dieu crée un sot
pour l'acheter.* Cependant le roi s'étant dégoûté de ce genre
d'administration, voulut avoir un autre ministre des finances;
mais comme il était dans ses principes de ne dépouiller personne
de sa place sans des motifs graves de mécontentement, il voulut
pressentir M. de Pontchartrain sur ce changement de département ; et la chancellerie étant devenue vacante, le roi lui demanda s'il lui était agréable de quitter les finances pour la
chancellerie. M. de Pontchartrain qui sentit l'intention de
cette question, répondit : *Comment ne les quitterais-je pas pour
la première dignité de l'état, quand je les quitterais pour rien.*
Son successeur fut M. de Chamillart, homme vrai, modeste,
poli, estimable par ses vertus, mais non par ses talens, ayant la
sagesse de reconnaître son insuffisance pour les places auxquelles
il était élevé, mais l'imprudence de les accepter, et l'indiscrétion
non-seulement de laisser paraître, mais d'avouer son incapacité ;
sa fortune commença par son talent pour le billard, qui le fit
admettre à faire la partie du roi. Sa douceur, sa modestie le
firent aimer et lui valurent l'affection et la protection de Madame
de Maintenon ; le goût qu'elle prit pour lui l'engagea à lui confier l'administration des biens de St. Cyr, place qui n'était pas
alors fort recherchée, parce que ce n'était pas encore une voye
connue pour les grandes places, et M. de Caumartin l'avait
refusée ; M. de Chamillart l'accepta ; et comme il ne fallait que
de la probité, de l'attention, de l'ordre, il s'en acquitta très-bien.
Parce qu'il avait réussi au billard il avait été administrateur de St.
Cyr, parce qu'il avait sagement régi les biens de cette maison, il
fut jugé capable de régir la fortune publique et fut nommé contrôleur-général ; dans cette place tous les projets qui lui étaient
présentés, lui paraissaient bons ; mais comme il craignait de se

esprit sage, un jugement juste, une persévérance
infatigable dans le travail ; l'amour de la gloire ;

tromper, il communiquait les mémoires qui lui étaient remis aux
personnes intéressées à les contredire ; et alors la réfutation de ces
projets lui faisait changer d'opinion ; mais avant de la fixer il
communiquait la réfutation aux auteurs de la proposition, dont la
réplique lui paraissait encore convaincante ; et ainsi son bureau
se surchargeait de mémoires, et rien ne se terminait. Tandis
qu'il succombait sous le poids des affaires de finance, le roi imagina d'y ajouter celles de la guerre, auxquelles il était moins
propre encore ; et pour le déterminer à accepter cette place, le
roi lui dit qu'il en partagerait le travail avec lui ; mais l'association ne fut point l'équivalent des talens de M. de Louvois. M.
de Chamillart dès l'abord dans ce ministère y fut ridicule et
décrédité par son ineptie, puis odieux par les malheurs que produisit cette ineptie ; il écrivait au Maréchal de Catinat : *Je suis
un robin, qui fait son noviciat dans la guerre ; ainsi entre vous
et moi, ce que je dis ne peut rien dire.* La qualité de créature de
Madame de Maintenon excusait tout, justifiait tout ; le Maréchal
de Catinat fut rappelé de l'armée d'Italie, qu'il commandait ;
ayant demandé au roi la cause de sa disgrâce, le roi lui dit que
c'était pour n'avoir pas mandé l'état des affaires, et la trahison
du Duc de Savoye ; le Maréchal assura le roi qu'il en avait informé M. de Chamillart ; ce ministre ayant été interrogé sur cette
assertion, en reconnut la vérité ; mais s'excusa, disant n'avoir
point instruit le roi, sur ce que Madame de Maintenon lui avait
défendu de faire connaître ces lettres à S. M., de crainte qu'il n'en
conçut un chagrin qui nuisît à sa santé ; et l'affaire n'eut point
d'autre suite. Les plaintes contre l'administration de M. Chamillart s'accrurent. Le Maréchal de Berwick ayant réclamé
contre quelques fausses mesures prises par ce ministre, le roi
reconnut qu'il avait tort, et dit *qu'il n'y entendait rien ;* cependant
après cet aveu, il le laissa en place. Enfin en 1709 nulle mesure n'ayant été prise pour le soutien de la guerre, d'après une

cette force d'idées et de caractère qui surmonte les obstacles ; et il avait encore plus que M. Colbert, une grande fécondité d'expédiens, et la notion du maniement du crédit public ; mais d'autre part, il avait, comme M. Colbert, une conception lente, un abord disgracieux, de l'humeur, de la disposition à la haine, et ce qu'on ne put jamais reprocher à M. Colbert, il commit des infidélités dans ses fonctions ; fit un gain illicite et frauduleux sur une refonte de monnoie ; ce qui le fit, après la mort de M. Colbert, expulser de l'administration ; mais n'empêchait pas qu'il ne fut plus capable de conduire les affaires que ceux à qui nul tort ne pouvait être reproché. Aussi, depuis la perte de ses places, il avait toujours été consulté par les ministres de finances, qui chaque fois qu'il avait donné un bon avis aggravaient sa disgrâce, afin de rendre sa faute plus authentique, et de mettre plus d'obstacles à son rappel à l'administration. M. de Chamillart seul convint avec bonne foi des obligations qu'il lui avait ; ce ministre, dès l'année 1707, demandait à être déchargé de l'administration des finances ; et il représentait au roi, *que telle en était l'affreuse*

espérance illusoire de la paix, le roi se détermina à le renvoyer ; et M. de Chamillart par la droiture de son caractère tint la conduite qu'aurait suivi le courtisan le plus délié ; il approuva lui-même son renvoi ; et dit que le roi ne pouvait se dispenser de prendre ce parti, d'après l'indisposition générale qui s'était élevée contre lui.

situation, qu'il ne croyait pas qu'il y eût dans tout le royaume un homme sensé, qui osât se charger de les administrer. En 1708, cet état étant encore empiré, M. de Chamillart obtint la permission de quitter ce ministère, et M. Desmarets lui succéda. Le roi lui dit, *qu'il ne lui demandait point l'impossible, que s'il réussissait, il lui rendrait un grand service, dont il lui saurait gré ; que si les événemens étaient malheureux, il ne les lui imputerait pas.* La crise des affaires était affreuse ; personne n'en connaissait mieux que M. Desmarets toute l'horreur ; cependant il ne désespéra point de la fortune publique. Madame de Maintenon disait de lui, *si nos gens de guerre ont autant de courage, nous gagnerons toutes les batailles.*

Le spectacle qu'offrait la France inspirait le plus grand effroi : les plus grandes puissances de l'Europe coalisées contre elle ; des batailles perdues ; des villes frontières prises ; l'ennemi prêt à pénétrer dans l'intérieur du royaume ; les campagnes et les villes dépeuplées ; une grande quantité de terres en friche ; la plupart des manufactures sans activité par le défaut de bras, par défaut de fonds, par défaut de débit de leurs ouvrages ; le commerce extérieur annullé par la fermeture des mers ; la marine militaire détruite ; les revenus de l'année consommés presque en entier par anticipation, et encore une grande partie des revenus des années suivantes. Le prêt des troupes avait manqué, et il leur était encore dû, sur les années 1706 et 1707, trente-six millions ; les dettes exigibles montaient à plus de six cents cinquante millions ; les billets de monnoie, qui devaient avoir cours, comme la monnoie métallique, perdaient trente pour cent. Bientôt après, les armées éprouvèrent encore de nouvelles disgrâces ; et le terrible hiver de 1709, en frappant nombre de terres de stérilité, et en détruisant nombre de productions, mit le comble aux calamités,

Dès que M. Desmarets eut la direction des affaires, il reconnut qu'il ne pouvait sauver l'état d'une ruine imminente, qu'en affranchissant le revenu de l'année courante: en conséquence, il annulla les assignations données sur ce revenu, et les remit à un terme plus éloigné. Ce début dans l'administration, par l'infraction des engagemens, au lieu de porter le dernier coup au crédit, lui rendit quelque vigueur. Les gens d'affaires les plus éclairés prirent une haute opinion d'un ministre, qui distinguait, dès les premiers momens, le seul moyen de sortir de l'abîme, et avait l'intrépidité de faire un mal, justifié par la nécessité ; on conçût la possibilité de la restauration, ou du moins du maintien des finances ; et par cette confiance, M. Desmarets parvint à emprunter cent soixante millions dans l'espace de dix mois : à la vérité, à un denier fort onéreux, mais l'important était de subvenir à la dépense, quelque prix qu'il en coûtât.

Un genre de créance, qui donnait à l'administration des entraves intolérables, était une caisse des emprunts, dont on avait tiré un parti avantageux pendant la guerre de 1672 ; qui, depuis supprimée à cause de l'inconvénient qu'entraînait l'obligation de rendre les fonds aux capitalistes à leur volonté, avait été recréée en 1702 avec une disposition qui la rendait encore plus onéreuse, à cause de l'intérêt exorbitant de huit pour cent attribué aux fonds déposés. La force de cet intérêt, jointe à la faculté de retirer à tout moment son argent, faisait préférer ce genre de placement à tout autre genre d'emprunt; mais M. de Chamillart abusant de la disposition favorable du public, avait assigné sur cette caisse le payement de fonds qui n'y avaient pas été placés; et par là l'avait décréditée. M. Desmarets voyant l'impossibilité de la soutenir, se détermina à enfreindre ouvertement les engagemens contractés.

Pendant la plus grande partie de l'année 1709, il ne paya ni principal ni intérêt des fonds déposés dans cette caisse. Ensuite, au lieu de rembourser ces fonds, il y substitua des obligations payables à diverses époques avec un intérêt de cinq pour cent; et depuis, il manqua encore à cet engagement, et convertit ces obligations en rentes à un pour cent, non remboursables. D'autres créances exigibles sur l'état éprouvèrent un traitement à-peu-près semblable, et furent ou anéanties ou converties en créances non exigibles avec un faible intérêt.

Malgré des traitemens si rigoureux, il s'en fallait beaucoup que les revenus pussent suffire aux dépenses de la guerre ; et chaque année exigeait de nouvelles ressources. Quoique le peuple fût dans la plus grande détresse, des impôts furent créés sur toute espèce de produits ; des droits furent mis sur presque toutes les consommations ; l'impôt dont on tira un plus grand parti fut un dixième sur tous les genres de revenus.

Nombre d'expédiens furent mis en œuvre pour se procurer quelques ressources. Les propriétaires de vaisselle et de meubles formés de métaux précieux furent invités à les porter à la monnoie, et le roi donna l'exemple ; mais ce sacrifice ne fut pas très-productif et fut très-dispendieux : on ne tira de la vaisselle d'or du roi que 450,000 et la perte sur la façon fut énorme. On eut recours à nombre d'autres affaires extraordinaires, et il y en eut sur lesquelles la perte fut de cinquante pour cent.

Les plus grands efforts furent faits pour revivifier le crédit ; et cependant pour se soustraire au fardeau d'une dette exorbitante, on fut forcé de ne payer par an qu'un semestre des rentes anciennes ; mais les arrérages des rentes nouvelles furent servis plus exactement, ce qui les rendait plus favorables, d'autant que pour les faire accueillir, il leur fut attribué un intérêt exorbitant : il y en eut de constituées à douze pour cent avec obligation de rembourser dans un terme fixe ; et au moyen d'un

si fort intérêt on parvint à tenter l'avidité de l'é-
tranger. Quoique presque toutes les nations Européennes fussent en guerre contre la France, plusieurs de leurs capitalistes prêtèrent leur argent pour
faire la guerre à leur patrie ; et lors de la paix, par
un recensement des rentes dont l'état était grevé,
il se trouva qu'un vingt-cinquième appartenait à l'e-
tranger. *(a)*

Un prêt, qui offrit une ressource inattendue, et
dont on tira un grand parti, fut dû au commerce.
Quelques négocians Français, profitant de la con-
nexion de la France avec l'Espagne, avaient fait
pour le Pérou des expéditions, dont ils retirèrent
une somme de trente millions, presque toute en
métaux précieux ; on les engagea à en prêter la
moitié à l'état, ce qui revivifia le cours des espèces
qui commençaient à devenir rares.

La multiplicité et la variété de ces dispositions
marque une grande fécondité d'imagination, et une
grande sagacité ; et on a peine à concevoir que M.
Desmarets nit pu lutter contre tous les fléaux réunis
pour la perte de la France : cependant tous les
moyens qu'il employa ne furent pas également bien
conçus : non-seulement ils furent pour la plupart
contraires aux principes de l'équité, quelqu'injustes
qu'ils fussent ils pouvaient être légitimés par la né-

(a) Sur 32,443,429 liv. de rentes perpétuelles, ou viagères,
1,251,947 appartenaient à l'étranger.

cessité, et ils étaient moins funestes que n'eût été l'invasion de l'ennemi ; mais quelques-uns furent durs et dévastateurs sans être fort utiles, quelques-uns furent minutieux et frivoles.

Ainsi dans le compte que M. Desmarets a rendu de son administration, et qui, dans plusieurs parties, est justement admiré, il se vante d'avoir remédié à la stérilité de l'année 1709, par les blés qu'il a fait venir de l'étranger ; et il compte comme objet principal de l'approvisionnement cent vingt mille quintaux tirés par la voie de la Méditerranée ; mais cette quantité de blé, qui ne correspond qu'à la nourriture d'environ 25,000 personnes, n'était nullement capable de remédier à un défaut réel de récolte *(a)*

Il tenta de se procurer quelque crédit par la circulation de billets d'une caisse le-gendre, et des receveurs-généraux ; mais quelle confiance pouvaient inspirer ces billets, quand on ne payait pas ceux de la caisse des emprunts ?

Les changemens opérés dans le taux des monnoies portèrent une grande atteinte au commerce ; tantôt le taux en fut exhaussé, tantôt il fut diminué ; et

(a) Il est assez vraisemblable, comme l'ont prétendu quelques observateurs, que le désastre de 1709 n'avait pas été aussi considérable que l'avait imaginé la frayeur publique ; qu'une grande quantité des blés, dont la germination avait été arrêtée par la gelée, n'avait pas péri ; et le malheur étant arrivé au commencement de Janvier, on avait eu le temps de rensemencer les terres.

l'état perdit à toutes ces variations. Une refonte fut faite dans laquelle les anciennes espèces furent prises à un taux faible, ce qui produisit un gain considérable pour l'étranger, qui paya ces espèces à un taux plus fort que celui admis à la monnoie de France, et cependant avantageux pour l'acheteur. De plus, un de ces changemens ayant été précédé d'une promesse précise qu'il n'y en aurait point, fit perdre au gouvernement une confiance qui doit être compté parmi ses plus grands moyens.

Les étrangers naturalisés qui avaient acheté leurs lettres de naturalisation, et qui en avaient encore payé la confirmation, furent obligés d'acquérir vingt mille livres de rente ; et cette vexation dont le produit était mesquin, les mit au désespoir et détermina plusieurs d'entre eux à émigrer.

La coupe des balivaux dans les bois domaniaux fut ordonnée ; ce qui produisit peu, et causa, dans les bois du roi, une détérioration dont ils se ressentirent long-temps.

Nombre d'autres fautes peuvent être reprochées à M. Desmarets, qui vraisemblablement en reconnut les inconvéniens ; mais dans la crise affreuse où se trouvait l'état, tous les moyens d'obtenir de l'argent furent adoptés sans appréciation de leurs conséquences.

Ce ministère offre le spectacle des phénomènes d'administration les plus surprenans : un homme convaincu d'improbité, forcé de se reconnaître cou-

pable, flétri par l'opinion publique, puni par la
perte de ses places, est appelé à la régie de la fortune publique. Dans cette fonction, il montra une
intelligence supérieure, et une intégrité qui ne permit pas même à la méchanceté des soupçons. Lors
de son entrée en place, il était généralement jugé
impossible de soutenir la guerre une seule année,
et elle fut soutenue sept années. Tous les genres
de calamités physiques, politiques, militaires, se
réunirent contre la France, et elle y résista : c'est
par tant de difficultés vaincues que M. Desmarets,
quoiqu'il n'ait perfectionné ni la constitution ni la
répartition des impôts, ce que ne permettait pas la
crise de l'état, mérite d'être placé parmi les plus
grands ministres des finances. Le salut de la
France est encore plus dû à son administration, qu'à
la victoire de Denain, qui même sans les moyens
pris pour le soutien de l'armée, n'eût pu être obtenue.

M. LAW.

—

A la mort de Louis XIV. les charges et les dépenses de l'année excédaient les revenus de soixante dix-huit millions ; et en outre il fallait acquitter une dette exigible de sept cent et tant de millions ; les créances sur l'état se vendaient à cinquante pour cent de leur constitution originaire, et même ensuite elles perdirent encore plus. Les finances furent d'abord régies par un conseil : il fut proposé de manquer aux engagemens contractés ; et il fut observé, qu'en France, dans toutes les grandes crises de finances, il n'avait point été trouvé de moyens de libération plus salutaire ; et à l'appui de cet avis, on citait les exemples de MM. de Sulli et Colbert, autorités imposantes ; cependant cette proposition fut rejetée. Un visa des dettes exigibles opéra une réduction d'environ 200,000,000 ; une chambre de justice prononça contre les traitans des condamnations, qui montèrent à-peu-près à la même somme ; les rentes sur l'état furent réduites au denier vingt-cinq. Mais quelques rigoureuses que fussent ces dispositions elles ne mettaient point l'état en mesure d'acquitter ses engagemens, et de pourvoir à ses dépenses.

Un étranger se présenta qui offrit de rembourser les dettes de l'état, d'augmenter le revenu, de diminuer les impôts, et d'opérer ces prodiges par la création de valeurs idéales et conventionnelles, qui auraient la consistance de valeurs réelles. *(a)* L'auteur de ces surprenantes propositions, le fameux Ecossais, *Jean Law*, était un joueur de profession, expert dans tout genre de calculs et de combinaisons, et habitué à de vastes spéculations. Il réunissait plusieurs avantages, qui contribuèrent à faire adopter ses projets ; sa figure était noble et imposante, avec quelque empreinte de cette fierté qu'on attribue à sa nation. Les tournures de sa langue originaire, adaptées à la langue Française, donnaient à ses expressions l'agrément de la nouveauté, et à son élocution, une sève qui lui était particulière. A une imagination brillante et féconde il joignait l'art de donner à ses idées une forme qui les rendait séduisantes, et une liaison qui leur conférait une apparence de démonstration ; il était d'ailleurs doué d'une grande sagacité dans le maniement des esprits, et d'un talent particulier pour exciter l'enthousiasme. Les circonstances dans lesquelles il se pré-

(a) Il semble qu'il y ait des temps destinés au délire des nations les plus éclairées, et où elles livrent aveuglément leurs intérêts à des systèmes romanesques : dans le même temps que la banque de Law et la Compagnie d'Occident agitèrent et troublèrent toutes les têtes Françaises, la Compagnie du Sud produisit le même effet sur les têtes Britanniques.

senta servirent encore à le favoriser ; la situation désespérée des finances exigeait des moyens qui sortissent des voies usitées ; et le prince, qui présidait aux destinées de la France, avait une imagination libertine et téméraire, qui le disposait à l'adoption de tout ce qui s'annonçait comme extraordinaire, grand, et audacieux. Les propositions de Law furent donc acceptées.

Son système, plus fameux que connu, a souvent été décrit ; mais presque toujours par des auteurs, étrangers au commerce et aux finances, qui n'en ont point distingué le plan, n'en ont point saisi l'ensemble, n'en ont point découvert toutes les conséquences avantageuses ou nuisibles. Ce système avait deux objets distincts ; la création d'une banque d'escompte ; la création d'une compagnie de commerce, destinée à mettre en valeur des pays annoncés, comme contenant d'immenses richesses ; l'un et l'autre de ces établissemens étaient correspondans, et devaient avoir une extension bien plus grande, que jusqu'alors n'avaient eu les institutions de ce genre.

Pour rendre la banque favorable aux yeux du public, exciter à y prendre intérêt, et inspirer confiance en ses billets, Law observait, que des banques étaient depuis long-temps établies dans plusieurs états, qui en avaient tiré de grands avantages, mais non tous ceux qu'on en pouvait recueillir ; qu'une banque ne devait pas seulement faciliter les opérations du commerce, mais que ses billets, par

leur grande circulation et leur grand crédit, devaient être des signes de valeurs réelles, qui ayant
cours comme les espèces monétaires, pussent leur
être substituées, et par ce remplacement supprimer
la dépense énorme, que nécessite l'acquisition des
substances précieuses destinées au monnoyage ; *(a)*
que même cette forme de représentation était préférable à la représentation métallique, en ce qu'elle
n'était pas comme elle sujette à une dépréciation
par l'accroissement de la masse des métaux, résultante de leur importation continuelle ; enfin, que
par ce numéraire fictif, un état peut augmenter ses
moyens de puissance, comme un négociant accroît
et étend ses opérations de commerce par ses lettres
de change.

Law avait déjà proposé en Écosse, sa patrie, une

(a) Le papier de banque, comme signe, est préférable aux
espèces monétaires, parce qu'il n'est pas nécessaire de sacrifier de
grandes valeurs à l'acquisition de ce signe, et parce qu'il est plus
facilement transportable ; mais il n'a pas l'avantage d'être gage
en même temps que signe, prérogative particulière aux espèces
monétaires, parce que toutes les nations civilisées attribuant une
grande valeur aux métaux dont est formée la monnoie, garantis-
sent aux possesseurs des espèces monnoyées, les valeurs dont ils
possèdent le signe. D'ailleurs, la falsification du papier monétaire
étant plus avantageuse que la falsification des espèces monnoyées,
elle est plus tentante et plus dommageable pour l'état ; enfin,
l'augmentation de la quantité des papiers monétaires ne coûtant
rien aux gouvernemens, il est à craindre qu'ils ne les multiplient
dans une proportion excessive.

banque qui n'y avait point été adoptée, quoiqu'elle fut d'un genre bien plus solide que celle qui fut admise en France. Cette banque d'Ecosse devait être agricole ; une confédération de propriétaires de terres devait sousorire des billets, payables à vue, et hypothéqués sur les terres des confédérés, qui ne pouvaient être engagées que jusqu'à la moitié, ou les deux tiers de leur valeur ; ces billets, circulant dans le public comme la monnoie, les propriétaires des terres auraient obtenu par ce moyen les sommes nécessaires aux dépenses de l'agriculture, qui était languissante ; faute de fonds pour l'alimenter.

En France, la banque, suivant la constitution ordinaire de ces sortes d'établissemens, avait pour objet primitif l'accélération et l'extension des opérations de commerce, et pour sûreté de ses avances, ces opérations même ; elle donnait ses billets payables à vue, en échange des billets des négocians payables à terme, sur lesquels déduction était faite d'un intérêt, à raison de l'anticipation du payement ; et ses billets étant admis comme monnoie secondaire, elle était dispensée de les acquitter, et l'intérêt qu'elle retirait de ses escomptes, était un gain qu'elle ne payait que par la responsabilité des obligations qu'elle acceptait en payement. Cette banque ne devait faire aucun emprunt, ni aucune opération de commerce : les actions étaient de 500 livres, et la totalité des fonds de six millions, dont un quart seulement payable en espèces, le surplus en billets d'état ; ce qui rendait cet établissement favorable aux yeux du gouvernement, puisqu'il donnait un emploi aux créances sur l'état.

La banque acquit rapidement un grand crédit, et une grande extension. Dès l'année qui suivit son institution, ses billets furent reçus dans les caisses royales en concurrence avec les espèces monétaires. Une année après, le roi se substitua aux actionnaires et les remboursa, et la banque fut déclarée royale ; titre qui conféra à cette banque une grande consistance, et aurait dû la lui faire perdre ; car, de ce moment, l'autorité présida à toutes ses opérations ; des prérogatives exorbitantes lui furent accordées, et la confiance fut ordonnée. Il fut prescrit que tout payement au-dessus de certaine somme serait fait en billets de banque, et que ces billets conserveraient la valeur qu'ils auraient au temps de leur émission, quelque changement qui survint dans la valeur des espèces monétaires. En même temps, les espèces furent décréditées par des augmentations et des diminutions continuelles qui altérèrent leur caractère de signes certains des valeurs ; ensuite il fut ordonné que les payemens dans les caisses royales ne seraient admis qu'en billets de banque ; et même il fut attribué à ces billets une valeur de cinq pour cent au-dessus de celles des espèces monétaires.

A l'aide de ces dispositions le gouvernement eut l'imprudence de multiplier excessivement les billets de banque ; en sorte qu'ils ne furent plus dans une juste proportion avec les espèces monétaires, ni avec les échanges. On eut même l'improbité de remettre dans la circulation, des billets, qui par l'effet de divers reviremens, devaient être supprimés et brûlés : le prévôt des marchands, en présence de qui devait se faire cette suppression, s'aperçut de la manœuvre, s'y opposa, et le lendemain fut révoqué. *(a)* Cependant, pour empêcher que la surabondance de ces billets ne les discréditat, et que la préférence ne fut accordée aux espèces monétaires, il ne fut permis de garder chez soi qu'une très-petite somme en espèces ; mais cette défense, au lieu de favoriser les billets, les décrédita ; et les marchands exigèrent un prix double pour ce qui n'était pas payé en argent.

Le gouvernement se croyant obligé de céder à cette impulsion, ordonna que les billets n'auraient plus cours que pour la moitié de leur valeur dénominative ; décision qui jeta le public dans la cons-

---

(a) Le prévôt des marchands était M. Trudaine, père de celui qui depuis dans la place d'intendant des finances, a acquis la réputation du plus sage administrateur qui fut en France. M. Trudaine alla demander au Régent la raison de sa destitution ; ce prince qui à travers la dépravation de ses mœurs conservait du respect pour la vertu, répondit à M. Trudaine : *que diable voulez-vous que je vous dise ? vous êtes trop honnête homme pour nous.* Une telle destitution et une telle réponse sont des titres honorables pour une famille.

ternation : on s'en plaignit comme d'un vol fait aux possesseurs des billets de banque ; cependant ce n'était qu'une énonciation légale et forcée de la valeur que fixait à ces papiers la défiance publique. Le parlement fit contre cette réduction les remontrances les plus vives et les moins sensées ; mais qui étant l'expression d'un vœu populaire, eurent une très-grande force, effrayèrent le Régent, et le déterminèrent à se rétracter. Il fut donc ordonné, que les billets de la banque auraient cours pour toute leur valeur dénominative : mais cette restauration fit encore plus de tort à ces billets que leur réduction, parce qu'elle fit sentir qu'ils n'avaient qu'une valeur illusoire. La défense de garder chez soi des espèces d'or et d'argent fut aussi révoquée ; mais la confiance était perdue d'une manière irrévocable.

Peu de temps après l'introduction en France de la banque, Law y avait fait admettre une compagnie de commerce, nommée d'Occident, *(a)* à laquelle fut attribué le privilège exclusif du commerce de la Louisianne, et de la traite des castors. La Louisianne peut donner des productions d'un grand prix et en grande abondance, mais on ne s'en tint pas à la réalité : on répandit le bruit, qu'il y avait, dans ce pays, des mines d'or beaucoup plus riches

(a) Cette Compagnie fut plus connue dans le public sous le titre de Compagnie du Mississipi, fleuve qui arrose la Louisianne.

que celles du Pérou et du Mexique ; on montra des échantillons de minéraux qui étaient des pièces supposées ; et des instrumens et des ouvriers furent embarqués pour l'exploitation de mines qui n'existaient pas. Bientôt au privilége de cette entreprise en furent réunis beaucoup d'autres : celui du commerce d'Afrique et de la traite des Noirs, celui des Indes Orientales, celui de la Chine. Tandis qu'on ne s'occupait que de ces spéculations, qui cependant furent sans effet, on perdait de vue les Antilles, dont la culture même reçut une atteinte assez forte, parce que les colons ne furent payés de leurs denrées qu'en papier décrédité.

Cette compagnie de commerce devint aussi une compagnie de finance ; elle fut chargée de l'affinage et du monnoyage ; elle eut la ferme du tabac ; elle fut subrogée à la ferme générale, et augmenta au profit de l'état le prix de cette ferme ; elle fut chargée du recouvrement des impôts au lieu des receveurs-généraux, mais toutes ces parties de finance furent mal régies ; cependant la perspective de gains énormes, porta les actions de la compagnie à un taux prodigieux ; et pour confirmer encore la haute opinion de leur valeur, elle fit à l'état des prêts considérables, qui servirent au remboursement d'une partie de la dette nationale. En même temps elle attribua à ses actions un dividende de quarante pour cent du capital originaire ; exagération imprudente, en ce qu'elle devait faire soupçonner l'impossibilité de soutenir un si haut dividende par ses gains sur ses opérations de commerce et de finance ; imprudente encore, en ce qu'elle portait à un engouement excessif l'imagination Française, qui n'y est que trop disposée, et qui devait ne pas tarder à faire repentir de cette illusion, celui qui en était l'auteur.

Law, qui déjà comme directeur de cette compagnie était réellement le ministre des finances, en eut le titre, et fut nommé Contrôleur-Général (a), afin qu'il put veiller plus directement et plus efficacement au soutien de son système, qui commençait à menacer ruine. Les actions de la compagnie qui dans leur origine étaient de cinq cent livres, mais dont le capital avait été depuis augmenté par des appels, furent fixées à neuf mille livres ; fixation fort éxagerée eu égard aux mises, et aux produits. Cette compagnie, sans être identifiée à la banque, eut avec elle une telle connexité, que pour des billets de banque on pouvait avoir des actions, et pour des actions des billets de banque.

Cette connexité laissait subsister des opérations et des intérêts séparés ; cependant il en résultait que le

(a) Pour obtenir cette place, Law fut obligé de se faire Catholique, et ne marqua nulle répugnance à ce changement de religion. L'ecclésiastique qui eut l'honneur de sa conversion, fut l'Abbé de Tencin, qui passait pour n'avoir ni religion ni morale, et qui fut magnifiquement payé de cette fonction apostolique. Le public se moqua de la conversion, du converti, et du convertisseur ; ce qui n'empêcha pas que, depuis, ce dernier ne fut fait cardinal.

discrédit ou la ruine de l'un de ces établissemens entraînait le discrédit et la ruine de l'autre ; aussi lorsque Law réduisit la valeur des billets il fut obligé de réduire la valeur de l'action qui, quoique nouvellement fixée à 9000 livres, n'eut plus de valeur que pour 5,500 livres, fixation qui, comme celle des billets, excita une forte réclamation, et fut de même révoquée ; et de même aussi la révocation fut plus nuisible que la réduction. Les actions qui dans le paroxisme de l'engouement national avaient été portées jusqu'à vingt mille livres, tombèrent rapidement de prix, au point qu'il y en eut de vendues pour deux cents livres. Le Régent abandonna Law, recommença à le soutenir, le protégea ouvertement, l'abandonna encore ; et, enfin, le fit sortir de France précipitamment *(a)* pour le soustraire aux poursuites

(a) Law sortit de France, par la voie la plus courte, par Valenciennes. Le Marquis d'Argenson en était intendant ; on vint l'avertir que Law arrivait dans cette ville, et allait sortir du royaume ; il fut frappé de ce départ imprévu d'un homme qui avait, dans ses mains, toutes les richesses de l'état, et des conséquences que pouvait avoir son évasion. Incertain s'il devait la favoriser, la dissimuler, ou s'y opposer, il courut à la poste, dit à M. Law, qu'étant intime ami de son père, le garde des sceaux, il ne pouvait passer dans le lieu de la résidence de son fils, sans lui donner quelques momens, et qu'il voulait lui faire connaître les beautés de Valenciennes. M. Law distingua très-bien le but de cette attention, et l'objet de cette politesse, mais sentit aussi qu'il fallait les prendre pour bonnes, et se laissa conduire chez l'intendant qui lui donna un grand souper, et ne le laissa partir que le lendemain parce qu'il conçut, que puisqu'on n'avait point envoyé

du parlement, qui l'aurait fait arrêter et lui aurait
fait son procès, aux plaintes des actionnaires, qui lui
reprochaient leur ruine ; aux violences du peuple
qui l'accusait de s'être emparé de tout l'or de la
France, quoiqu'il n'y eut pas le moindre fondement
à cette accusation.

Ainsi se termina la brillante et insensée administration de Law ; dans l'espace d'environ deux ans,
il se vit chéri et considéré comme le bienfaiteur de
la nation ; admiré et presque adoré, comme un être
d'une intelligence plus qu'humaine ; puis méprisé
comme un charlatan ; abhorré comme l'auteur de
la ruine de l'état ; inculpé de déprédations, quoiqu'il n'emportât dans le pays étranger, où il était
obligé de fuir, que les moyens de subsistance les plus
bornés. Admiration, affection, mépris, haine, toujours exagérés, et, par conséquent, toujours injustes.

Si la banque que Law établit, eut été restreinte
dans la sphère dans laquelle elle devait être concentrée, l'escompte des engagemens des négocians ; et
si elle n'eut admis des billets que pour ces opérations,
elle eût été d'une grande utilité, et n'eût entraîné
aucun désastre. Si la Compagnie d'Occident eut eu
un objet de commerce plus réel, et mieux ordonné ;
si elle se fut bornée à mettre en valeur la Louisianne,
elle eût obtenu de grands produits et elle eût porté
le caractère national à l'industrie et aux spécula-

après lui, il fallait que sa sortie de France fut connue et approu-
vée du Régent.

tions ; si cette compagnie n'eut point envahi les opérations de finance pour lesquelles sa constitution ne lui donnait aucune aptitude, elle n'eût point été un établissement monstrueux, qui loin de produire la libération de l'état, porta sa dette jusqu'à £1,700,000,000. somme plus forte que celle due après le visa.

Cependant sous un autre rapport les finances reçurent un grand avantage du système. L'augmentation prodigieuse des signes représentatifs des valeurs, ayant fait augmenter le prix de toutes choses, l'état quoique débiteur d'une plus grande somme, dut réellement une valeur moindre. Les impositions restant à-peu-près au même taux, devinrent moins onéreuses et furent plus facilement acquittées ; aussi depuis ce temps·il n'y eut plus autant de poursuites rigoureuses contre les taillables ; on ne vit plus autant de collecteurs, faute de payement des tailles, pendant l'année de leur exercice, gémir pendant plusieurs années dans les prisons ; le gouvernement n'a plus été obligé, comme auparavant, de faire remise d'impositions anciennes non acquittées ; indulgence pour la misère, qui tournait en encouragement pour la mauvaise volonté.

Le système produisit dans les relations entre particuliers, une révolution non moins sensible, que celle opérée en finance ; avantageuse pour quelques classes de la société, désavantageuse pour d'autres. De la multiplication des signes, une appréciation

plus forte ayant résulté, les propriétaires du sol pos-
sédèrent une plus grande valeur. Les débiteurs
eurent la facilité de se libérer ; les redevances irra-
chetables comme étant le prix de la concession du
sol devinrent des charges légères ; les rentiers
en conservant une même richesse dénominative,
n'eurent plus une même richesse réelle ; les stipendiaires à prix fixe souffrirent une grande détérioration dans leur traitement ; les stipendiaires à prix
conventionnel requirent un salaire plus fort ; les
moindres productions du sol, toute denrée, toute
marchandise furent plus chèrement payées ; le
moindre travail fut plus soldé. C'est depuis ce temps
que les petites pièces de monnoie ont disparu des
marchés ; les demi-pites, les pites, les oboles no
furent plus connues que par l'énonciation qui en est
faite dans les anciens titres ; et même les deniers
devinrent rares. Cette crue dans la réappréciation
de toutes choses, analogue à la tendance qu'ont tous
les gouvernemens vers la libération des débiteurs,
et l'allégement de leurs charges, fut un bien pour la
masse de la nation.

Mais le changement que le système produisit
dans les mœurs, loin d'être vu aussi favorablement,
ne peut être considéré que comme une révolution
funeste. C'est à compter de cette époque que l'esprit national a changé ; que l'amour de l'argent,
l'avidité pour l'acquérir, l'estime de sa possession, ont
été des sentimens plus actifs, et plus généralement ré-

pandus. Paris fut transformé en une arène d'agio-
tage autorisée, protégée, favorisée ; on se livra avec
une licence effrénée, subtilité, manœuvre, fraude,
au jeu des actions. La variation de leur prix continuelle, subite, prodigieuse, créa, détruisit une multitude de fortunes ; le pauvre de la veille était le riche
du jour ; redevenait pauvre le lendemain, s'enri-
chissait de nouveau les jours suivans, et souvent
l'indigence était portée à une énorme opulence.
Non-seulement ces événemens causèrent dans Paris
la plus forte commotion, mais le bruit en retentit
dans tout le royaume, avec l'exagération qui accom-
pagne toujours ces sortes de nouvelles, et rendit fa-
buleux ce qui en réalité était déjà si surprenant et
presque incroyable ; les têtes furent tellement agitées, que des hommes du peuple n'ayant aucune
propriété et hors d'état d'apprécier ni même d'entendre le système, accoururent des provinces les
plus éloignées dans la capitale ; persuadés qu'il suffi-
sait d'y être pour s'enrichir.

Le passage rapide d'une situation à une autre,
l'opulence subite, enivrent comme les liqueurs fortes.
Les nouveaux riches se livrèrent à une profusion,
qui d'abord par sa nouveauté, son inconvenance et
son excès, fut flétric de ridicule ; et peu après cessa
de surprendre, et parut justifiée par l'usage. D'après
ces exemples le luxe pénétra même dans les classes
inférieures de la société ; ce qui jusqu'alors avait été
jugé superflu parut nécessaire ; les jouissances furent

prises pour des besoins ; et les besoins que crée
l'imagination ont une sphère bien plus étendue que
ceux qui dérivent de la nature ; les riches même se
crurent pauvres, parce qu'ils jugèrent leur situation,
non par ce qu'ils possédaient, mais par ce que d'après
leurs désirs ils estimaient leur manquer. Les agioteurs enrichis *(a)* ne se bornèrent pas aux jouissances, auxquelles portent la mollesse et la sensua-
lité ; ils recherchèrent celles même, qui ne sont
que d'ostentation, pour s'assimiler aux grands
seigneurs ; et ceux-ci pour n'être pas égalés exagé-
rèrent leur dépense. Témoin de cette désorganisation et de ce malheur national, le chancelier d'A-
guesseau disait, *que les financiers avaient ruiné le
peuple par leur recette, les grands de l'état par
leur dépense.*

La noblesse qui était à la tête de la nation, et en
possession de lui servir de modèle, a été démoralisée,
n'a plus été aussi désintéressée, n'a plus été mue
aussi puissamment par le sentiment de l'honneur,
n'a plus eu la même répugnance pour les mésal-
liances, n'a plus rougi de participer à des gains, réser-
vés jusqu'alors à des professions d'un ordre inférieur.
La possession de l'argent a donné un genre de considération, ce qui est le sceau d'une corruption na-

---

(a) Il ne faut pas confondre ces financiers agioteurs, avec cette
classe d'hommes estimables, qui depuis ont perçu les revenus de
l'état avec intelligence et probité, et en servant bien l'état, ont
fait des gains limités et légitimes.

tionale ; il est devenu nécessaire de joindre des ré-
tributions pécuniaires aux distinctions honorifiques
qui formaient auparavant la seule solde de services
rendus par les classes de l'état les plus relevées ; et
ainsi un des plus grands ressorts politiques a été
énervé.

Après avoir envisagé le système sous tous ses rapports, et dans toutes les conséquences qu'il a entraînées, nous devons gémir qu'il ait long-temps inspiré des préventions injustes contre des mesures de ce
genre qui sont salutaires et bienfaisantes, et ne
doivent pas être jugées d'après l'abus qui a été fait
de celles-ci. Enfin il nous faut observer que le système a produit un grand avantage, qui ne paraît pas
avoir été dans les vues de son auteur et de ses protecteurs ; il a contribué à préserver la minorité de Louis
XV. des guerres civiles qui ont troublé et ensanglan-
té presque toutes les minorités des rois de France,
et celle-ci ne donnait que trop d'ouverture à de
grandes commotions. Tous les regards étant fixés
sur des intérêts pécuniaires, ont été détournés de
la contemplation de la déviation monstrueuse des
principes politiques ; la France alliée à ses ennemis
naturels, et armée pour détrôner l'oncle de son
roi, qu'elle venait de mettre sur le trône, au prix
de tant de trésors et de sang Français.

M. DE MACHAÜT.

——

DEPUIS la disparution de l'ingénieux, romanesque, et pernicieux auteur du système, l'administration des finances, avant d'être entre les mains de M. de Machaüt, passa successivement dans celles de quatre ministres, *(a)* qui les maintinrent dans un

(a) M. Pelletier de la Houssaye depuis Décembre 1720 jusqu'en Avril 1722 ; M. Dodun jusqu'en Juin 1726 ; M. Le Pelletier des Forts jusqu'en Mars 1730 ; M. Orry jusqu'en Décembre 1745. Celui-ci, dont l'administration a été d'une plus longue durée, avait un cœur droit ; l'amour du bien de l'état ; de la capacité ; plus de bon sens que d'imagination ; peu d'élévation et d'étendue dans les idées ; de l'attachement aux usages établis ; la conviction que la première règle de l'administration des finances était l'économie. Son père, qui avait rétabli les finances d'Espagne, était un homme d'un véritable talent, et la réputation du père avait servi à faire appeler au ministère son fils, qui d'ailleurs convenait très-bien au Cardinal de Fleuri, qui aimait les gens de routine, craignait les gens à imagination et à grandes vues. M. Orry suivait très-bien les intentions du cardinal, et toutes les fois que le roi voulait faire quelques dépenses extraordinaires, il s'y opposait en disant, qu'il se rappelait toujours que pendant la guerre de 1701, il avait, sous les murs de Versailles, donné l'aumône à des hommes portant la livrée du roi, et qu'il ne voulait pas que chose semblable arrivât sous son administration : ces représentations contenaient le roi, qui d'ailleurs ne savait pas contraindre un ministre qui savait résister. Pendant ce ministère,

état de stagnation. Cette administration était alors très-facile ; depuis le système, des réductions considérables avaient été faites sur la dette de l'état ; l'augmentation du prix de toutes choses rendait plus facile le recouvrement des impôts. Le cardinal de Fleuri, ministre principal, était grand partisan de l'économie, et la portait même jusqu'à la parcimonie ; mais depuis sa mort, *(a)* depuis que la France s'était engagée dans la guerre de la pragmatique sanction, et que l'Angleterre avait pris part à cette

telle était la restriction dans la dépense personnelle du roi, qu'un des plus beaux présens qu'il ait fait à sa première maîtresse, femme de la cour, a consisté dans quatre flambeaux d'argent ; et ce prince qui depuis a été si prodigue envers ses maîtresses, dans ces premiers temps n'en a enrichi aucune, et en a même ruiné une. A la mort de cette dame, il se trouva que par les dépenses que lui avait occasionnées le honteux honneur des bonnes grâces du roi, elle avait mangé 400,000 livres de son bien : M. Orry, par accommodement, en remboursa la moitié à la famille. Les manières de ce ministre étaient un peu grossières et brusques ; quand on le lui reprochait, il répondait : *comment voulez-vous que je ne marque pas d'humeur ? sur vingt personnes qui me font des demandes, il y en a dix-neuf qui me prennent pour une tête ou pour un fripon.* Quelque temps avant que Madame d'Etioles fut reconnue maîtresse du roi, mais lorsqu'on soupçonnait déjà sa faveur, elle demanda pour son mari une place de fermier-général ; M. Orry lui répondit : *si ce qu'on dit est vrai, vous n'avez pas besoin de moi, si ce qu'on dit n'est pas vrai, vous n'aurez pas la place :* le refus et la forme du refus ne lui rendirent pas cette dame très-favorable. Dans quinze années de ministère, il n'a rien fait de fort utile, rien de nuisible.

(a) 1743.

guerre, une grande augmentation de dépense exigeait de plus grands moyens, et ce fut alors que M. de Machaut fut nommé contrôleur-général.

Quelquefois la fortune va trouver ceux qui ne la cherchent pas, tandis qu'elle fuit ceux qui la poursuivent; ce fut ce qui arriva à M. de Machaut, il était né sans ambition, et désirait mener une vie douce et sans agitation; *(a)* jeté malgré lui dans

(a) M. de Machaut, fils d'un conseiller d'état, qui avait eu quelque réputation, avait le projet de rester maître des requêtes, de se borner à rapporter des affaires au conseil, de ne point s'éloigner de Paris, de ses sociétés et de sa terre d'Arnouville qu'il aimait, et de parvenir avec le temps à être conseiller d'état, en considération des services de son père, et par le secours de ses amis qui étaient en crédit. Dans le nombre de ces amis était le Comte d'Argenson, ministre de la guerre, qui lui fit quitter cette idée, lui persuada qu'il fallait suivre la voie ordinaire des intendances, et lui fit donner l'intendance de Valenciennes, une des plus agréables, mais non une des plus instructives. Lorsque le roi se fut déterminé à renvoyer M. Orry, M. d'Argenson fit nommer à sa place M. de Machaut; qui fut très-étonné quand il reçut cette nouvelle par un courrier qui lui fut envoyé à Valenciennes. Incertain sur le parti qu'il prendrait, après quelques heures de délibération, il refusa : le soir même, M. de Séchelles, intendant de Lille, vint chez lui, et lui dit qu'on lui avait mandé que M. Orry avait donné sa démission ; M. de Machaut répondit comme n'ayant aucune connaissance de cette nouvelle. Le lendemain, M. de Séchelles, qui logeait à l'intendance de Valenciennes, apprit, par des lettres de Versailles, que c'était M. de Machaut qui était le successeur de M. Orry, et vint lui dire, qu'il avait d'autant plus de tort d'affecter l'ignorance de cette nouvelle, que c'était lui, M. de Machaut, qui était nommé à la

une carrière plus active que celle qu'il se proposait de suivre, appelé au ministère sans l'avoir désiré, et même après l'avoir refusé, il y prit goût pour les grandes places et pour les honneurs, les ambitionna, les obtint, les mérita. Son discernement était juste, base essentielle de toute sage administration ; sa tête était capable de grandes conceptions ; son cœur était porté à la justice, et n'était pas insensible au malheur ; son caractère était ferme ; ses déterminations inébranlables, telles qu'elles doivent être, surtout dans le gouvernement de la nation Française, portée plus qu'aucune autre à la contradiction, et avide de changemens ; on pouvait désirer en lui un peu plus d'activité, car un goût naturel pour le repos et pour une vie tranquille perçait même au milieu de son assiduité au travail ; et cette disposition lui a servi à supporter avec courage son déplacement, et la retraite dans laquelle il a passé une partie de sa vie.

Lorsqu'il fut appelé au ministère des finances, il n'avait jamais fait une étude suivie de cette partie d'administration ; et la place qu'il occupait d'intendant de Valenciennes, n'est pas celle des inten-

place de M. Orry, que même le roi l'avait dit à son souper. M. de Machault niait toujours, lorsqu'on entendit dans la cour le bruit d'un courrier ; il apportait une seconde lettre ministérielle, et des conseils de plusieurs de ses amis portant qu'il n'était pas possible qu'il se refusât aux bontés du roi. Il cessa alors de persister dans sa dénégation, et partit pour Versailles.

dances qui donne sur cet objet le plus d'instruction. Il eut la sagesse de sentir son insuffisance, et de remplacer par les notions des autres celles qui lui manquaient : il s'entoura des hommes les plus éclairés et les plus instruits, s'enrichit de leurs idées, et parmi les conseils qui lui furent donnés, sût choisir les meilleurs. Ce fut par ces moyens qu'il soutint avec succès trois années de guerre, tantôt par quelques impôts, tantôt par quelques emprunts, tantôt par quelque amélioration dans diverses parties du revenu de l'état ; opérations qui étaient sages, mais n'avaient rien de surprenant et de lumineux, et n'étaient que la suite des anciens errémens avec quelque perfectionnement. D'ailleurs, pendant son administration, la guerre fut féconde en événemens heureux ; et la Flandre conquise fut soumise à des contributions qui formèrent une addition considérable de revenu ; cependant cette fin de guerre consista surtout dans des siéges, opérations militaires du genre le plus dispendieux.

Lorsque la paix eut ouvert une carrière plus libre aux grandes vues ministérielles, instruit par plusieurs années d'expérience, par des observations attentives et judicieuses, sur la défectuosité des principes élémentaires de la finance Française, il en entreprit la reconstitution ; et c'est de ce moment que son administration a pris un grand caractère, et a fait époque dans le système des finances ; il en a traité avec une supériorité marquée les deux grands objets, l'impôt et le crédit. Il reconnut que les contributions devaient porter principalement sur les valeurs que produit la nature indépendamment des travaux de l'homme ; et l'impôt territorial fut établi comme base de revenu de l'état. *(a)* Le dixième impôt de guerre, qui devait cesser avec elle, fut supprimé ; d'autant que cet impôt établi d'après les anciens règlemens était très-défectueux : un vingtième fut créé, illimité dans sa durée, universel dans son extension, et portant sur tout genre de revenu, excepté les rentes sur l'état, dont l'exemption avait été assurée lors de leur constitution.

Les exemptions obtenues d'une piété impolitique, ou arrachées par la force et la violence, ou même concédées par des traités, lors de la réunion des provinces au royaume, et cimentées par le temps, ne furent point un obstacle à l'universalité de cette contribution. M. de Machaut pensait, que quelque fussent les concessions et les conventions, elles ne pouvaient porter atteinte à une justice primitive et inaltérable, qui exige que les charges qui ont pour objet le maintien de la propriété soient supportées par les propriétaires ; et il estimait le prélèvement sur les produits du sol d'autant plus juste et plus expédient, que n'étant perçu que dé-

(a) L'impôt territorial peut être considéré comme l'impôt primitif, mais non comme l'impôt unique, ainsi que l'ont prétendu quelques spéculateurs fautifs en principes, et nuls en fait d'expérience.

duction faite des frais d'exploitation, il ne peut lui nuire. Comme il suit la hausse et la baisse du produit, il ne peut être oppressif ; et comme le revenu territorial croît sans cesse, le revenu de l'état croît avec lui ; et ainsi s'élève au niveau des dé-penses qui ont aussi une crue progressive. Que s'il survient quelque crise qui exige une augmenta-tion de dépense, un impôt de ce genre additionnel est un moyen efficace et juste de subvenir à ce qu'exige la situation de l'état, en portant la moindre atteinte possible à l'agriculture, à l'industrie, au commerce.

Le produit de ce vingtième fut destiné à fonder une caisse d'amortissement, qui devait par un rem-boursement continuel arrêter la crue exorbitante de la dette nationale ; en temps de paix opérer la ré-duction de l'augmentation que nécessite la guerre, et prévenir l'exagération qui tôt ou tard en amène l'infraction : événement qu'il estimait être la honte d'une nation, la perte de son crédit, la ruine d'un grand nombre de ses citoyens ; et, par ces cala-mités, pouvoir produire dans l'état une commotion dangereuse, ce qui n'a été par la suite que trop prouvé.

Louis XV. dont le caractère, plus que l'esprit, prête à la censure, et qui avait des idées très-justes, quand il se donnait la peine de penser, sentit toute l'importance et les avantages d'un tel plan de finance, l'adopta, et prescrivit de le mettre à exécution ;

mais le prudent auteur de cette institution, qui prévoyait que plus un ordre sage et juste allait être établi dans les contributions, plus il fallait s'attendre à de fortes contradictions, voulut corroborer la détermination du roi en la laissant mûrir ; il se refusa à ses instances, mit sous ses yeux tous les obstacles que rencontrerait l'exécution, et lui observa, que de la réussite de ce plan pouvait dépendre la gloire et la prospérité, peut-être même la tranquillité de son règne.

Enfin la loi fut donnée, et dès son apparition elle excita la plus forte réclamation. Le clergé soutint qu'il ne devait contribuer que par des dons volontaires ; les pays d'états élevèrent la même prétention ; les états de Languedoc dans lesquels le clergé avait une influence prépondérante, opposèrent la plus forte résistance ; elle fut sans succès : l'impôt fut assis, réparti, perçu sans le consentement du clergé, sans la participation des états, et dans tout le royaume l'impôt fut établi. La puissance royale, qui depuis que Louis XIV. avait gouverné son état par lui-même, n'avait point reçu d'échec notable, était encore étayée dans cette affaire par la sagesse et l'utilité de ses dispositions ; et tout semblait assurer l'obéissance. Cependant le clergé, qui d'abord avait été contraint d'obéir, trouva des accès secrets auprès du roi, effraya sa conscience, fit voir dans un impôt perçu sur des biens ecclésiastiques, la violation d'une propriété sacrée, et donna à cette juste et sage institution, une apparence de sacrilége. Tandis que les prérogatives temporelles du clergé étaient ainsi attaquées et défendues, des dissensions religieuses s'élevèrent, et excitèrent une fermentation qui obligea à des ménagemens pour ce corps ; et il profita habilement de ces circonstances pour tenter le gouvernement par l'offre d'un don considérable, prix de l'affranchissement de vingtième qu'il sollicitait : M. de Machaut ne fut point séduit ; mais le roi se détermina à céder. Les biens ecclésiastiques ayant été exemptés de l'impôt, les pays d'états crurent pouvoir reprendre et faire valoir leurs prétentions, et obtinrent des abonnemens qui dénaturèrent la contribution : ces abonnemens s'étendirent et se multiplièrent sous les ministères subséquens, et furent d'autant plus désavantageux pour l'état, que ceux qui les réclamaient étaient plus puissans, ou plus fermes dans leur résistance ; et que le ministre qui les accordait était plus faible en crédit ou en caractère. Le produit du vingtième ne fut employé que partiellement à des remboursemens ; ou même ne servit qu'à l'acquit de dépenses annuelles.

Indépendamment des dispositions qui assujettissaient les biens du clergé aux contributions, il avait été pris dans l'ordre féodal, des moyens de constater le montant de ces biens, dont la politique ecclésiastique dérobait la connaissance au gouvernement, qu'elle soupçonnait, non sans raison, de vouloir faire retomber sur le clergé une grande partie des charges de l'état ; et ce moyen de vérification fut encore éludé.

Ce fut avec plus de succès que M. de Machaut éleva des barrières contre l'accroissement des propriétés foncières du clergé ; l'acquisition de ces sortes de biens lui fut interdite ; et, par cette interdiction, il fut conduit à employer ses capitaux dans les fonds publics, ce qui en multipliant les acquéreurs de ces fonds en soutenait le taux ; en outre peut-être le gouvernement par une arrière-pensée prenait des mesures, pour que si quelque jour il était forcé de manquer à ses engagemens, la perte tombât principalement sur cette classe de la nation.

La création de ce vingtième et de la caisse d'amortissement qu'il alimentait, étaient les deux plus belles institutions de finance qui eussent jamais été établies en France, et même qui existassent alors en Europe ; et si elles eussent été maintenues telles qu'elles avaient été créées, elles eussent pu prévenir les désastres survenus depuis en France. Comme le vingtième est une contribution élémentaire, il aurait par la suite remplacé les autres contributions personnelles ou territoriales inégalement onéreuses aux diverses classes de la société, et auxquelles même quelques-unes de ces classes étaient soustraites ; et cette inégalité, cause originaire de discussion et de fermentation, ne subsistant point lors de la convocation des états-généraux, il n'y aurait point eu de motifs pour la destruction des ordres de l'état, et leur réunion en un seul ; d'autre part, si les fonds destinés à la caisse d'amortissément y avaient été constamment versés, en observant quelque proportion entre les emprunts et la puissance de ce moyen de libération, qui pouvait y servir de thermomètre, les états-généraux n'eussent point été convoqués ; ou s'ils l'eussent été, ils n'auraient point été disposés à l'abolition d'un genre de gouvernement, auquel on n'aurait pu reprocher la ruine de l'état.

Cependant quelque estimables que fussent ces institutions ; il s'en fallait beaucoup qu'elles eussent le degré de perfection dont elles sont susceptibles ; il eût été à désirer que l'impôt territorial dénommé vingtième, au lieu d'être gradué suivant le prix de ferme des terres, eût grevé celles de bonne qualité dans une proportion plus forte, que la proportion numérique ; et celles de foible qualité, dans une proportion inférieure ; parce que la culture des unes est toujours assurée, et que la culture des autres doit être encouragée ; c'est un plan de répartition qui depuis a été tracé et exécuté avec un grand succès dans la généralité de Paris.

La caisse d'amortissement était aussi susceptible d'une meilleure organisation, et eût été d'une plus grande utilité, si la somme qui y était destinée, au lieu d'être employée au remboursement d'une créance en particulier, eût servi au rachat de celles de ces créances qui éprouvaient une plus grande déchéance sur le cours de la place, ce qui aurait mieux soutenu le crédit, et opéré une libération plus avantageuse ; en ce que l'état eût remboursé ses dettes, non suivant le taux du capital originaire, mais suivant le prix qu'en donnait un particulier acquéreur. C'est le plan suivi aujourd'hui dans la caisse d'amortissement des dettes de la Grande-Bretagne.

M. de Machaut ayant vu son plan altéré, et même détruit par l'abandon qu'en fit le monarque, qui avait promis solennellement de le soutenir, reconnut qu'il ne devait pas conserver un département, où ses opérations ne lui avaient produit que l'approbation et l'admiration stérile des hommes éclairés et impartiaux, et l'avaient exposé à la haine des corps qu'il avait contrariés, et qui s'opposeraient toujours à tout ce qu'il voudrait entreprendre. Il passa au département de la marine *(a)*, où il obtint

(a) C'est à ses sages mesures que la France doit la prise de Minorque, et, peu de temps après, il fut disgracié ; et le fut en même temps que son antagoniste le Comte d'Argenson. On a rapporté différens motifs de cette double disgrâce : on a prétendu, qu'elle avait été fondée sur l'opposition de l'un et l'autre de ces ministres au traité d'alliance avec la maison d'Autriche ; alliance tracée et protégée par un crédit prépondérant, et que ces deux ministres ont contredit avec juste raison. D'autres, qui paraissent mieux instruits, ont prétendu que cette contradiction a été étrangère à leur perte ; suivant eux, le roi ayant eu 1757 été blessé par un assassin, crut qu'il allait mourir, et revint aux sentimens de piété dont il avait toujours conservé le principe ; en conséquence, il désira que Madame de P*** quittât Versailles ; mais n'osant le lui ordonner, il envoya chercher le Maréchal de

l'estime et l'affection de tous les marins ; et le plus grand avantage maritime qu'ait eu la France dans

Soubise, qui était dans la confidence intime de tous ses sentiments, et le chargea d'engager cette dame à se retirer, mais sans qu'elle pût imaginer que le conseil vint du roi. M. de Soubise, qui n'était pas un homme de beaucoup d'esprit, mais un courtisan très-exercé dans toutes les manœuvres de cour, sentit la délicatesse et le danger d'une telle commission, et eut l'adresse de s'en débarrasser ; il répondit au roi qu'il était à ses ordres pour cet objet, ainsi que pour tout autre, mais qu'il ne prévoyait pas pouvoir y réussir ; qu'il ne voulait pas laisser ignorer à S. M. qu'en dernier lieu il avait eu avec Madame de P*** quelques petites discussions dont il n'avait pas parlé à S. M. parce que c'étaient des misères qui se terminaient facilement ; mais que si dans ce moment il lui donnait le conseil de se retirer, elle penserait que ce conseil procéderait de cette indisposition : que Sa Majesté pouvait avec plus d'apparence de succès employer M. de Machaut, ami intime de cette dame, et ministre dont la gravité, les lumières, l'autorité donneraient plus de poids à un tel conseil. Le roi adopta ce parti, et chargea de cette commission ce ministre en lui recommandant de laisser croire qu'il parlait de son chef : il obéit, garda le secret, mais par ce conseil se perdit dans l'esprit de la favorite. Depuis le rétablissement de la santé du roi, des intrigues se formèrent contre lui et il fut renvoyé du ministère : par ce renvoi, le Comte d'Argenson, son antagoniste, devenait tout-puissant ; mais il fut disgracié le même jour et à la même heure que M. de Machaut. Le motif de la disgrâce de M. d'Argenson fut une lettre, où il parlait du roi irrévérentieusement, mais qu'il a toujours soutenu être fausse. La veille de cet événement les deux ministres assistèrent au conseil ; le roi ne trompa point M. de Machaut, il eut vis-à-vis de lui l'air embarrassé ; et toutes les fois que leurs regards se rencontrèrent, le roi détourna les siens précipitamment ; mais, après le conseil, le roi eut avec M. d'Argenson et M. de Soubise une conversation très-gaie, et où le roi rit beaucoup.

la guerre de 1755, lui est dû. Mais dans le cours de ces brillans succès, et au milieu des applaudissemens de la nation, il fut disgracié par une intrigue de cour.

Cependant la triste prophétie qu'il avait faite à Louis XV., sur les conséquences qu'entraînerait la rétractation de ce grand plan de finances, a eu son exécution pendant le règne de ce prince, et a reçu son funeste complément sous le règne de son successeur. La nation, depuis cet événement, ayant connu qu'on pouvait sans danger et avec succès résister aux ordres du roi et aux lois, a pris l'habitude de cette résistance, et c'est à compter de cet événement que datent la désorganisation de la puissance royale, la déchéance du trône, et l'insubordination nationale.

Le lendemain ils reçurent les ordres du roi : la lettre à M. de Machaut était aussi douce, que peut être une lettre de disgrâce ; la lettre à M. d'Argenson était sévère, dure, et l'exilait ; il y a lieu de conjecturer que le sujet de plainte, que le roi eut ou crut avoir contre ce ministre, ne lui fut connu qu'après le conseil ; ce qui disculpe ce prince de la fausseté qui lui a été reprochée.

M. de SILHOUETTE.

Après que M. de Machault eût quitté l'administration des finances, elle passa successivement entre les mains de MM. de Sechelles, de Moras, de Boulongne (a) ; comme aucun des trois n'a rien fait de

(a) De ces trois ministres, le plus remarquable a été M. de Sechelles ; dès sa jeunesse il avait été initié dans les grandes affaires ; étant simple maître des requêtes, il avait été intimement lié avec M. le Blanc, ministre de la guerre ; compromis avec lui, enfermé avec lui à la Bastille, il en était sorti avec lui. M. le Blanc ayant recouvré le ministère de la guerre, voulut y associer son ami pour le récompenser de ce qu'il avait souffert à son occasion ; mais avant de prendre ce parti, il consulta le chancelier de Pontchartrain qui était retiré des affaires, et qui avait la réputation d'une tête très-sage. M. de Pontchartrain lui dit : j'ai déjà entendu parler du jeune M. de Sechelles ; je sais qu'il montre des talens, dont on doit concevoir une haute opinion, vous voulez l'obliger, et vous le devez ; mais j'estime qu'en vous le faisant associer dans ce moment, vous lui rendriez un mauvais service. Si vous êtes disgracié, ou si vous venez à mourir, il est trop jeune, n'a pas assez de consistance dans le monde pour se soutenir dans cette place ; et alors en étant renvoyé et n'en pouvant prendre une inférieure, il sera mis à l'écart et perdu pour le reste de ses jours ; faites-le nommer à quelqu'une des intendances frontières qui sont dans votre département ; avec l'esprit dont il est doué, il y acquerra bientôt sur la formation, la tenue, et l'approvisionnement des armées, des connaissances qui lui feront honneur, et vous autoriseront à vous le faire associer

très-important, et qui ait laissé des traces, notre attention ne doit se porter que sur leur successeur ;

avec l'approbation générale, et plus de stabilité. Que si avant cette association vous venez à mourir ou à être destitué ; M. de Sechelles a assez de moyens pour parvenir par lui-même au ministère, dans la route duquel il se trouvera placé. Le conseil fut suivi ; l'intendant de Valenciennes s'était déclaré contre M. le Blanc pendant sa disgrâce ; on le fit passer à une intendance de l'intérieur, hors du département du ministre de la guerre, et M. de Sechelles fut envoyé à Valenciennes ; il fut ensuite intendant de Lille, département plus considérable ; puis il fut intendant d'armée avec le plus grand succès. Il avait pour ce genre d'administration un talent distingué ; il y joignoit beaucoup d'esprit, de perspicacité, de finesse, un bon ton, de la grâce, de l'usage du monde, de la souplesse, et de la dextérité pour se conformer aux vues des généraux ; une grande vigilance pour assurer le bien-être des troupes, auquel, peut-être, il sacrifiait quelquefois le bien-être du peuple. Le roi de Prusse, le Grand Frédéric, ayant eu occasion de le connaître, le citait, comme le modèle des administrateurs militaires ; il était estimé et chéri de tout le militaire Français ; mais cette réputation et cette affection n'étaient pas une très-bonne recommandation auprès de M. d'Argenson, ministre de la guerre, à qui elle pouvait donner quelque inquiétude ; aussi ce ministre sans se brouiller avec lui, chercha toujours à l'écarter, et y parvint ; et même indépendamment des manœuvres ministérielles par des relations sociales et des intrigues de galanterie, il lui joua un mauvais tour, dont M. de Sechelles se vengea par le même genre de moyen. Lorsque M. de Machaut se détermina à quitter le contrôle-général, il proposa au roi, pour le remplacer, M. de Sechelles, que son indisposition contre M. d'Argenson ne rendait pas défavorable aux yeux de M. de Machaut ; M. de Sechelles avait été toute sa vie plus occupé de l'approvisionnement des armées que de l'approvisionnement du trésor royal, et il était bien vieux pour commencer à étudier

M. de Silhouette, dont le ministère a été signalé par l'introduction de nouveaux principes en finance, les convulsions qu'a éprouvées la fortune de l'état, la vicissitude la plus grande dans les succès et les revers de ses opérations, la révolution la plus rapide dans l'opinion publique.

M. de Silhouette était d'une naissance obscure ; son nom était étranger à la magistrature et à l'administration, son patrimoine était médiocre ; ce fut une fortune pour lui d'être maître des requêtes, mais la nature l'avait doué d'avantages plus réels et plus utiles, que ceux de la naissance, et de la richesse ; une intelligence forte, une imagination féconde et brillante. Dès ses premières années on remarqua en lui un grand désir de s'instruire, du goût pour l'étude, un esprit de réflexion qui n'est pas ordinaire à la jeunesse (a). Il se livra d'abord à la littérature,

une science qui exige l'étude et l'expérience de presque toute la vie ; il avait toujours été sectateur du beau sexe, il crut pouvoir l'être encore ; et comme nombre de belles dames ont un goût décidé pour les contrôleurs-généraux, il n'eut pas de peine à en trouver d'assez indulgentes pour ne pas s'apercevoir qu'il était vieux, et lui-même l'oublia ; mais le lendemain d'une conférence galante, sa tête s'en ressentit, et il fallut renoncer aux affaires.

(a) Il était très-jeune, lorsqu'il fit, avec son père, un voyage en Hollande, où il vit le poëte Rousseau qui y était retiré ; et quoique le jeune Silhouette n'eut point pris part à la conversation, Rousseau découvrit dans la manière dont il écoutait, un genre d'attention qui le frappa, et, dans une de ses lettres, il annonça que ce ne serait pas un homme ordinaire.

traduisit avec succès quelques poëtes Anglais, et contracta l'habitude d'une diction plus fleurie, que celle qui convient à la discussion des affaires ; et que cependant il y conserva. Dans ses fonctions de maître des requêtes il marqua peu de goût pour les discussions judiciaires, qui, depuis le chancelier d'Aguesseau ont beaucoup trop occupé le conseil ; mais il chercha à plaire aux ministres, marqua une grande docilité pour leurs opinions, et s'occupa surtout à être l'interprète de leurs idées.

Avant de parvenir au contrôle-général il s'était fait connaître dans trois places d'un genre très-différent. Lorsqu'après la paix d'Aix-la-Chapelle, il fallut régler les limites des possessions Françaises et Britanniques dans l'Amérique Septentrionale, les deux nations nommèrent des commissaires, et M. de Silhouette fut un des commissaires Français. Ces limites furent si mal fixées que le défaut de désignation certaine et précise a donné lieu à la guerre de 1756 ; mais la faute n'en peut être imputée à M. de Silhouette, parce que les cartes que la France avait de ces contrées, étaient si défectueuses, qu'il n'était pas possible de tracer avec certitude une ligne de démarcation.

Il y avait deux commissaires du roi à la Compagnie des Indes, qui avaient l'influence principale sur la direction des affaires de cette compagnie ; M. de Silhouette eut une de ces places ; l'autre était remplie par M. de Montaran ; ces deux commistaires différaient d'opinion et de caractère, ils ne tardèrent pas à avoir les querelles les plus violentes ; M. de Montaran connaissait mieux les faits et les règlemens, et voulait suivre en tout les erremens tracés par M. Colbert ; M. de Silhouette avait plus d'étendue de vues, et voulait adapter au commerce Français quelques principes Britanniques.

Il trouva accès auprès de M. le Duc d'Orléans, fils du Régent, fut mis à la tête de ses affaires, et ensuite parvint à être nommé son chancelier. Dans cette place il se conduisit avec probité et intelligence, soutint les droits de l'apanage avec dignité, et y établit une régie sage ; mais après la mort de ce prince, ce bon ordre et la réforme qu'il avait introduite dans cette maison déplurent à Madame la Duchesse d'Orléans qui parvint à le faire renvoyer.

En 1759, le Maréchal de Belleisle, ministre de la guerre, avait le crédit prépondérant ; il aimait les projets, et les idées nouvelles. M. de Silhouette, dont l'imagination était brillante et inventive, lui plut, et il le fit nommer à l'administration des finances *(a)*.

(a) Peu de temps auparavant que M. de Silhouette fut nommé à cette place, le roi qui ne le connaissait que comme les rois connaissent les personnes avec lesquelles ils n'ont point de relations directes, ne se donnant pas la peine d'étudier leur conduite, et ne les jugeant que sur des propos de ministres et de courtisans intéressés à servir ou à nuire, avait énoncé sur M. de Silhouette une opinion plus que désobligeante ; mais soit que ce prince eût

La réputation qu'avait M. de Silhouette d'avoir des principes extraordinaires, et de la disposition à s'écarter des routes frayées, fit voir sa nomination à cette place avec effroi ; et l'on crut qu'il allait faire revivre le système de Law, en introduisant du papier monnoie. Instruit de cette prévention, il protesta dans un discours à sa réception à la chambre des comptes, que sous son administration *les systèmes phantastiques, qui substituent l'illusion à la réalité, ne trouveraient point accès auprès du trône.* Cette phrase élégante et un peu poétique, qui ne donnait point une très-grande sûreté, eut pourtant un succès surprenant ; on s'était effrayé sans juste cause, on se rassura sans motif suffisant.

M. de Silhouette jusqu'à ce moment n'avait rempli aucune place qui pût lui donner notion des finances, ne les avait étudiées que dans les livres, et connaissait mieux celles de la Grande-Bretagne que celles de France : la place de commissaire du roi à la compagnie des Indes lui avait donné quelques idées d'administration, dont il chercha toujours à se rapprocher dans l'administration des revenus de l'état. Ce fut par un effet de cette disposition, qu'il débuta dans le ministère par casser le bail des fermes, et le convertir en une régie surveillée par

reconnu la fausseté de cette opinion, soit que cette prévention lui parut ne devoir pas empêcher de se servir d'un homme d'un esprit supérieur, l'administration des finances fut confiée à M. de Silhouette.

des commissaires du roi ; des actions furent créées au nombre de soixante douze mille, à raison de mille livres chaque, un intérêt de cinq pour cent était attribué à ces actions ; et en outre il leur fut concédé une part dans le profit que devait donner le bail des fermes ; ce qui éleva l'intérêt du capital fourni, à environ sept et demi pour cent.

De si grands avantages firent rechercher avec empressement ces actions, et, par ce moyen, on obtint, en peu de jours, soixante et douze millions, somme dont, dans ce moment, la guerre avait le besoin le plus pressant, et somme beaucoup plus considérable que celle qui avait pu être obtenue par aucun des emprunts précédens. Les financiers qui sont presque toujours un objet d'aversion et de haine pour le peuple, étaient dépouillés ; le public était subrogé à leurs gains ; ainsi tout ce qui pouvait servir, plaire et séduire, se réunissant, l'admiration et l'affection pour M. de Silhouette furent portées à un degré extrême ; et l'engouement national pour lui se manifesta jusques dans les frivolités ; on mit son empreinte sur toutes les nouveautés et on leur donna son nom ; cependant il est peu d'opérations de finance plus irrégulière, plus injuste, plus imprudente, plus mal combinée que celle qui était l'objet de tant d'applaudissemens.

Le bail des fermes était cassé, sous le prétexte d'un défaut de publication et d'enchères ; mais la loi qui prescrivait ces formes était depuis long temps tom-

bée en désuétude, parce qu'il avait été trouvé difficile
et même impossible d'en, concilier l'exécution avec
l'assurance de la solvabilité des fermiers. Que si
l'intérêt de l'état exigeait impérieusement la cassation des conventions passées en son nom ; cette
cassation devait être fondée sur ce motif, et non sur
une subtilité, sur une chicane dont un praticien
honnête aurait rougi de se prévaloir. En prenant
ce parti il fallait du moins le justifier par l'obtention
d'un grand avantage, et la régie est, en général, préférable à la ferme ; mais nulle mesure sage ne fut
prise pour le succès de cette nouvelle forme de perception. En attribuant aux actionnaires un intérêt
de leurs capitaux qui revenait à sept et demi pour
cent, la soustraction des profits de la ferme tournait à leur avantage ; et la concession d'un tel traitement, mettait pour les emprunts suivans dans la
nécessité de payer l'argent à ce taux exorbitant ; ces
considérations ne furent point senties ; la suppression
des gains de la finance, et l'obtention d'une forte
somme furent les seuls objets dont on fut frappé.

Etayé par cet enthousiasme, M. de Silhouette
entreprit d'attaquer les abus qui diminuaient la recette, et augmentaient la dépense ; il supprima des
exemptions de tailles qui n'étaient pas fondées sur des
raisons essentielles et des titres légitimes ; et, par
cette suppression, il joignit le suffrage des provinces
à celui de la capitale.

Il entreprit une réforme bien plus difficile, celle

des dépenses personnelles du roi, et celle de ses ministres plus difficile encore (a). Il représenta au roi que, dans un moment où il forçait ses sujets à de grands sacrifices pour le soutien de la guerre, il devait en donner lui-même l'exemple sur ses jouis-sances personnelles ; que non-seulement il en résulte-rait une augmentation de fonds pour des dépenses indispensables, mais une autorisation de l'augmenta-tion des charges, que la situation des affaires exi-geait. Le roi, qui foncièrement avait disposition pour ce qui était sage et juste, consentit à ces re-tranchemens ; mais M. de Silhouette, fut déjoué dans presque toutes ses entreprises de réforme (b).

(a) Il voulait d'abord faire donner l'exemple par les ministres en supprimant leurs courriers à gages qu'il n'estimait pas fort néces-saires ; mais quelqu'un plus stilé que lui dans le maniment des esprits et la tactique de la cour, lui conseilla de ne point com-mencer ses retranchemens par ceux des dépenses des ministres qu'il était important d'avoir pour soutien ; que quand il aurait fait d'autres réformes plus importantes, il leur demanderait des sacrifices personnels auxquels ils seraient entraînés et forcés par l'exemple.

(b) Le premier objet de dépense dont il proposa la suppres-sion, fut le fonds destiné au jeu de roi ; mais le ministre des affaires étrangères voyant que le désœuvrement du roi, faute de jeu, allait désorganiser la société de S. M. offrit de prendre sur les fonds des affaires étrangères la somme nécessaire pour le jeu, ce qui fut accepté.

M. de Silhouette ayant observé que le roi avait à la petite écurie un trop grand nombre de chevaux, et que la nourriture de ces chevaux était beaucoup plus chère, que celle des che-

Cependant il était indispensable de pourvoir à une augmentation de revenu, attendu les grandes sommes que la guerre consommait, et jamais ce département n'a eu un régime plus dispendieux, que sous le ministère du Maréchal de Belleisle. Dans la nécessité d'accroître les contributions, M. de Silhouette adopta un mode de taxation, nouveau en France, dont l'Angleterre offrait le modèle, et qui portait principalement sur la richesse, et épargnait le peuple ; il greva de divers droits les marchandises destinées aux jouissances du luxe, et le droit de les fabriquer et de les débiter. Les domestiques furent assujettis à une taxe graduée dans une proportion de leur nombre plus que simplement additionnelle. Les parlemens dont les principaux membres étaient fort grevés par ce plan de taxation, y mirent la plus grande opposition ; cette loi quoique fort sage et fort juste, ne put être enregistrée que par autorité,

vaux de M. le Duc d'Orléans dont la dépense avait passé sous ses yeux ; voulut introduire ses projets de réforme dans cette partie de dépense ; et dans cette vue il gagna un homme de la petite écurie, de qui il tira des renseignemens. Mais le premier écuyer qui en avait été instruit par cet homme même, ne lui faisait parvenir que les matériaux d'objections qu'il se réservait les moyens de réfuter ; et quand il sut que tout était préparé pour la réduction du nombre des chevaux, il trouva le moyen de faire manquer le service du roi, et les projets de réduction furent rejetés ; il en fut de même de la plupart des autres plans de réforme, qui ne furent effectués que pour des objets minutieux,

ne fut point exécutée, et fut révoquée peu de temps après que M. de Silhouette fut sorti du ministère.

En même temps il voulut réduire la munificence royale, et introduire dans cette réduction un plan économique, du même genre que le plan de taxation, et marqué au coin de la moralité. Les pensions très-foibles et qui pouvaient être réputées alimentaires ne souffrirent aucune réduction ; les pensions plus fortes en éprouvèrent une proportionnée à leur force, avec une telle gradation, qu'une pension d'une somme double éprouvait une réduction beaucoup plus que double ; ce qui excita contre ce ministre une réclamation de la cour, qui fut portée jusqu'à l'indignation.

Ces dispositions eussent-elles été accueillies aussi bien qu'elles méritaient de l'être, il s'en fallait beaucoup, qu'elles fussent suffisantes. D'ailleurs le produit n'en pouvait être obtenu qu'après des délais que n'admettait pas la crise des affaires, et les moyens de crédit étaient inadmissibles, parce que la situation des finances était effrayante ; et que les capitalistes amorcés par l'intérêt exorbitant qui leur avait été accordé en les intéressant dans la régie des revenus du roi, n'étaient disposés à se prêter à aucun nouveau prêt, qu'à des conditions excessivement onéreuses. Obligé de pourvoir au prêt des troupes, qui allait manquer, il se détermina à suspendre le payement des billets des fermes, et des rescriptions des receveurs-généraux, par lesquels ces fermiers et

ces receveurs procuraient à l'état une jouissance anticipée de ses revenus ; et il y fut d'autant plus
obligé que les propriétaires de ces effets qui étaient
presque tous des gens de finance mécontens du
traitement qu'ils avaient éprouvé, voulaient retirer
leur fonds ; cette disposition rigoureuse, et injuste,
si elle n'eut été forcée, excita le plus grand mécontentement, et mit le comble au discrédit.

Une autre ressource avait été mise en œuvre ; les
propriétaires de vaisselle, de métal précieux, avaient
été invités à l'envoyer à la monnoie, et recevaient pour
la valeur, des billets portant intérêt, d'après une estime
avantageuse pour les propriétaires de la valeur de la
vaisselle. La demande de ce sacrifice, quoique fort
sage, fut fort mal reçue, et produisit peu, d'autant que
les esprits étaient disposés à la censure ; et que la
défiance portait à s'assurer dans la conservation de
la vaisselle, une valeur plus réelle, que des créances
sur l'état.

M. de Silhouette ayant indisposé contre lui la nation, par la création d'impôts d'un genre insolite ;
la ville de Paris, parce que la plupart de ces impôts
portaient sur les artisans et les marchands de cette
ville ; les gens de finance, par la réduction de leurs
gains, et l'infraction des engagemens contractés avec
eux ; les magistrats, par un impôt qui gênait leur
représentation habituelle ; les gens de la cour, par
la réduction de leurs pensions ; tous les gens en
crédit par la crainte de la perte, ou de la dimi-

nution des bienfaits du roi, et des faveurs clandestines dont ils jouissaient ; ayant perdu le secours des capitalistes auxquels il ne pouvait plus offrir d'aussi grands avantages que ceux résultant de leur association à la perception des revenus de l'état ; au moment où il introduisait dans la législation financière, une justice qui n'y avait point encore été admise ; et qu'il marquait de l'indulgence pour la pauvreté, en rejetant sur la richesse le poids des nouvelles contributions ; en ce moment même, à l'affection excessive et insensée, dont il avait été l'objet, succéda une haine non moins excessive et non moins insensée. Le mécontentement était trop général, trop violent pour qu'il pût rester en place, et il demanda sa retraite. Il n'est point de ministre des finances qui ait eu une réputation plus brillante ; qui l'ait plus promptement obtenue, plus promptement perdue ; admiré et chéri pour des dispositions inconsidérées et injustes, il a été censuré et haï pour des dispositions d'équité et de moralité, pour avoir découvert de nouvelles sources de revenu, et pour avoir fait des fautes, suites inévitables d'opérations qui avaient été applaudies.

Dans le traitement de retraite, qu'il se fit donner, il ne conserva point l'esprit d'économie qu'il avait suivi dans le règlement des finances, et sa pension fut exorbitante. Hors de place, il manqua de caractère, marqua de la foiblesse, et de la sensibilité pour

des minuties ; *(a)* libre, indépendant, en possession,
malgré ses fautes, d'une réputation de talent, que
ne méconnaissaient point les esprits éclairés et
justes ; en possession aussi d'une fortune pécuniaire
qui avait pour lui un grand attrait, et à laquelle il
ne semblait point appelé par sa situation originaire,
il mourut atterré par sa disgrâce *(b)*.

(a) Il eut pour les chansons qui couraient contre lui une sensibilité douloureuse, qui le dégradait plus que les critiques de ses
ennemis.

(b) Il tomba depuis sa disgrâce dans le plus profond chagrin ;
sa femme qui participait à ses sentimens en mourut ; et il ne lui
survécot pas long-temps. Dans sa dernière maladie, un de ses amis,
pour l'amuser lui lisait le roman de Gil Blas, où il est dit en
parlant d'un ministre hors de place : *et il mourut de la mort des
ministres disgraciés ;* à l'émission de ces mots on entendit sortir
du lit où était couché M. de Silhouette une voix douloureuse,
qui s'écria : *il est trop vrai.*

M. L'ABBÉ TERRAI.

—

Les trois successeurs immédiats de M. de Silhouette, ont été MM. Bertin, Laverdy, Dinvau *(a)*.

(a) M. Bertin n'accepta le ministère des finances qu'avec une
grande répugnance ; quand il fit ses remercimens au roi, il le
prévint qu'il désirait ne rester dans cette place que pendant le
temps de la guerre, et s'en démettre à la paix ; le roi lui répondit :
*je vois déjà par cette demande que vous connaissez la place que
je vous confie.* En effet le ministre des finances trouve dans la
nécessité de soutenir la guerre un appui qui manque au moment
de la paix ; et alors l'acquit des dettes arriérées force à des opérations dures. Quand M. Bertin prit l'administration des finances,
elles étaient dans la situation la plus effrayante ; le trésor royal
était vide ; une grande partie des revenus était consommée par
anticipation ; le refus de payement des rescriptions et des billets
des fermes avait détruit le crédit ; cependant il était instant de
pourvoir à des dépenses indispensables, et singulièrement à la
solde des troupes. M. Bertin pour se tirer de cette détresse,
ouvrit un emprunt en viager, genre d'emprunt qui est toujours
très-recherché, et il y admit avec des sommes effectives, des
créances sur l'état, qui par leur discrédit étaient vendues à bas
prix dans le cours du commerce, ce qui donna aux prêteurs un
intérêt énorme, l'état obtint de l'argent qu'il paya très-cher,
mais qu'il fallait obtenir à quelque prix que ce fût ; il soutint
le reste de la guerre, et des événemens malheureux par des
moyens d'un genre ordinaire, des emprunts, et des impôts
additionnels de ceux établis ; il y eut des momens où il se trouva
dans une terrible détresse, et il en fut tiré par la confiance qu'ins-

Quand ce dernier eut donné sa démission, le roi au premier travail de M. le Duc de Choiseul lui dit :

pirait sa loyauté, par des mesures sages, quelquefois par des bizarerries du sort qui firent trouver des ressources même dans des malheurs. Au commencement de son ministère, M. le Prince de Conty lui prêta à lui personnellement pour l'employer au service de l'état 500,000l, qui furent d'une plus grande ressource que dans d'autres momens n'eussent été les plus grandes sommes. Quand les Anglois firent une descente en Normandie, les caisses de la province, et le trésor royal étaient sans aucun fonds ; on commença à pourvoir aux dépenses que nécessitait cette invasion avec deux mille louis que le roi prêta de sa cassette, et qui furent envoyés en poste sur les lieux. Il y eut un moment où le prêt des troupes en Allemagne fut sur le point de manquer. M. Bertin avait dépêché un courrier à Strasbourg pour emprunter de l'argent des Juifs, même à quatre pour cent par mois, s'il était nécessaire, à peine son courrier était parti qu'il reçut la nouvelle du malheur arrivé à l'escadre de M. de Conflans, et des vaisseaux échoués dans la Vilaine ; comme il y avoit sur ces vaisseaux une somme considérable destinée au service de cette escadre, il s'en servit pour pourvoir au besoin du moment, et contremanda cet emprunt, qui aurait mis la détresse des finances à découvert, et aurait porté une grande atteinte au crédit. Il résista avec fermeté aux prétentions de M. le Duc de Choiseul qui voulait prendre un ton de supériorité, et même aux volontés de Madame de Pompadour quand il les estima contraires au bien de l'état ; elle disait de lui : *c'est un petit homme qu'il est impossible de maîtriser ; lorsqu'on veut le contrarier, il n'a qu'un mot ; cela ne vous convient-il pas, je m'en vais ;* en offrant, sans cesse, de remettre sa place, il s'y maintint, fidèle à son plan. Peu de temps après la paix, il remit le département des finances, conserva sa place au conseil, se fit donner un autre département peu important, et se réserva la direction des fonds particuliers et secrets que possédait le roi ; et que ce prince considérait comme un pécule,

*Le contrôleur-général m'a donné sa démission sans
m'indiquer personne pour le remplacer ; qui pren-*

et un patrimoine à part, qu'il surveillait avec attention et prédilection ; et ce genre d'administration assura à M. Bertin une
confiauce du roi très-intime.

Le successeur de M. Bertin fut M. Laverdy, conseiller au parlement de Paris ; ce fut M. le Duc de Choiseul, ministre alors tout-
puissant, qui le fit nommer. Le mérite de M. de Laverdy auprès
de M. le Duc de Choiseul, fut d'avoir dans le parlement attaqué
vigoureusement les Jésuites, dont ce ministre provoquait la destruction ; mais on peut haïr les Jésuites, les injurier, même les calom-
nier sans avoir les qualités d'un grand ministre, et M. de Laverdy le
prouva. Jamais pendant le règne de Louis XV. les finances n'ont
été en de plus faibles mains ; concentré dans les affaires conten-
tieuses et dans des sociétés de jansénistes, ne connaissant ni
l'administration, ni les finances, ni les hommes, ni la cour et
ses intrigues ; dépourvu du genre et de la force d'esprit, qui con-
duisent à l'acquisition de ces connaissances, ou même jusqu'à
certain point peuvent les suppléer, il eut l'indiscrétion de vouloir
agir avant de s'être informé de ce qui était susceptible de réforme, et des moyens par lesquels la réforme pouvait être
opérée.

Prévenu contre l'administration, il en rompit les chaînons, en
établissant une correspondance directe entre le ministère et les
chefs des dernières corporations, sans employer les moyens
intermédiaires établis pour les régir, et les contenir, il énerva
ce qu'il ne fallait qu'inspecter, et sema, sans le savoir, des germes
d'insubordination. La confection d'un cadastre fut ordonnée,
disposition utile et d'une haute importance ; mais les principes
à suivre dans la formation de ce cadastre ne furent ni établis
ni étudiés, et nulle mesure ne fut prise pour l'exécution. Tous
les créanciers de l'État furent obligés de représenter leurs contrats pour être vérifiés, ce qui les effraya et ne produisit aucun
bien ; car la propriété de chacun de ces contrats était vérifiée

*drai-je?—J'y suis assez embarrassé, Sire, dit le Duc;
j'ai été si malheureux dans les derniers choix que*

par les payeurs, et encore par la chambre des comptes ; cette
vérification ne servit qu'à avoir un prétexte, pour accorder
quelque rétribution à des commissaires du parlement, amis de M.
de Laverdy, et chargés de cette inspection. L'intérêt légal fut
réduit du denier vingt au denier vingt-cinq, dans l'intention
secrète de favoriser les placemens sur l'état, où l'on trouverait
un intérêt plus fort ; mais l'argent n'ayant pas été rendu plus
commun, et la dette publique n'ayant pas été plus assurée,
l'état ne put ouvrir des emprunts à un moindre taux ; tandis
que les entreprises des particuliers qui ne peuvent prospérer que
par des emprunts, les impenses pour l'amélioration des terres,
pour le développement de l'industrie, pour les spéculations de
commerce, furent gênées et obstruées. M. de Laverdy ayant
reconnu l'urgence de la dette publique, et l'insuffisance des
moyens qu'il employait pour y subvenir, pensa à se procurer
une autre place dans le ministère ; et pour y parvenir, se permit
des intrigues qui n'avaient rien d'absolument répréhensible, mais
qui déplurent, et le firent renvoyer.

M. Dinvau, successeur de M. de Laverdy, fut encore mis en
place par M. le Duc de Choiseul dont il étoit l'ami dès l'enfance.
M. Dinvau avait l'âme noble, l'esprit sage et juste, l'habitude de
traiter les affaires d'administration, et avait beaucoup médité
sur les grandes questions de l'économie politique ; il avait acquis
dans la gestion de l'intendance de Picardie, une estime générale ;
on ne lui reprochait que de la lenteur dans l'expédition, et de la
prévention pour le système des économistes ; son opération la
plus marquante dans l'administration des finances fut la suspension du privilége de la compagnie des Indes, suspension
qui eut quelques apologistes, mais un plus grand nombre
de contradicteurs ; son ministère fut de peu de durée. Quand
il eut reconnu qu'il n'était pas possible d'obtenir de grandes
réductions dans les dépenses de l'état, quand le conseil eut
refusé d'adopter les moyens qu'il avait imaginés les plus con-

j'ai proposés à V. M. que je n'ose plus lui pré-
senter personne. —Il faut pourtant, répondit le roi,
prendre quelqu'un ; —j'ai fait une réflexion, reprit
le Duc : les plus grandes difficultés que rencontre
l'administration des finances, viennent des parle-
mens ; il y aurait un moyen de prévenir ou de sur-
monter ces difficultés ; ce serait de mettre l'admi-
nistration des finances, dans les mêmes mains, que
l'administration de la justice ; parce qu'alors le chef
des magistrats, ayant, par sa place, autorité
sur eux, obtiendrait plus facilement leur assenti-
ment aux opérations de finance.—Comment, dit le
roi, charger des finances le chancelier ?—Oui, Sire,
mais il ne faudrait pas que V. M. lui laissât con-
naître que cette proposition vient de moi ; parce que
comme nous ne sommes pas bien ensemble, il en
prendrait ombrage.—Cette idée me paraît bonne,
dit le roi, et j'en ferai usage. Le Duc, dans cette
proposition, avait *(a)* une vue secrète, qu'il se gardait
de laisser entrevoir ; il voulait par des manœuvres,
qui étaient en son pouvoir, forcer le ministre des
finances à manquer aux payemens les plus nécessaires, et, surtout, à la solde des troupes ; et, par
ce moyen, perdre le chancelier, qui, par l'acceptation
de sa nouvelle place, se serait rendu responsable des

vénables pour augmenter le revenu, plutôt que d'avoir recours à
des moyens rigoureux, ou de porter atteinte aux droits des créanciers de l'État, il donna sa démission.

(a) A ce qu'on prétend.

événemens. Cependant le roi ne voyant dans cet arrangement que ce qui lui était exposé, mettait un grand intérêt à l'exécution ; et, pour engager le chancelier à l'adopter, il imagina de rendre Madame du Barri, son agent auprès de lui, d'autant que le chancelier professait la plus grande confiance et le plus grand dévoucment pour cette belle dame.*(a)* Le roi communiqua donc son projet à Madame du Barri, et lui fit sa leçon ; lui dit d'aller sous quelque prétexte faire une visite au chancelier ; que pendant le temps qu'elle serait chez lui, il recevrait l'offre du ministère des finances, qu'alors il lui en ferait confidence, et qu'elle l'engagérait à accepter. En effet elle alla chez le chancelier, et quelques momens après, on apporta une lettre du roi au chancelier, qui se retira dans l'embrasure d'une fenêtre pour la lire ; et en voici la substance : "Vous m'avez déjà donné de grandes preuves de zèle ; j'en attends de vous une nouvelle ; je désire qu'à l'administration de la justice, vous joigniez celle des finances ; personne n'est plus capable que vous de

(a) Le chancelier rendait à Madame du Barri tous les hommages dont est assurée dans les cours une maîtresse du roi. Comme elle était aussi déréglée dans ses idées, et dans ses manières que dans ses mœurs ; elle imagina un jour d'exiger du chancelier un genre d'hommage, qu'une femme qui a quelque décence ne se permet pas de recevoir, et qui se conciliait mal avec la dignité du chef de la magistrature ; il s'y soumit comptant sur le secret de cette aventure, qui fut révélée par l'indiscrétion et la jactance de cette licencieuse beauté.

la faire réussir, et n'a plus de moyens par la place
de chancelier, pour lever tous les obstacles que cette
administration éprouve depuis long-temps. Ce
arrangement est d'un trop grand intérêt pour mon
service, pour que vous puissiez vous y refuser."

Madame du Barri, avec qui cette lettre avait été
concertée, s'attendait que le chancelier allait lui en
faire confidence ; mais il lui dit : Madame, le roi
me mande de l'aller trouver, et je suis obligé de vous
quitter ; ainsi finit la conférence.

Le chancelier, quoique avide de places et d'argent,
sentit qu'en se chargeant de la régie des finances, il
compromettrait, par l'association de ce périlleux ministère, la permanence de sa dignité de chancelier ;
et il n'hésita pas à rejeter la proposition, chercha
à la décréditer dans l'esprit de S. M. ; représenta
comme inconciliable l'union des deux départemens ;
et ajouta, qu'il n'y avait que le plus méchant de ses
ennemis, qui eut pu suggérer cette idée ; le roi
chercha à le rassurer ; mais ou il lui avoua, ou il
lui laissa apercevoir que l'auteur du projet était le
Duc de Choiseul, ce qui ne disposa pas le chancelier
à accéder à la proposition ; mais il se servit de cette
offre pour nommer au ministère qu'il ne voulait pas
accepter pour lui-même ; il assura qu'il trouverait
un bon ministre des finances, et le roi délivré de
l'embarras du choix, perdit de vue sa première idée.

Le chancelier proposa le ministère des finances à
M. de Fleuri, conseiller d'état, qui avait donné

idée de ses talens en administration, montrait beaucoup d'esprit, et était connu pour être fort ambitieux. Le chancelier le craignait, et en le plaçant
dans le ministère des finances où l'on ne restait pas
long-temps, il comptait l'y perdre et l'écarter par
la suite des grandes places. Mais M. de Fleuri était
trop délié, et trop stilé dans l'intrigue pour ne pas
sentir le piége, et il refusa, par les mêmes motifs
qui avaient déterminé le refus du chancelier.

Alors celui-ci s'adressa à l'Abbé Terrai, conseiller
au parlement, qui lui était dévoué, aussi renommé
par son talent pour rapporter des procès, que par
son avidité pour l'argent, quoiqu'il fut déjà fort
riche : *l'Abbé*, lui dit le chancelier, *le ministère des
finances est vacant, c'est une bonne place, où il y a
de l'argent à gagner, je veux te la faire donner.*
La négociation ne fut pas longue, l'argument était
convainquant, la proposition fut acceptée.

C'était un être fort extraordinaire que cet Abbé
Terrai, et heureusement d'une espèce rare. Son
extérieur était dur, sinistre, et même effrayant ;
une grande taille voûtée, une figure sombre, l'œil
hagard, le regard en dessous, avec indice de fausseté
et de perfidie, les manières disgracieuses, un ton
grossier, une conversation sèche, point d'épanouisse-
ment de l'âme, point de confiance, jugeant toute
l'espèce humaine défavorablement, parce qu'il la
jugeait d'après lui-même ; un rire rare, et caus-

tique *(a)*. En affaires il ne discutait pas, ne réfutait point les objections, en avouait même la justesse, et là reconnaissait au moins en paroles ; mais ne changeait pas. Sa plaisanterie ordinaire était une franchise grossière sur ses procédés les plus répréhensibles *(b)* ; il ignorait que les gens en place se font plus de tort par les sottises qu'ils disent, que par celles qu'ils font, parce qu'il est plus d'hommes en état de juger leurs paroles que leurs institutions. Jamais, peut-être, il n'exista d'âme plus glaciale, plus inaccessible aux affections, excepté celles pour des jouissances sensuelles, ou pour l'argent comme moyen d'acquérir ces jouissances ; et aussi pour la réputation, quand elle pouvait conduire à l'obtention de l'argent. Si l'ordre des affaires le conduisait à faire le bonheur de quelqu'un, il n'en éprouvait aucune satisfaction ; quand il nuisait, c'était sans en ressentir aucune peine, sans haine, sans indulgence, sans pitié. Si, dans quelques occasions,

(a) Quelque temps avant son ministère, il était à dîner chez un homme qui était sourd, mais fort clairvoyant au moins des yeux de l'esprit ; ce maître de maison, qui le connaissait bien, le voyant rire, dit à son voisin : *voilà l'abbé qui rit, est-ce qu'il est arrivé malheur à quelqu'un ?*

(b) On lui reprochait sur une de ses opérations *que c'était prendre de l'argent dans les poches*, il répondit, *et où voulez-vous que j'en prenne ?* il répéta plusieurs fois cette réponse, et croyait avoir dit un bon mot : ce propos a couru, comme sa devise, et lui a fait plus de tort qu'il n'aurait dû lui en faire, s'il eut été bien évalué.

les convenances le forçaient à marquer des regrets
d'avoir nui, il avait une manière d'exprimer ses regrets, qui n'appartenait qu'à lui ; on voyait que le
sentiment était absolument dans un ordre de choses
hors de sa compréhension ; c'était un aveugle-né
qui parlait des couleurs. Il était brouillé avec ses
plus proches parens ; ces messieurs le connaissaient
trop bien pour ne pas se haïr ; il n'était accessible à
aucune des jouissances du cœur, ni à celle d'être
aimé, ni à celle d'aimer plus grande encore ; il
avait des maîtresses, mais seulement pour en jouir ;
n'exigeant pas d'elles une grande fidélité, ne recher-
chant pas l'agrément de leur conversation ; content,
pourvu qu'elles occupassent ses nuits, et que le jour
elles fissent du bruit dans sa chambre, et y cau-
sassent un mouvement qui le préservât de l'ennui
du silence et de l'isolation ; toujours prêt, dès
qu'elles ne lui plaisaient plus, à s'en séparer aussi facilement qu'on change de fauteuil, quand on ne se
trouve pas commodément *(a)*. Nul principe de

(a) Après quelque temps qu'il fut établi au contrôle général, il
se dispensa de toute gêne, et il s'entoura du train qui l'accom-
pagnait avant son ministère. Sa maison devint si indécente,
que les femmes de la cour qui ont toujours été très-indulgentes
pour les goûts et les plaisirs des ministres, se refusèrent à aller
chez lui, crainte de s'y trouver en trop mauvaise compagnie. Il
ne payait pas des maîtresses, mais il leur faisait faire des affaires ;
une d'elles reçut une assez forte somme pour une concession de
domaines royaux ; mais la propriété domaniale ayant été con-

morale, nul respect pour la justice, nulle honte de chercher à tromper : telle était l'habitude qu'il avait contractée du mensonge, qu'il disait sans rougir ce qu'il était impossible qu'on crut ; il manquait à sa parole sans s'en excuser, sans chercher des prétextes. Le vice, dans cette nudité, était plus odieux, plus révoltant, qu'il n'est communément à la cour, où il ne paraît que couvert de quelques voiles, et souvent paré par les grâces. En même temps qu'il était d'une dureté extrême pour quiconque ne pouvait lui résister ni lui nuire, il était d'une complaisance immodérée et d'une soumission honteuse, pour quiconque il estimait avoir du crédit, et il n'est

testée, le concessionnaire voulut ravoir son argent, et ne put l'obtenir ; l'affaire fit du bruit qui alla jusqu'au roi ; un confident de l'abbé l'en informa, le prévint que le roi était mécontent, et que cela pourrait avoir des suites ; alors l'abbé se rendit chez le roi, se plaignit lui-même de sa maîtresse, comme ayant abusé de sa confiance, demanda et obtint une lettre de cachet pour l'exiler. Il revint à Paris au contrôle général où elle était établie, et passa la nuit avec elle. Le lendemain il dîna avec elle à l'ordinaire, puis au lieu d'entrer dans le salon, il entra dans son cabinet, fit venir un exempt de police, lui remit la lettre de cachet, et lui donna ordre de faire sur le champ sortir cette femme du contrôle général : il n'y a pas eu plus d'explication, et il ne la jamais revue. Cette histoire a été généralement répandue ; on n'en garantit point la vérité, mais elle n'est pas sans quelque vraisemblance ; il est certain qu'on la contée et crue, et qu'on ne l'aurait ni contée ni crue de M. Dinvau son prédécesseur, ni de M. Turgot son successeur.

pas rare de voir réunies cette dureté et cette foiblesse, qui partent des mêmes dispositions de l'âme *(a)*.

(a) Une anecdote assez singulière donne une idée des sentimens et des procédés de l'Abbé Terrai. Le Comte ****, surnommé *le Roué*, qui avait joué un rôle sous le règne de Louis XV. ayant eu sous le règne de Louis XVI. une ordonnance à toucher sur le trésor royal, alla en remercier le premier commis des finances, qui lui répondit qu'il ne lui avait aucune obligation, que ces ordonnances se payaient par ordre de date. Ah! voilà, dit le Comte, une administration bien juste et bien louable. M., répondit le premier commis, je croyais que vous aviez plus à vous louer de l'administration précédente que de celle-ci. Ah! reprit le comte ****, je vois que vous êtes dans l'erreur commune; on m'a bien moins donné que le public ne la cru, et encore je n'ai presque rien obtenu, que je ne l'aye dû à quelque tour d'adresse. Madame de **** dont j'avais fait la fortune, était une ingrate qui ne me servait point comme elle l'aurait dû. Quelque temps avant la mort de Louis XV. elle dit à l'Abbé Terral en présence du roi: l'Abbé, je ne veux pas que tu donnes rien au comte ****; je coûte assez à S. M. et je désire ne pas l'engager dans d'autres dépenses; je n'aime ni n'estime le comte ****, et absolument il ne faut pas que tu lui donnes rien. J'avais gagné les gens de Madame ****; je les payais bien, et ils me rendaient compte de tout ce qui pouvait m'intéresser. Je ne tardai pas à être instruit de ce fatal propos, et j'en prévis les conséquences. J'étais dans la plus grande intimité avec l'Abbé Terrai, à qui j'avais persuadé que je gouvernais Madame ****. Dès que je sus qu'il était revenu à Paris, je me rendis chez lui. Sa porte qui m'était toujours ouverte, ne m'avait point encore été défendue; je l'aborde, et au lieu de l'accueil ordinaire, je lui trouve une mine froide et ministérielle; mais sans me déconcerter, je lui dis avec un air d'aisance et de triomphe: *eh bien l'Abbé, notre coquine a-t-elle bien joué son rôle? Quelle coquine,* dit l'Abbé; *la B**** ;* (reprit le comte) *voilà ce qu'elle t'a dit, et je*

Ses qualités intellectuelles étaient fort supérieures à ses qualités morales, et à certains égards dédommageaient de ses vices. Ses idées, sans être étendues, encore moins élevées, étaient sagément ordonnées dans la sphère où elles étaient concentrées. Son jugement était d'une grande rectitude ; l'exposition de ses opinions était lucide, il avait le talent d'écarter les faits épisodiques, et de saisir la véritable difficulté ; c'était un des meilleurs conseillers, qui jamais ait été dans le parlement ; mais la marche judiciaire avait fait prendre à son esprit une direction contraire à celle de l'administration, l'habitude d'un choix absolu entre deux partis, sans chercher des *mezzo terminé*, des arrangemens, des expédiens qui sont les voies de l'administration.

Rapporteur au parlement des lois qui créaient des impôts, il n'en connaissait que la nomenclature, et quelques particularités relatives à quelques impôts qui avaient été soumis à la discussion parlementaire, sans toutefois qu'il en connut la nature, ni les effets. Depuis qu'il a été appelé à l'adminis-

*lui répétai le propos ; c'est de concert avec moi qu'elle a parlé ainsi, afin que le roi ne prit pas d'ombrage sur ce que tu me donnes. L'Abbé fut convaincu que j'avais le plus grand empire sur la B**** ; et je fus mieux que jamais avec lui ; mais je ne voulus pas sortir de son cabinet, sans qu'il eut payé de quelque marque réelle ce réchauffement de notre amitié.* C'est encore ici une de ces histoires qui a couru dans le monde, et a été accréditée par la véracité de ceux qui la contaient, et la réputation de ceux sur qui elle était contée.

tration des finances, il n'en a jamais considéré l'ensemble ; il s'occupait de l'affaire particulière, sur laquelle il avait à prendre un parti, comme au parlement il jugeait un procès, sans réfléchir si ce procès
avait quelque relation avec les autres ; sans oser
juger la justice de la loi, d'après laquelle il prononçait. Rien n'annonce qu'il ait jamais eu un plan ni
des idées arrêtées sur la nature des impôts, leur rectification, leur recouvrement, une base de crédit,
une économie systématique *(a)*. Il eut du moins la
conscience de son ignorance ; et pour ses déterminations dans les affaires particulières, il consulta les
sous-ordres, et quelquefois ne choisit pas mal ses
conseils. Cependant presque toujours ses déterminations étaient viciées par un excès de fiscalité ; il
préférait le moindre intérêt du trésor royal à un bien
réel de l'état ; et le plus foible avantage pour le présent, à la perspective de l'avenir le plus avantageux ;
et ce n'est qu'à cette fiscalité qu'il a dû une réputation d'habileté, accréditée par les gens de finance,
en faveur de qui étaient presque toujours ses décisions.

Cette réputation d'habileté aurait été bien méritée,

(a) Il a, pendant quelque temps, eu la direction des bâtimens du
roi ; et son administration se bornait à restreindre autant qu'il
pouvait la bâtisse. Personne n'avait moins de goût ; le seul ornement qu'il affectionnât en architecture, consistait en Cariatides ;
apparemment parce qu'il ambitionnait de placer son effigie sur
les bâtimens publics.

si toutes ses opérations avaient été telles que celle qu'il
fit sur les offices dans les premiers temps de son
ministère. Presque tous les offices étaient grevés
d'une finance qu'il était nécessaire de payer pour
devenir titulaire de l'office ; et le propriétaire de la
finance ne la cédait qu'à celui qui lui en donnait un
plus haut prix ; ce qui mettait le gouvernement
dans l'impossibilité de nommer aux offices les sujets les plus capables. Fixer le taux de ces finances
aurait donné lieu à une multitude de réclamations
et à de grandes difficultés, d'autant que les uns se
seraient rapportés à la finance exigée lors de la création de l'office, et aux sommes additionnelles payées
au gouvernement ; les autres auraient voulu répéter
le prix des dernières acquisitions, lorsqu'elles
avaient été faites à un taux plus haut que celui de
leur création. Pour éviter ces discussions et la résistance, insurmontable qu'on aurait trouvée à cette
liquidation, une règle fut établie qui donnait aux
propriétaires de ces finances, la liberté d'en fixer le
montant à leur volonté, mais en même temps les
grevait d'un droit annuel, proportionné à cette fixation. Dès-lors le roi a eu la liberté de disposer de
ces offices sans que des offres supérieures pussent
empêcher son choix. Ce plan de fixation de la
finance des offices n'était point de l'invention de
l'Abbé Terrai, et était depuis plusieurs années déposé dans les archives du contrôle-général ; mais
tandis que ses prédécesseurs avaient négligé d'en

faire usage, il en a senti l'importance, et l'a mis à exécution ; ainsi la gloire lui en apppartient. Quand il a agi de son chef, il n'a pas montré le même génie, ni obtenu le même succès, quoiqu'il se soit tiré des situations les plus critiques, par l'indifférence qu'il avait pour le genre de moyens, les règles de l'équité, et l'opinion publique.

De toutes les dettes de l'état, celle qui embarrasse et inquiète le plus le ministre des finances, est la dette exigible, qui résulte principalement des anticipations par lesquelles le gouvernement consomme des revenus qui ne sont pas échus. La direction de ces anticipations par l'escompte de billets de finance, payables à quelques mois de distance, était entre les mains d'un principal agent de la finance, créature de. . . . . . . qui, pour plaire à son protecteur, prit des mesures pour perdre l'Abbé Terrai. Dans ce dessein, il lui représenta, que le crédit public chancelait ; que l'on craignait que son intention fût de ne pas acquitter ces billets à leur échéance, et qu'on se refusait à les renouveler ; que pour rassurer les capitalistes, il devrait écrire à quelques personnages principaux de la finance, une lettre particulière mais ostensible, dans laquelle il s'engagerait sur sa parole personnelle et d'honneur, à ne point suspendre le payement des billets de finance ; qu'au moyen d'une telle assurance, on obtiendrait le renouvellement de ces billets, et que le trésor royal serait alimenté au moins pour six mois. L'Abbé écrivit cette lettre, et donna toutes les paroles qu'on lui demandait. Quand sa lettre fut écrite et tous les engagemens pris, le même agent de la finance revint le trouver, et lui dit, que cette mesure n'avait pas eu le succès qu'il espérait, et qu'il lui annonçait avec la plus grande douleur, qu'il allait être dans l'impossibilité de pourvoir aux dépenses les plus instantes. L'Abbé soupçonna d'où le coup partait, mais cette connaissance né donnait pas le moyen de le parer : *(a)* il se trouvait dans le plus cruel embarras ; le prêt des troupes allait manquer, ou il fallait qu'il se déshonorât dans le public, en manquant à la promesse à laquelle doit le plus tenir un homme qui se respecte, et qui a besoin de l'estime publique. Cependant cette situation quelque pénible qu'elle fut, était moins embarrassante pour l'Abbé Terrai qu'elle ne l'eût été pour tout autre ministre, parce que nul homme ne mettait moins d'importance à un manquement de parole ; aussi il n'hésita pas à y manquer, et, malgré tous ses engagemens, suspendit le payement des billets des fermes et des rescriptions des receveurs.

(a) Le D. de P. qui n'ignorait nullement la crise dans laquelle était le contrôleur-général, y avait contribué et le croyait perdu ; l'ayant rencontré, il lui dit avec une compassion ironique : *je vous plains bien, Monsieur, de la situation où vous vous trouvez, et je ne sais comment vous vous en tirerez.—N'en soyez point inquiet, Monsieur, répondit l'Abbé, je m'en tirerai en grand général.*

généraux. Quelque grave, quelque révoltante que fut cette infidélité, elle ne lui fit pas dans l'opinion publique un très-grand tort; non-seulement parce qu'il avait peu à y perdre, mais aussi parce qu'on vit qu'il avait été forcé à cette détermination.

Le système d'administration qu'il adopta était simple, facile, tranchant. Pourvoir aux besoins du moment, sans prendre en grande considération l'avenir; augmenter le revenu par des impôts additionnels sans distinction de ceux qui étaient ou n'étaient pas susceptibles d'augmentation; diminuer les charges de l'état par la restriction des dettes. Ces dettes absorbaient une grande partie des revenus de l'état; mais quelque onéreuses qu'elles fussent, il était aussi dangereux qu'injuste de ne les pas acquitter, et il paraissait impossible que le parlement n'opposât la plus forte résistance à l'infraction de dettes contractées avec la plus grande authenticité, et qui étaient sous sa sauvegarde, puisqu'il les avait sanctionnées par son enregistrement, et auxquelles ses membres avaient le plus grand intérêt, parce qu'elles formaient la plus grande partie du patrimoine de la magistrature; et la réclamation parlementaire, soutenue du mécontentement national, pouvait produire une commotion formidable. Dans l'impossibilité d'obtenir une ratification judiciaire de cette infraction de la foi publique, il chercha à obtenir du moins un silence, qui formerait un consentement tacite. Dans cette vue il fit connoître aux principaux membres du parlement, qu'il était impossible d'acquitter les dettes de l'état ; et que le parlement ne pouvant en empêcher la réduction, il lui était plus honorable de la tolérer en silence, que de consigner sur ses registres la honte de cette infidélité ; afin de mettre le parlement à l'écart, il procéda à la réduction de la dette par une simple disposition de fonds, qui ne parut qu'un ordre de comptabilité, et, quoique cette banqueroute fut très-réelle et très-évidente, le parlement voulut bien se contenter de ce palliatif et garder le silence *(a)*.

(a) Pour éloigner encore plus la résistance du parlement, un traitement avantageux lui fut fait indirectement ; en ce que les rentes perpétuelles dans lesquelles les membres de ce corps étaient principalement intéressés, n'éprouvèrent qu'une réduction d'un quinzième, tandis que les rentes viagères en souffrirent une d'un dixième ; et ce devait être précisément le contraire ; car la réduction du viager portait sur l'intérêt et le principal, et quand la malheureuse situation des finances force à faire subir aux créanciers un traitement rigoureux, il faut du moins qu'il y ait une proportion dans la répartition du malheur, et qu'il y ait une sorte de justice dans l'injustice. Il y eut encore dans l'infraction des dettes d'autres inégalités et injustices remarquables. Les rentiers tontiniers n'avaient pendant long-temps joui que d'un intérêt peu supérieur à celui des rentes perpétuelles ; parce qu'il était accordé, lors de leur décès, un accroissement d'intérêt aux survivans. Cet accroissement fut supprimé, et nombre de tontiniers, après n'avoir pendant long-temps reçu qu'un très-faible intérêt, furent condamnés à ne jouir le reste de leurs jours, que d'un intérêt inférieur à celui qu'ils auraient retiré d'un simple placement en viager.

L'Abbé Terrai porta encore plus loin l'iniquité, en ce qu'il

Une réduction fut aussi faite sur les pensions et les gratifications; réduction plus juste que celle des rentes, parce qu'il est dans l'ordre de ne donner qu'après avoir payé ce qui est dû; cette réduction même eut quelque apparence de justice, en ce qu'elle fut graduée, et que les pensions très-foibles qui pouvaient être considérées comme alimentaires furent épargnées ou traitées avec indulgence, et les pensions plus fortes subirent un traitement plus rigoureux; mais cette graduation ne s'éleva que jusqu'à un certain taux, et les fortes pensions des grands de l'état et des personnes en place, n'éprouvèrent pas une réduction aussi rigoureuse que le permettait leur force; indulgence coupable et indice d'une corruption remarquable dans toutes les opérations de ce ministre.

Les contributions n'ont été ni plus équitablement

y ajouta une dérision indécente. Il n'y avait pas long-temps qu'il avait été créé des offices do gouverneurs municipaux; et depuis qu'on créait en France des offices pour en retirer une finance, il y en avait eu peu de plus évidemment inutiles; il leur avait été accordé huit pour cent d'intérêt de leur finance, et en outre deux pour cent pour leur logement. L'Abbé Terrai annonça, dans un arrêt du conseil, qu'il s'était élevé de grandes difficultés sur le logement de ces gouverneurs, ce qui n'était pas, et ne pouvait être, puisqu'ils n'étaient astreints à aucune fonction; cependant d'après l'allégation mensongère de ces difficultés, ils furent dispensés de la résidence, mais privés des deux pour cent de droits de logement, plaisanterie ministérielle, ridicule et coupable, qui joignait l'insulte au vol.

ni plus savamment traitées ; les provinces subissaient un sort très-différent dans les impositions, auxquelles elles étaient soumises, singulièrement pour les droits sur le sel admis ou exclus dans diverses provinces, modérés dans quelques-unes, exorbitans dans d'autres : de là des versemens continuels d'une province sur l'autre, des fraudes, des combats ; la nécessité d'une surveillance dispendieuse et insuffisante. Le moyen le plus sûr de faire cesser ces désordres, et de rectifier cette partie de finance aurait été de supprimer l'impôt sur une denrée dont l'usage est de la plus grande utilité, et de le faire porter sur un autre objet. Mais on craignait de compromettre cette branche de revenu, et de trouver de la difficulté pour un remplacement aussi considérable. Afin de faire cesser ces inégalités, on avait imaginé d'élever le taux du sel dans les provinces où ce taux était le plus foible, en leur accordant des indemnités, de rapprocher tous les pays d'un niveau de prix, et ainsi de faire cesser les versemens de l'un sur l'autre ; conséquemment de diminuer une armée financière dispendieusement soldée pour combattre les fraudeurs. Déjà les négociations nécessaires à l'exécution de ce plan étaient commencées, lorsque la suppression des parlemens fit disparaître un obstacle principal à la crue des impôts.

Alors l'Abbé Terrai renonça à ce projet dont il devait résulter un grand avantage ; et il mit sur le sel un droit additionnel d'un cinquième, droit très-productif, mais essentiellement vicieux. Par cette addition, les provinces sujettes à la Gabelle, éprouvèrent une nouvelle surcharge; les provinces qui en étaient exemptes ne se ressentirent point de cette contribution; les provinces où le sel n'était qu'à un prix bas, ne supportèrent qu'une médiocre augmentation de contribution, les provinces où le sel était à un prix haut, en supportèrent une énorme *(a)*; et ainsi s'accrut l'inégalité et tous les inconvéniens et les maux qu'elle entraîne; il y eut plus d'intérêt à frauder, et plus de nécessité d'employer une grande force répressive; il était difficile de choisir un mode d'imposition plus injuste, plus onéreux, plus mal combiné *(b)*.

L'augmentation de quelques autres impôts ne fut pas plus heureusement dirigée; il est d'une haute importance pour le commerce que les communications d'un lieu à un autre par terre et par eau, soyent libérées des gênes qu'y mettent les droits de péage; et depuis long-temps des mesures avaient été prises pour les supprimer ou pour les rembourser.

(a) Dans quelques provinces le sel se vendait 15 livres le minot; dans d'autres 50; l'augmentation d'impôt étant dans toutes les provinces indistinctement de quatre sous pour livre, dans les pays où le sel se vendait 50 livres, l'augmentation fut plus que triple de ce qu'elle était dans les autres.

(b) Dans l'année qui suivit, la contrebande étant stimulée par un plus fort gain, il y eut des provinces où les produits du fisc, dans cette partie, éprouvèrent un déchet, malgré la forte augmentation du prix fiscal de la denrée.

L'Abbé Terrai suivant une direction absolument contraire, doubla au profit du fisc, non-seulement les droits de péage appartenans au roi, mais même ceux appartenans aux seigneurs ; ainsi les obstacles créés par la nature aux voyages et à la circulation des denrées et des marchandises, s'accrurent ; et, par les abonnemens désavantageux que le fisc fut forcé de faire avec les seigneurs pour la perception du doublement de leurs droits, cette hausse d'une des contributions les plus onéreuses, enrichit la richesse aux dépens de la pauvreté et du commerce (a).

Une administration si vicieuse et si scandaleuse ne pouvait plaire au jeune et vertueux Louis XVI., qui ne désirait que la justice, et le bonheur de ses sujets ; quoique souvent en tendant à un but si respectable, il ait pris des voies qui en écartaient. M. de Maurepas, qui dirigeait ce prince, et qui se laissait diriger par l'opinion publique, ne crut point qu'on pût laisser en place un homme d'aussi mauvaise ré-putation, le desservit dans l'esprit du roi, le rendit suspect de malversations, dont, cependant, il n'était

(a) Un assez grand nombre de ces droits de péages n'étant pas d'un produit assez considérable pour que le doublement fournît à la solde du péagiste, à l'achat d'un terrain, et à la construction d'une maison pour sa résidence, le fisc fut obligé de traiter de la perception des droits additionnels avec les seigneurs en possession des droits primitifs, qui, connaissant la nécessité dans laquelle était le fisc de se livrer à eux, le forcèrent à des abonnemens prodigieusement inférieurs au produit qu'ils retirèrent de cette addition de taxe.

pas coupable ; et, par une injuste censure contre un homme qui prêtait tant à la censure, il parvint à le perdre ; cependant ce ministre était alors, par l'expérience qu'il avait acquise, plus capable de l'administration des finances que lorsqu'elle lui avait été confiée. Le mettre en place avait été une faute ; le renvoyer fut, peut-être, encore une faute. Sous un roi qui faisait profession d'une haute vertu, il n'en aurait pas acquis les sentimens, mais il en aurait eu les procédés ; parce qu'il était disposé à se conformer à tout ce que lui prescrivait son intérêt *(a)*.

Comme on doit être juste même envers ceux qui ne l'ont point été ; il faut reconnaître que quelque ignorante, quelque perverse qu'ait été l'administration de l'Abbé Terrai, elle a été bien moins nuisible que celle de plusieurs de ses successeurs fort supérieurs en esprit, en connaissances, en moralité ; il est moins dangereux de manquer d'idées que d'en avoir de fausses ; de faire le mal en sachant qu'on le

(a) Cependant dans ce moment même l'Abbé Terrai, par la conduite qu'il tint, justifia son renvoi, non par une action absolument contraire à la probité, mais par un intérêt sordide et astucieux. Il obtint du roi de toucher, par anticipation, le pot de vin des fermes générales qui ne devait être payé que par parties, et former le traitement annuel du ministre des finances. Son successeur le força de restituer ce qu'il avait reçu ; humiliation à laquelle il se soumit plutôt que de s'exposer à un traitement plus sévère ; cependant il n'était pas de la dignité du roi, de faire rendre ce qu'il avait accordé ; et le successeur de l'Abbé eut tort en punissant ainsi le tort de son prédécesseur.

fait, qu'en croyant faire le bien. Les méprises et les vexations de l'Abbé Terrai ne pouvaient être aussi funestes, que les plans administratifs et politiques, qui depuis ont été adoptés. Les retranchemens les plus injustes de la dette nationale, n'auraient pas eu la même extension que l'anéantissement presque total qui en est survenu ; les impôts les plus onéreux n'auraient pas produit l'affreuse catastrophe de la révolution, les calamités et les crimes qui ont dévasté et déshonoré la France.

M. TURGOT.

Il est peu d'hommes entre lesquels la nature ait établi un contraste plus prononcé, qu'entre M. l'Abbé Terrai, et M. Turgot son successeur ; forme extérieure, manières, mœurs, opinions, sentimens, procédés, sous tous les rapports ils différaient. Lorsqu'il n'y avait pas opposition, il y avait au moins disparité, et ces deux ministres semblaient des êtres d'espèces diverses.

Une figure sombre, dure, repoussante, signalait la dureté de l'âme, et l'insensibilité de l'Abbé Terrai. La figure de M. Turgot était belle, majestueuse, avait quelque chose de cette dignité remarquable dans les têtes antiques ; cependant sa physionomie n'était ni douce, ni agréable, manquait d'expression décidée, et avait quelque chose d'égaré.

Les manières de l'Abbé Terrai étaient simples et lourdes ; son élocution était concise et sèche, mais claire et juste ; dans la société il parlait peu, parce qu'il ne se sentait aucun besoin de communiquer ses idées ni ses sentimens, et n'y trouvait point de plaisir. Quand il voulait plaisanter, ce qui était rare, ses plaisanteries sentaient l'antichambre ; les manières de M. Turgot avaient quelque chose de noble ;

cependant de gêné et d'embarrassé ; il y avait de la disgrâce dans son maintien et de la gaucherie dans tous ses mouvemens. Quand il était dans un cercle, il semblait être dans un élément qui lui était étranger ; et il était déplacé partout ailleurs que dans son cabinet. Son élocution était pénible, diffuse, obscure ; mais il en sortait de temps en temps des pensées profondes et des idées lumineuses. Sa conversation tournait presque toujours en dissertation ; il était rare qu'il plaisantât : cependant il se permettait quelquefois une ironie, qui était plus pensée que gaie.

Un déréglement de mœurs qui allait jusqu'à la crapule, était le genre de vie qui plaisait à l'Abbé Terrai. Son état d'ecclésiastique en aggravait l'indécence ; et ses liaisons avec les femmes, n'étaient pas même colorées par l'apparence du sentiment. M. Turgot qui n'était gêné dans ses mœurs ni par son état, ni par les liens du mariage, a toujours eu une conduite décente : il y a lieu de croire qu'il n'a pas été sans penchans et sans attachement pour le sexe ; mais les objets de ses liaisons n'ont jamais été que soupçonnés.

Quoique né avec une grande fortune, l'Abbé Terrai s'occupait sans cesse à l'accroître ; et s'il ambitionnait les grandes places, un de ses motifs principaux était le traitement pécuniaire qui y était attribué. M. Turgot né avec une fortune médiocre, bornait ses désirs à celle nécessaire à la représentation qu'exigeaient les fonctions qu'il avait à remplir ; il ambitionnait les grandes places, mais ne recherchait la puissance, que comme un instrument de bienfaisance. En lui l'ambition même était une vertu.

Cette affection pour l'espèce humaine, ce désir de contribuer à son bonheur était sa passion dominante, et même unique ; et elle était d'une si grande pureté, d'une si grande sublimité, qu'il bornait ses vœux à la réalité du succès, sans que la gloire de l'avoir opéré fut pour lui une récompense nécessaire. L'Abbé Terrai désirait aussi d'améliorer le sort de la nation ; mais c'était pour que les contribuables les plus riches pussent supporter de plus fortes contributions.

Il n'ya vait pas entreeux moins de différence dans les talens ministériels qu'en morale ; la tête de M. Turgot était dans une fermentation continuelle, toujours occupée d'innovations et de projets ; les idées de l'Abbé Terrai étaient bien plus circonscrites, mais précises et justes ; son esprit ainsi que son caractère avaient une tendance au repos qui tenait de l'apathie, et quand l'affaire du moment qui était sur son bureau était terminée, il croyait n'avoir plus rien à faire ; ce n'était qu'alors que commençaient les grandes méditations de M. Turgot.

Nous avons vu que l'Abbé Terrai écoutait, sans répugnance et sans humeur, les représentations et les objections contre ses plans ; rarement se livrait à la discussion, quelquefois même avouait la force et la justesse de l'objection ; mais n'en suivait pas

moins son plan; souvent M. Turgot se refusait aussi
à la discussion, mais son silence avait une expression
de dédain; on entrevoyait qu'il ne répondait point à
l'objection, parce qu'il estimait qu'elle ne méritait
pas de réponse, et qu'on n'était pas à la hauteur de ses
conceptions. Lorsqu'il défendait ses principes, c'é-
tait avec une aigreur offensante, et il attaquait le
contradicteur plus que l'argument.

Aux yeux de M. Turgot toute l'espèce humaine
était divisée en trois classes: la première, qui en com-
posait la grande masse et la presque totalité, était formée de tous ceux qui ne s'occupaient point de spéculations économiques; il n'y voyait que le résidu de la
société; et lors même qu'il s'y trouvait des esprits ou
des talens d'un ordre supérieur, il n'y donnait que peu
d'attention; parce qu'il n'apercevait en eux qu'un
mérite d'un genre secondaire et hétérogène à l'objet
de ses méditations. Les contradicteurs de ses opinions qui formaient la seconde classe, lui paraissaient
ou des hommes stupides, ou des esprits faux; il était
même assez ordinaire qu'il leur refusât la probité et
la bonne foi; et c'était dans leur perversité, qu'il
croyait trouver la cause de leur dissentiment. La
troisième classe, très-peu nombreuse, et à ses yeux
classe d'élite, était composée de ses sectateurs; ils
lui paraissaient des êtres supérieurs en intelligence
et en morale; il les croyait capables de tout, leur
confiait les fonctions auxquelles ils étaient le moins
propres, et si quelquefois il a eu sujet de se plaindre

de leurs infidélités, leur croyance l'a disposé à l'indulgence, parce qu'il portait, en administration, la superstition et le fanatisme, qu'il reprochait aux sectes religieuses. L'Abbé Terrai, sans avoir beaucoup réfléchi sur ce qu'est l'espèce humaine, et sans y établir des distinctions, estimait que, pour presque tous les hommes, l'amour du bien public, et la démonstration d'un sentiment noble, n'étaient que le masque de l'intérêt personnel, et que le moyen le plus sûr de disposer d'eux, était de se servir de cet intérêt ; malheureusement cette honteuse estime l'a souvent conduit à des résultats justes.

Tant de différences dans les qualités personnelles, et dans les opinions, en annonçaient et en nécessitaient une grande dans l'administration. Aussi le changement a-t-il été subit et intégral ; mais laissons ce parallèle, et ne voyons plus que M. Turgot.

Il était d'une noblesse si antique et si illustre, qu'il en existe peu de pareille dans la magistrature (a) ; et quoique cet avantage soit avec raison de peu de considération en administration, il n'y est pas absolument nul ; soit parce que le public croit toujours revoir les grands hommes dans leurs descendans, quand, par la déchéance de leurs qualités, ils

(a) Non-seulement M. Turgot comptait parmi ses ayeux de preux chevaliers qui s'étaient signalés aux croisades, mais on faisait remonter son origine jusqu'à ces Danois, anciens conquérans de la Normandie, et même on le faisait descendre d'un Togut roi environ mille ans avant l'ère chrétienne.

ne mettent pas de grands obstacles à l'idée de cette représentation ; soit parce que dans ces descendans le souvenir des ayeux détourne des actions basses et malhonnêtes qui déshonoreraient un nom célèbre.

L'état ecclésiastique fut la première carrière dans laquelle fut engagé M. Turgot ; et, en théologie, il soutint des thèses, où il défendit avec éclat et succès des verités, sur lesquelles, depuis, on l'a accusé d'avoir plus que des doutes.

Il renonça à cet état pour celui de la magistrature, qui depuis long-temps était celui de sa famille ; mais il n'en goûta jamais les discussions épineuses, et chercha à s'en distraire par la littérature et les sciences. Il composa pour l'Encyclopédie plusieurs articles de métaphysique, estimés ; et c'est là qu'il puisa le genre d'esprit, que, depuis, il a porté dans l'administration.

Nommé à l'intendance de Limoges, il s'y distingua par la suppression des corvées ; opération juste et louable, en ce qu'elle fit retomber sur les propriétaires de terres la charge de la construction et de l'entretien des chemins, qui portait en grande partie sur des manœuvriers ; cependant, opération qui, de la manière dont il y procéda, était très-irrégulière et très-injuste, en ce qu'il employa au rachat de la corvée, des fonds destinés à des décharges d'impositions en faveur des contribuables qui avaient éprouvé des pertes dans leurs récoltes. Cette irrégularité et cette injustice ne furent point aperçues, ou furent excusées par le grand enthousiasme qu'avait excité la suppression d'une charge si onéreuse *(a)*.

Dans cette intendance il commença à établir les principes de la secte économiste, dont il devint bientôt le chef; ce qui lui valut des admirateurs d'autant plus enthousiastes, qu'ils étaient moins éclairés par l'expérience. Subordonné dans l'intendance du Limosin à des règlemens qui lui déplaisaient, et aux idées variables des contrôleurs-généraux qui se succédaient fréquemment, il désirait se placer sur un plus grand théâtre, où il pût don-

(a) Que le manœuvrier, qui est sans propriété foncière, soit affranchi d'un travail dont l'objet n'est directement utile qu'au propriétaire du sol, c'est une disposition dont la justice est évidente; mais comme cet affranchissement ne peut avoir lieu qu'en en réjetant la charge sur les propriétaires de terre, la conversion d'un travail en nature en une rétribution pécuniaire, est susceptible de considérations qui n'ont pas été assez pesées. Il aurait fallu observer comment cette conversion devait être opérée, si elle était également avantageuse pour tout genre d'ouvrages, confection ou entretien des chemins; si elle était également convenable dans tous les pays, dans ceux où le genre de culture laisse pendant quelque temps les hommes et les animaux destinés à la culture, sans occupation, et dans ceux qui offrent un objet de travail continuel; dans les pays riches, et dans ceux où il y a peu d'argent; dans quelle proportion la contribution doit être répartie; si elle doit peser sur les produits du sol seulement, et également sur les terres qui sont à la proximité du chemin, et sur celles qui par leur distance en tirent peu d'avantages, &c.

ner l'essor à ses opinions. D'ailleurs accoutumé à vivre dans la capitale avec nombre d'hommes savans et de beaucoup d'esprit, il se déplaisait à Limoges, où il ne pouvait trouver les mêmes avantages ; il en fut tiré par sa nomination au ministère *(a)* ; mais ce ministère fut celui de la marine, pour lequel il n'avait ni attrait, ni disposition, ni connaissances acquises. Ordinairement les ministres des finances quittent leur département, pour celui de la marine, moins pénible, moins orageux, plus stable ; M. Turgot suivit une voie contraire ; quitta la marine pour les finances, parce qu'il espérait par leur réconstitution, faire le bonheur de la nation.

Dès ses premiers pas dans sa nouvelle carrière, il débuta par une double faute ; il fit arrêter les agens de l'Abbé Terrai pour l'approvisionnement des bleds, comme coupables de manœuvres ; ce qui fit concevoir au peuple des soupçons, auxquels il n'est que trop disposé dans les temps de disette.

(a) Quand il reçut la nouvelle qu'il était nommé ministre de la marine, il dit : *au moins je ne retournerai plus à Limoges.* M. de Maurepas qui désirait entourer le trône d'hommes vertueux l'appela au ministère. Madame la Duchesse Danville, admiratrice enthousiaste de M. Turgot, en avait parlé avec ce sentiment à M. de Maurepas, qui avait pris l'opinion de cette Duchesse, et de sa société, pour une opinion générale et nationale. D'ailleurs M. de Maurepas parent des La Rochefoucault et des Mailli, avait pour eux une grande déférence, et cherchait à s'identifier avec ces maisons, dont l'alliance illustrait la famille des Phelippeaux.

Après avoir fait cet éclat, il ne put trouver ces agens en tort, soit qu'ils n'y fussent point, soit qu'il n'eut pas pris des mesures assez promptes et assez justes pour acquérir des preuves de leurs manœuvres. Imprudent dans sa sévérité, il l'a été encore dans ses affections et dans sa bienfaisance ; il a pris pour ses co-opérateurs des illuminés, ses partisans, dont les idées étaient gauches et l'expérience nulle ; d'autre part, pour se faire regretter dans le Limosin, il accorda à cette province une diminution du montant de ses tailles, qui fut répartie en augmentation sur les provinces voisines, sans qu'il y eut preuve que ces provinces fussent imposées dans une proportion moins forte que le Limosin ; et sans qu'il eut été fait aucune vérification, qui justifiât ce rejet. Il y avait déjà eu des exemples de ces faveurs irrégulières *(a)*, mais ces exemples ne formaient point autorisation pour un ministre ami de la justice.

En écartant ces détails, si l'on considère l'administration de M. Turgot dans toute son étendue, si l'on remonte jusqu'à ses principes, un vaste horizon se découvre. Peu de ministres ont eu des idées plus vastes, des conceptions aussi hardies. Son

(a) Quand le Cardinal de Fleuri fut principal ministre, il fit accorder à la viguerie de Fréjus, où il avoit été évêque, une diminution d'impôt qu'il fit répartir sur les autres vigueries de la Provence, sans prouver que cette viguerie fut plus imposée que les autres.

esprit tenait de la nature du génie ; il apercevait toutes les affaires sous les plus grands rapports, en sondait les élémens, en pénétrait l'essence, mais malheureusement il voyait tout en abstraction, dédaignant de porter ses regards sur les faits, ne faisant aucune attention au pays qu'il régissait, au siècle où il vivait, aux institutions établies, aux usages admis, aux préjugés, aux intérêts. Quand même ses idées auraient été justes, il aurait échoué dans toutes ses entreprises, parce qu'il ne savait manier aucun des moyens nécessaires pour les faire réussir ; il voulait gouverner par des démonstrations, ne considérant l'homme que comme un être intelligent, et non comme un être sensible et mû par son intérêt. Son plan d'administration était de perfectionner l'entendement humain, dans la conviction que, plus le peuple serait éclairé, plus il serait soumis aux lois, dans lesquelles il reconnaîtrait une vocation à l'ordre de choses le plus favorable à son bonheur : plan d'autant plus faux, qu'on ne peut donner à la masse du peuple qu'une instruction incomplète, et que les demi-connaissances sont plus dangereuses que l'ignorance absolue dont on a la conscience ; et on ne tarda pas à en avoir d'évidentes et funestes preuves.

Toute l'administration de M. Turgot est le développement de sa confiance présomptueuse dans la sagesse populaire ; et toutes ses fautes en sont la suite : il a voulu que pour la subsistance de la nation, le

gouvernement s'en rapportât à la nation elle-même,
et se reposât de l'importation des grains sur l'avantage que les commerçans y trouveraient ; cependant,
d'après ces erremens, la subsistance a été compromise ; des insurrections ont signalé les premiers momens du règne de Louis XVI ; et si les amis et les
partisans de M. Turgot ne l'avaient engagé à modérer ses principes, au moins pour la ville de Rheims
pendant le sacre du roi, il eût été possible que cette
inauguration eût été troublée par les violences d'un
peuple famélique.

Le système réglémentaire qui dirigeait l'industrie,
et conférait à des confédérations des droits exclusifs
pour la confection de la plupart de ses œuvres, paraissait à M. Turgot une usurpation de la puissance
sociale sur les droits naturels de l'homme. Presque
toutes les carrières de l'industrie et du commerce ont
été ouvertes à qui a voulu y entrer. On a pu se
livrer à tout genre de fabrique, sans être assujetti à
une preuve de capacité. A peu d'exceptions près,
toutes sortes de marchandises ont pu être mises en
vente, sans que la bonne qualité en fut constatée.
Ceux des ports étrangers où les navires de certaines
compagnies de commerce étaient seuls admis, ont
été ouverts aux navires de tout négociant Français ;
les distinctions, les restrictions, les prérogatives établies depuis long-temps, conformes à l'usage des
autres pays, justifiées par le succès, ont été abrogées.
Une gêne excessive avait nui au progrès des arts, et

aux spéculations ; cette liberté illimitée aurait dégénéré en licence, et aurait été plus pernicieuse encore. Dans nombre de marchandises l'avantage de la fraude et la facilité de la voiler aux yeux du public, auraient porté à l'altération de la fabrique ; et dans l'étranger les marchandises Françaises auraient perdu l'avantage qu'elles avaient obtenu depuis l'assujettissement aux règlemens qui en avaient assuré la bonne qualité.

M. Turgot proposa aussi de supprimer la contrainte par corps, peine de l'inexécution des engagemens contractés en matière de commerce ; s'il y fut parvenu, il eût détruit le commerce, en ouvrant la porte à des infidélités auxquelles ce frein est nécessaire.

En matière de contributions, il a donné une préférence décidée aux impôts directs sur les indirects, parce qu'il considérait ceux-ci comme énormément onéreux par l'avance à laquelle est forcé le contribuable, et par les frais qu'entraîne la perception ; et il n'avait aucun égard à nombre d'avantages attachés à ce genre de contribution. La conversion et le revirement qu'il en projetait, n'aurait pu s'opérer sans la lésion d'une multitude d'intérêts, une disproportion énorme dans la répartition des charges de l'état, et, conséquemment, une grande commotion.

Ses vues sur l'amélioration du sort du peuple, se portèrent aussi sur l'assujettissement au service militaire ; il voulut abolir la milice, et qu'il ne fut plus pourvu à la sûreté de la patrie que par des défenseurs volontaires, au moyen d'engagemens contractés à prix d'argent. Cette proposition fut discutée dans le conseil, et fut rejetée unanimement, comme devant produire un renchérissement prodigieux dans les engagemens, si c'était le seul moyen de recruter l'armée ; et comme compromettant le salut de l'état, qui deviendrait dépendant de la bonne volonté, et de la disposition à la profession des armes.

Ce dissentiment unanime du conseil commença à porter atteinte à la grande admiration et à la vive affection que le roi avait conçues pour M. Turgot, et qui d'abord excitées par les éloges de M. de Maurepas, avaient été fortifiées par la conformité des vertus et des intentions bienfaisantes du monarque et de son ministre. Ce prince, dans une circonstance critique, avait donné à M. Turgot un témoignage de confiance et de prédilection, que M. Turgot, pour augmenter son crédit, avait eu l'indiscrétion de laisser transpirer dans le public ; et cette préférence avait excité l'inquiétude et la jalousie de M. de Maurepas *(a)*. D'autre part, M. Turgot gêné et contredit dans ses innovations par M. de Maurepas, voyait plus en lui son contradicteur que son bienfaiteur. Il est incertain s'il ne voulut point se servir de sa faveur pour écarter cet obstacle à ses grands projets ; ce qui n'est pas douteux est que le

(a) Le roi avait écrit à M. Turgot : *il n'y a que vous et moi, qui aimions le peuple ;* et M. Turgot avait montré la lettre.

vieux et rusé ministre le craignit ; mais il se garda bien d'attaquer directement M. Turgot, le laissa marcher lui-même à sa perte par la témérité de ses dispositions, et se borna à accélérer sa chute.

En effet M. Turgot au lieu de remédier à des maux instans, et de pourvoir à l'acquit des chargés et des dettes de l'état, ne s'occupait que de la formation d'un nouveau plan d'administration ; et on pouvait lui reprocher, qu'il tirait avantage de ce qu'il critiquait. Tandis qu'il proscrivait tout magazin de bled pour le compte du gouvernement, le peuple de Paris était nourri avec les bleds emmagasinés par l'Abbé Terrai. Tandis qu'il censurait les moyens de finance employés par ce prédécesseur, il pourvoyait à l'acquit de la dépense avec l'argent obtenu par ces moyens ; toutes les classes de la nation, et singulièrement celles qui avaient le plus de connexité avec l'administration, étaient mécontentes de la suppression de leurs règlemens et de leurs usages, et effrayées des innovations qu'on se proposait d'y substituer. La magistrature défendait des institutions qu'elle avait sanctionnées, et qu'elle croyait nécessaires à l'ordre public ; le clergé redoutait un ministre connu par ses préventions contre les concessions faites à l'ordre ecclésiastique ; les gens de finance s'attendaient à la subversion des contributions dont le recouvrement leur était confié ; les fabriquans et les commerçans se plaignaient de la suppression d'un régime, sous l'influence duquel leur industrie et leurs spéculations

avaient prospéré. Le peuple, ayant été appelé à examiner, à juger des questions qui jusqu'alors avaient
été soustraites à ses regards, prononçait sur ce qu'il
n'était point en état de comprendre ; il prenait pour
problématique tout ce qui était objet de discussion ;
pour faux tout ce qui était contraire à ses préjugés, à
ses affections, à ses intérêts, surtout à ses intérêts du
moment ; disciple indocile et ingrat il se servait de
la liberté qui lui avait été accordée de manifester ses
opinions, pour censurer l'auteur de cette concession ;
de l'improbation à la désobéissance, la voie est facile,
et la distance n'est pas grande; et ainsi se sont formés
des germes d'insubordination et d'insurrection.

Cette indisposition générale, toutes ces fautes, et
la contradiction de tout le conseil qui avait éclaté
sous les yeux du roi, donnèrent à M. de Maurepas
une grande facilité pour faire revenir ce prince de
son enthousiasme pour M. Turgot ; et mettant en
œuvre l'art qu'il possédait de déjouer les idées et les
personnes; il transforma les nouveaux systèmes en
projets romanesques, en rêves, en chimères, qu'il
était insensé de concevoir, et dangereux d'adopter,
et il fit sentir la nécessité de l'expulsion de leur
auteur *(a)*.

(a) Le roi, depuis quelque temps, témoignait à M. Turgot un
dégoût et une inconsidération, qui auraient pu lui faire prévoir son
renvoi, s'il avait eu plus de tact, plus de connaissance des hommes
et de la cour. M. Turgot à son dernier travail proposa au roi de lui
lire un mémoire sur les principes de l'affaire dont il avait à lui

Ainsi sortit de place Mr. Turgot, sans avoir rien fait d'important pour la prospérité de la France. On ne peut voir qu'avec regret que les intentions les plus pures, une passion vraie pour le bonheur de l'humanité, des vues étendues et élevées, tant de connaissances, de méditations, de soins, d'efforts de vertus, n'ayent produit que des institutions qui n'ont pas subsisté et n'ont pas dû subsister; et ont commencé la désorganisation de l'état. Ce jugement est celui que M. de Malesherbes a porté de M. Turgot son ami, et de lui-même : recueillons cet aveu émané d'une bonne foi et d'une moralité qui doivent faire excuser des erreurs et des fautes, et qui rendent M. de Malesherbes respectable, intéressant et cher aux yeux de quiconque sait apprécier la véracité et la bonté. *M. Turgot, et moi, nous étions de fort honnêtes gens ; très-instruits, passionnés pour le bien. Qui n'eût pensé qu'on ne*

rendre compte; car il était dans l'habitude de présenter à ce jeune prince, sur tous les genres d'affaires, des mémoires expositifs des principes, pour l'endoctriner, et ne s'apercevait pas qu'il ne réussissait, depuis quelque temps, qu'à l'ennuyer. Sur la proposition de cette nouvelle lecture le roi dit, *encore un mémoire !* Il écouta avec dégoût, et à la fin lui demanda, *est-ce tout ?—Oui, Sire*, dit M. Turgot : *tant mieux*, repartit le roi, et il s'en alla. M. Turgot n'aperçut dans ce procédé que quelque humeur du moment; deux heures après il reçut sa lettre de renvoi, et elle n'était pas telle que pouvait au moins s'y attendre un homme à qui, quelques mois auparavant, le roi avait mandé, *il n'y a que vous et moi, qui aimions le peuple.*

pouvait mieux faire que de nous choisir ? Cependant ne connaissant les hommes que dans les livres, manquant d'habileté pour les affaires, nous avons mal administré, nous avons laissé diriger le roi par M. de Maurepas, qui a ajouté sa propre faiblesse à celle de son élève (a). Sans le

(a) Dans cet aveu même, M. de Malesherbes donne la preuve de ce dont il s'accuse, de ne pas connoître les hommes ; la faiblesse n'était le défaut ni de Louis XVI, ni de M. de Maurepas. Le roi dans les convulsions de la révolution ne s'est jamais montré faible ; mais son défaut était l'abnégation de son opinion et de sa volonté, de crainte de se tromper, et un abandon absolu aux conseils des dépositaires de sa confiance. Le défaut de M. de Maurepas était la référence de tout à lui-même, et l'insouciance des événemens qu'il prévoyait ne devoir survenir qu'après le terme de son existence. M. de Malesherbes se trompe encore quand il croit que des hommes éclairés et expérimentés en affaires, auraient proposé de lui en donner la direction. Son père, le chancelier de Lamoignon, avait porté de lui un jugement différent. Peu de temps avant que ce chancelier sortît de place, il dit au roi : *Sire, je suis vieux ; quand je ne serai plus, on pourra proposer mon fils à V. M. pour ministre ; j'aime ma famille ; je désire son élévation et sa fortune ; mais j'aime encore plus l'état. Que V. M. ne confie aucune grande place à mon fils ; c'est un homme vertueux et de beaucoup d'esprit ; il a une réputation brillante, qu'il s'est faite par des écrits et des démarches hardies ; il perdrait sa réputation quand il serait dans le ministère ; il n'y est pas propre, et y servirait mal V. M.* Il y a dans cette déclaration une justesse de vues qui ferait honneur aux ministres les plus renommés, et une noblesse de sentimens qui a quelque chose de Romain ; cependant ce chancelier n'a jamais eu, à la cour, la réputation qu'il devait obtenir, parce qu'il y a toujours paru avec l'empreinte de la défaveur ; et le

vouloir, sans le prévoir, nous avons contribué à la révolution.

courtisan n'estime, ou du moins ne loue et ne recherche que qui peut servir. Ce discrédit était encore dans ce chancelier un mérite, car il n'y est tombé que parce qu'il n'a point voulu se soumettre à des complaisances qui lui paraissaient peu convenables pour le chef de la magistrature, dignité qui est un sacerdoce laïc. Il est possible aussi que ce chancelier n'ait pas joui de toute la considération qui lui était due, parce que ses manières étaient un peu communes ; mais ses idées, ses sentimens, ses procédés, son élocution ne l'étaient nullement ; il résistait au roi sur tout ce qui était contraire au bien de l'état, défendait l'équité et les lois avec fermeté, courage, noblesse, et savait lorsque l'occasion le requérait soutenir sa dignité. Un jour qu'il traitait une affaire importante avec le Maréchal de Richelieu, ce Maréchal qui dans ce moment était en grande faveur, et qui avait toujours une manière de traiter les affaires analogue à sa situation, voulut prendre un ton un peu trop leste ; le chancelier lui ayant dit que des formes s'opposaient à ce qu'il demandait : le Maréchal lui dit, *Monsieur : avec vos formes. . . . . . . Le chancelier l'interrompit et lui dit : Monsieur le Maréchal, vous ne pouvez pas juger des formes que vous ne connaissez pas. Tout ce que j'ai à vous dire à ce sujet, c'est que si votre grand oncle les avait plus respectées, il n'y aurait point de reproche à faire à un des plus grands ministres qu'ait eu la France.* Cette particularité sort de la sphère des finances, mais c'est un épisode, qui contribue à faire connaître la carrière ministérielle, où souvent les réputations sont en sens contraire de ce qu'elles devraient être.

M. NECKER,

Premier Ministère.

———

M. Turgot renvoyé, peu de personnes parmi celles que le public pouvait voir, avec satisfaction, parvenir au ministère des finances, marquaient de l'empressement pour cette place, décréditée par son instabilité, par la difficulté de la remplir avec succès, par les contradictions qu'on y éprouvait, par la condescendance qu'on était forcé d'avoir pour la faveur; M. de Clugny y fut nommé. Intendant de Bordeaux depuis peu de temps, il avait auparavant acquis de la réputation dans l'Intendance de St. Domingue, et s'était alors concilié l'affection de M. de Maurepas, parce que dans un temps où ce ministre était encore en disgrâce, il l'avait consulté sur l'administration des colonies, qui avait été dans le département de cet ancien ministre. M. de Clugny connoissait peu les finances, telles qu'elles sont établies en Europe ; et dans son ministère, qui ne dura pas long-temps, il ne se distingua ni par son application, ni par ses mœurs, ni par ses talens. Sa mort rejeta M. de Maurepas dans l'embarras d'un choix pour cette importante place.

Un banquier Génevois, qui avait acquis quelque célébrité par un mémoire sur la Compagnie des Indes, et par un livre sur le commerce des grains, mais qui était bien loin encore de la grande renommée à laquelle il est depuis parvenu, M. Necker ambitionnait cette place, et pour l'obtenir avait fait remettre secrètement un mémoire sur les finances à M. de Maurepas, qui avait une prévention assez peu favorable pour la personne, les idées et le caractère de ce banquier; mais qui en conçut une opinion plus avantageuse d'après la lecture de ce mémoire, dont il n'était pas en état de sentir la défectuosité. Cependant il était trop éclairé pour ne pas imaginer que la nation verrait, avec surprise et mécontentement, les finances entre les mains d'un étranger, qui ne pouvait avoir sur cet objet que des opinions spéculatives, et dont l'expérience se bornait à des opérations de banque. Il crut pouvoir lever ces obstacles, et tirer parti de ce banquier, au moyen d'une scission dans le département des finances.

L'administration générale en fut confiée à M. Taboureau, qui avait été long-temps conseiller au parlement de Paris, maître des requêtes, intendant de Valenciennes, et qui était alors conseiller d'état. C'était un homme généralement considéré, qui avait des amis et point d'ennemis; sort heureux, mais qui n'est ordinairement le partage que de la médio-

crité, parçe qu'elle seule échappe à l'envie : en
effet, M. Taboureau n'avait nul vice, avait peu de
défauts, mais manquait de grandes qualités ; son
intelligence était peu active, ses vues peu étendues,
ses connaissances faibles en administration, et nulles
sur le fait du maniement de l'argent et du crédit
public. Cette dernière partie d'administration an-
nexée à la direction du trésor royal, fut remise entre
les mains du banquier Necker, avec une subordination à M. Taboureau, qui ne fut ni bien déterminée, ni bien assurée.

Ce partage, quoiqu'assez mal imaginé, n'était pas
absolument impraticable ; mais il l'était entre M.
Taboureau et M. Necker, par l'incohérence et l'opposition de leurs caractères et de leurs idées : l'un,
modéré et circonspect, tenant aux institutions et
aux usages ; l'autre, ne tolérant point un supérieur
ni même un égal ; entreprenant, inventif, désireux
de se signaler par des innovations, et d'autant plus
audacieux dans ses réformes, qu'il ignorait quand les
abus de ce qui existait étaient compensés par des
avantages, et ne prévoyait pas les inconvéniens de
ce qu'il y substituait.

La discordance ne tarda pas à se faire sentir : M.
Necker traçait des plans, proposait des projets, in-
ventait des expédiens ; M. Taboureau les critiquait,
mais n'en fournissait point d'autres ; et par cette
stérile discussion, les affaires restaient en stagnation.

M. Necker l'observa à M. de Maurepas, et lui déclara, qu'il fallait qu'il fît le sacrifice de M. Taboureau ou de lui.

M. de Maurepas avait plus de goût pour M. Taboureau que pour M. Necker ; mais M. Taboureau se bornant à élever des difficultés, ne mettait que des entraves dans les affaires ; M. Necker, au contraire, faisait les plus belles promesses, et assurait que si on lui confiait l'administration des finances, il les rétablirait, et pourvoirait au payement des dépenses et à l'acquit des dettes : M. Taboureau fut congédié, et M. Necker eut l'administration qu'il ambitionnait. Cependant M. de Maurepas qui avait eu occasion de reconnoître l'esprit novateur et entreprenant de ce Génevois, l'assujettit à ne rien entreprendre sans son avéu, et à ne travailler avec le roi qu'en sa présence.

Comme M. Necker a été le ministre des finances qui, sous le règne de Louis XVI., a été le plus long-temps en place ; qu'il a eu la distinction d'en être plusieurs fois expulsé, et d'y être rappelé ; que nul autre ministre n'a eu une aussi grande influence sur les destinées de la France ; il est intéressant de le peindre avec détail, de mettre en évidence, sa physionomie physique et morale, l'origine de sa fortune, pécuniaire et ministérielle.

Sa conformation corporelle et ses manières.

La conformation corporelle et les traits du visage

sont souvent des indices des qualités intellectuelles et morales ; et ces pronostics n'étaient point fautifs dans M. Necker : ses yeux étaient vifs, son regard perçant ; la partie supérieure de son visage ne s'accordait point avec la partie inférieure ; elles semblaient n'être point faites pour être réunies et former la même figure ; ses traits, vus séparément ou dans leur ensemble, n'avaient rien d'agréable ; sa physionomie fine et profonde marquait de l'observation et de la pénétration ; mais n'avait ni une expression de franchise et de bonté, ni une expression de dureté et de fausseté ; le plus souvent elle était muette, parce qu'il craignait de la laisser parler.

Son corps était une masse grande et lourde, qui n'avait ni ensemble, ni vigueur ; sa constitution était faible, et il y avait même quelque dérangement dans son organisation ; car son cerveau était dans une fermentation, qu'il ne pouvait calmer, qu'en se faisant jeter tous les matins une grande quantité d'eau froide sur la tête ; et une faim continuelle l'obligeait à manger beaucoup, souvent, et hors de ses repas.

Il avait un maintien gêné, désordonné, sans grâces, et jamais il n'en manquait plus, que quand il voulait s'en donner ; on ne trouvait point en lui un certain air de noblesse, qui, dans tous les rangs, est l'expression naturelle du sentiment qu'a de lui-même un homme d'un grand caractère. Quand il a été en place, quelquefois il a voulu affecter de la dignité. Mais ce n'était qu'une morgue ministérielle plus déplaisante, plus offensante, que l'insolence polie d'un ministre homme du monde.

Ses mouvemens étaient inégaux, brusques, forcés ; il portait la tête fort élevée et même renversée, et il y avait de l'affectation dans cette contenance ; car le degré de renversement de sa tête était un thermo-mètre de sa situation politique.

Le son de sa voix n'était point agréable, et son élocution n'était point facile ; il le savait ; et par cette raison, avec toute personne, avec laquelle il n'était pas dans l'intimité, il parlait peu ; sa conver-sation était sans aménité, sans abandon, sans sen-sibilité, sans cordialité ; cependant elle n'était pas sans intérêt, parce que l'esprit suppléait le senti-ment, et chaque phrase énonçait une grande pen-sée. Dans les conférences d'affaires, il était encore plus économe de ses paroles ; réserve qui marquait la méfiance et l'inspirait ; mais s'il ne savait pas insinuer et persuader par ses discours, il savait déter-miner et séduire par les moyens qu'il employait.

Ses formes sociales se ressentaient du genre de vie qu'il avait mené, du manque d'une éducation soignée, et de relations habituelles avec des per-sonnes d'un certain ordre. Embarrassé quand il était obligé à des égards et au respect ; révérencieux quand il voulait être poli ; lourdement complimen-teur quand il voulait flatter, il était dans la plaisanterie d'une pesanteur, d'une gaucherie, qui seraient très-surprenantes dans un homme de tant d'esprit, s'il n'était connu que ce genre de ton tient à un usage du monde, qui peut rarement être remplacé par l'esprit.

Sa physionomie morale n'était pas moins remarquable que sa physionomie physique, et ses formes extérieures ; il était d'une inégalité singulière, toujours agité par des désirs, des regrets, des jouissances, des privations, par l'incapacité de se suffire à lui-même, et de contenir son âme en paix, défauts dont on pouvait soupçonner l'origine dans les défectuosités de son physique, que nous avons indiquées.

Son Caractère.

LE fonds de son caractère était un amour-propre, qui excédait la mesure ordinaire de la vanité humaine ; ce sentiment, élément en lui de tous les autres, perçait dans ses discours, dans ses écrits, dans ses entreprises, dans ses actions, semblait s'échapper par tous ses pores. Dans les plus grandes affaires il ne voyait que lui-même ; et ne présentait que l'auteur, quand il aurait dû ne présenter que l'ouvrage ; sans cesse il se prodiguait des éloges, et en était d'une grande parcimonie pour les autres, de crainte de diminuer sa part. Cependant il louait ses sectateurs quand cette louange pouvait réfléchir sur lui-même. Cette ostentation a, pendant quelque temps, eu des succès, et inspiré de lui une haute opinion, mais, par sa continuité et son excès, elle a produit ridicule et discrédit.

Quoiqu'il fît sans cesse montre de sensibilité, il n'en avait que pour les hommes en masse; et encore cette sensibilité tenait moins du sentiment, que d'un esprit d'ordre et de justice; il ne paraît pas qu'il ait eu d'amis, quoique par le commerce, par les affaires, par la société il ait eu des relations intimes avec un grand nombre de personnes; son ambition et sa passion pour la célébrité agitaient trop fortement son âme, pour y laisser place, à d'autres sentimens, ses affections tendres étaient bornées à sa femme et à sa fille, qui entraient dans la sphère de son égoïsme.

Rien ne l'intéressait, et n'avait attrait pour lui, que ce qui pouvait lui conférer célébrité, honneur, crédit, puissance; s'il s'est livré à la littérature, c'est qu'il y voyait un moyen d'acquérir réputation, et dans les affaires de faire prévaloir ses idées par le charme du style.

Par une suite de l'explosion de cet amour-propre, tout dissentiment de ses opinions lui paraissait un tort; et toute critique était à ses yeux un crime, qui le mettait dans une fureur, qu'il manifestait devant ses confidens, et qu'il n'était pas toujours maître de soustraire aux regards des personnes, vis-à-vis de qui il aurait dû le plus se contenir.

Le désordre de son âme éclatait encore évidemment dans la sensation que faisait sur lui, dans le changement incroyable que produisait sur sa figure, et sur son maintien, dans l'influence même qu'avait sur sa santé le traitement qu'il éprouvait des personnes dont il ambitionnait l'approbation et l'affection ; avait-il été bien traité par le roi, ou par M. de Maurepas, applaudi par l'assemblée nationale, ou par le peuple, il se montait à une exaltation, une fierté, une ostentation, si hors de la nature, qu'elle semblait théâtrale ; avait-il éprouvé un traitement contraire, il était abattu, consterné, languissant, sans mouvement ; semblable à un homme qui a perdu tout sentiment. On ne trouvait en lui ni le flegme et la finesse d'un ministre qui sait cacher sa situation ; ni la fermeté d'un sage, qui ayant le sentiment de sa force, se repose sur ce sentiment ; ne règle point l'opinion qu'il prend de lui-même, sur l'opinion qu'il inspire, et prouve qu'il mérite les grandes places en montrant qu'il sait s'en passer. Quand M. Necker sortit du ministère soit en 1781, soit en 1791, il tomba malade, et quand il n'a plus eu l'espoir de revenir en place, quand il n'a plus fait sensation dans l'opinion publique, il n'a plus mis d'intérêt à l'existence ; dans aucune époque de sa vie il n'a su se suffire à lui-même, et goûter le bonheur de n'être rien.

Ses écrits.

Etudions encore M. Necker dans ses écrits. Là, tout auteur, sans le vouloir, et même malgré lui, donne la mesure de ses idées, et met l'empreinte

de son caractère ; M. Necker a écrit sur nombre de
sujets ; religion, politique, finance, commerce ; il
a composé des ouvrages de littérature ; il s'est même
exercé sur des sujets de plaisanterie, quoiqu'il eut
peu d'aptitude à les traiter *(a)*. Sur quelque sujet

(a) M. Necker a écrit sur les opinions religieuses, avec assez
de discrétion pour ne contrarier essentiellement ni la croyance
reçue, ni la licence des opinions philosophiques ; c'est un hymne
plutôt qu'une dissertation ; cependant il y [a de grandes et
sublimes idées, et ce n'est pas celui de ses ouvrages qui a le
moins de mérite. Sur le commerce de la compagnie des Indes,
il a montré des connaissances que n'avaient pas ses antagonistes ;
son ouvrage sur le commerce des grains est le seul, sur lequel
il ait avoué qu'il étoit tombé dans des erreurs ; et il a été forcé,
d'en convenir, parce que quand il a été en place, il lui a fallu
suivre d'autres erremens, que ceux qu'il avait tracés. Depuis les
malheurs dans lesquels il a entraîné la France, il aurait dû reconnoître qu'il ne s'était pas moins trompé dans ses vues politiques,
que dans la police du commerce des grains ; mais il s'est refusé
à un aveu qui l'eût trop humilié. Il a fait un éloge de Colbert
proposé au concours par l'Académie Française, et il a obtenu le
prix ; mais cet éloge ne caractérise nullement M. Colbert ni son
administration ; on voit qu'il ne connoissait ni son personnel, ni
ses opérations ; il s'est excusé de ce vague, en disant qu'il avait
seulement voulu dessiner un grand ministre ; mais c'était M.
Colbert qu'il avait à faire connoître ; et à travers ce vague, on
découvre que son intention était de se dépeindre lui-même tel qu'il
comptait se montrer un jour, et tel qu'il croyait dès-lors s'annoncer dans ses ouvrages sur les finances ; quoique l'observation des
faits soit, sans comparaison, la partie la mieux traitée, elle n'est
pas toujours bien dirigée : par exemple, dans son livre sur
l'administration des finances est une table de répartition des impôts par lieues carrées, et par têtes de contribuables ; opération

que ce fût, ses connaissances étaient fort bornées ;
parce qu'elles avaient été restreintes par la nécessité,
dans laquelle il avait été, dès sa jeunesse, de se livrer
aux opérations du commerce, et aux détails qu'elles
entraînent.

Une notion essentielle à un homme appelé au
gouvernement d'une nation, est celle de l'histoire de
cette nation, et surtout de la partie de cette histoire
qui concerne les lois fondamentales, l'époque et les
circonstances de leur création, les changemens qui
y sont survenus, les causes de leur abolition ou de
leur désuétude ; et un ministre des finances doit
encore connaître, avec détail, la généalogie et l'histoire des institutions financières et de leurs effets ;

de calcul, qui, renfermée dans un bureau, peut être une collection de matériaux utiles pour des opérations ministérielles ;
mais qui, publiée, est une indication d'inégalités, dont il ne résulte rien ; et ne prouve point injustice ; et cependant est un
germe de dissension qui peut porter les contribuables, qui
paraissent imposés à des sommes plus fortes, à demander diminution, quoique quelquefois ce soient ceux qui y ont le
moins de droit. Pour donner une idée juste de la force respective des contributions, et de la proportion qui devait y être
établie, il fallait donner à cet état pour base les produits du
territoire, de l'industrie, du commerce, déduction faite des
impenses, et c'est ce qui est omis. Il y a aussi dans ce
tableau une erreur assez grossière, en ce que les droits de traites
sont portés comme charges de la province où ils sont perçus,
tandis que cette charge ne pèse que sur la province dont les
marchandises sont sorties, ou sur celle à laquelle elles sont
destinées.

or, sur tous ces points, M. Necker était de la plus grande ignorance ; la preuve en est, que dans ses rapports au conseil, dans ses fréquens manifestes, dans ses nombreux ouvrages, jamais il n'a lié ses idées avec celles des siècles précédens, et plus d'une fois il a proposé comme une nouveauté, ce qui n'était qu'un renouvellement. Cependant il est possible que quelquefois il y eut de la finesse dans cette réticence, parce que déjà l'expérience avait prononcé contre ses propositions. Dans l'exhibition de son plan de réforme de l'ordre politique de la France, on voit qu'il ignorait en quoi consistait cet ordre, et les effets favorables et nuisibles que produisait ce qu'il reformait.

Il n'était pas plus instruit des institutions politiques des autres états ; ses notions à cet égard se bornaient aux institutions de Genève sa patrie, et il paraît les avoir toujours eues secrètement en vue ; mais il y aurait eu plus que de l'inconvenance à vouloir constituer la France sur le modèle d'une république démocratique, d'un si petit état, et de l'état de l'Europe qui était le plus souvent troublé par des dissentions politiques et par des révolutions. Il a cité comme exemples auxquels il était convenable de se conformer, la constitution d'Angleterre, et celle des États-Unis d'Amérique ; mais il paraît n'avoir eu de ces états qu'une idée très-superficielle ; car il n'a point observé pour l'Angleterre si le succès de sa constitution ne tient point à des causes topographiques et indémiques, à la situation insulaire de ce pays et au caractère de ses habitans. Relativement aux Etats-Unis, si leur éloignement des états Européens les préservant, quand ils le veulent, d'être compromis dans leurs fréquentes et sanglantes querelles, il ne leur est pas permis d'admettre des institutions insuffisantes et dangereuses pour d'autres pays ; et encore si le pacte national qu'ils ont formé, est de nature à en garantir long-temps la solidité, et dans diverses sortes d'événemens.

M. Necker n'est pas moins inexcusable de n'avoir point rectifié et consolidé ses opinions par l'étude des ouvrages les plus accrédités sur les objets de son département ; et son ignorance perce encore sur cet article, en ce que, quoiqu'il eut un grand intérêt à étayer ses innovations de l'autorité d'auteurs fameux, dont les principes sont respectés comme des lois émanées du génie, jamais il n'en a cité aucun, et ne s'en est prévalu.

Cette nullité d'instruction a conduit M. Necker à se livrer à son imagination, dont l'effervescence lui a fait concevoir des plans vastes, gigantesques, romanesques. Cependant il est des sujets sur lesquels ses idées sont faibles, restreintes, serviles, presque nulles ; il semble qu'il craigne de penser ; ce qui paraît procéder du pli qu'avait pris son esprit, par l'état subalterne dans lequel il avait passé une partie de sa vie, obligé de suivre des plans qui n'étaient pas tracés par lui. Ce qui est bien remarquable est que les sujets sur lesquels il a le plus de connaissances acquises, sont ceux sur lesquels il s'explique avec plus de réserve et de timidité, tandis que sur les autres il est d'une audace et d'une témérité inconcevables. Traite-t-il des impôts de la France dont il a eu l'administration, il en fait le dénombrement, en donne les produits, dit ce qu'ils sont, se tait sur ce qu'ils doivent être. Au contraire, il trace hardiment une nouvelle constitution pour la France, objet sur lequel il était absolument novice ; n'en ayant étudié aucun principe, n'ayant traité aucune grande affaire politique et constitutionnelle, n'ayant été membre d'aucune grande assemblée nationale, n'étant guidé ni conseillé par aucun personnage instruit et expérimenté dans le gouvernement de la France. Au reste, une telle contradiction, une telle alternative de science timide, et d'ignorance présomptueuse, est peut-être moins surprenante qu'elle ne le paraît ; car souvent observer et étudier, c'est apprendre à douter. Il n'est pas rare que son raisonnement soit fautif, parce qu'au lieu de déduire des conséquences des faits, d'après leur caractère élémentaire et essentiel, il est sujet à les déduire d'après un caractère particulier et accidentel.

Sa discussion est fine, métaphysique, quelquefois astucieuse ; lorsqu'il a intérêt de présenter les faits sous un certain aspect, il est difficile de les contourner avec plus d'adresse. Cependant on entrevoit souvent un auteur qui veut convaincre de ce dont il n'est pas convaincu.

La justesse dans l'exposé des faits est la partie dans laquelle il excelle. Lorsqu'il connaît bien le sujet qu'il traite et qu'il est sans intérêt, il est d'une grande exactitude, d'une précision de calcul, de déductions de compensations bien rare en affaires, quoiqu'absolument nécessaire pour l'assiette de la question, et la rectitude de la décision.

Sa diction est prolixe sans pourtant être ennuyeuse; parce qu'elle est animée, noble, pensée, sentimentale; cependant elle est souvent emphatique, et presque poétique, lors même que le sujet semble se refuser à ce genre d'ornement et d'exaltation. Rarement élégante, et quelquefois incorrecte, elle a un caractère de force, mais qui tient plus de l'élan que du nerf, et n'atteint pas la véritable éloquence *(a)*.

Il ne sait point varier ses tons, et prendre celui du sujet qu'il traite; et dans son ironie *sur le bonheur des sots*, il n'est ni léger, ni gai, ni plaisant.

Enfin dans tous ses ouvrages son égoisme se

(a) Voltaire est certainement le meilleur juge du style, quand il n'a intérêt ni à louer, ni à critiquer; et telle était sa situation vis-à-vis M. Necker lorsque l'éloge de Colbert parut. Voltaire a écrit sur cet ouvrage. Il y a autant de mauvais que de bon; autant de phrases obscures que claires, autant de mots impropres, que d'expressions justes, autant d'exagération que de vérités. Il est vrai que depuis ce temps, le style de M. Necker s'est fort amélioré.

manifeste. Traite-t-il de la religion ? c'est là fidélité qu'il a gardée à la sienne dont il veut faire sentir le mérite. Peint-il un grand ministre ? c'est lui-même qu'il produit sous un autre nom ; imprime-t-il des états de finance connus de ses prédécesseurs, qui ont cru devoir les tenir secrets ? il cherche à se faire tenir compte par le public de cette confidence. Sur chaque objet, à chaque page, l'amour-propre et l'intérêt de l'auteur sont inscrits dans les interlignes, en caractères perceptibles à des yeux pénétrans.

Dans ses ouvrages sur les finances, il n'a point restreint ses observations aux intérêts du fisc, et aux objets pécuniaires. Il a, avec raison, pris en considération toutes les charges de la nation, et singulièrement l'obligation du service militaire ; mais, dans cette partie, qu'il est faible et stérile en idées ! Il y transforme sa dissertation en élégie, et se borne à énoncer des regrets sur l'infraction du vœu de la nature, qui condamne un si grand nombre d'hommes à une mort anticipée ; et il ne traite point de la prestation de ce devoir patriotique ; du nombre d'hommes que la nation peut tenir sous les armes sans altérer sa population ; de l'âge et de la taille qui doivent être requis ; du mode de contribution à ce service par engagement volontaire ou par contrainte ; des exemptions admissibles, de leur nombre, de leurs causes ; de la durée du service, et des congés qui rendent temporairement les hommes aux travaux de la campagne et des arts ; des moyens d'améliorer

le sort des gens de guerre, et de rendre leur résidence et leur passage moins onéreux aux peuples,
pour qui quelquefois cette charge équivaut aux plus
fortes contributions. Ce sont là pourtant les considérations qui devaient attirer l'attention d'un homme
d'état, et qu'il est inexcusable d'omettre en traitant
ministériellement d'un tel sujet. On voit que M.
Necker a voulu mettre son empreinte sur tous les
objets d'administration, et qu'au défaut de connaissances et d'idées, il a cru pouvoir y suppléer par la
manifestation de sentimens affectueux, et par des
déclamations.

Origine de sa fortune pécuniaire.

Les voies par lesquelles il a presque subitement
acquis une grande fortune, et est parvenu à un
haut degré d'élévation, méritent d'autant plus d'être
observées, qu'elles sont insolites, rapides, peu connues,
hors de la route ordinaire. Fils puîné d'un professeur
de Genève qui avait peu de talens, et peu de fortune, il vint à Paris ; s'y plaça commis chez un
banquier avec de faibles appointemens ; trouva
bientôt le moyen de gagner sa confiance ; fut mis
à la tête de ses bureaux ; obtint de lui être associé ;
forma une maison en son propre nom ; ne tarda
pas à acquérir une prodigieuse richesse, qui a
monté jusqu'à 400,000 livres de rente, dont on a
attribué l'origine à deux manœuvres, qui, si elles
étaient telles qu'elles ont été exposées, seraient bien

condamnables. Nous ne les rapportons ici qu'avec regret ; mais elles ont été trop répandues, et ont obtenu dans quelques esprits trop de croyance, pour qu'il soit possible de les omettre, notre plan étant de ne servir ni desservir. On a prétendu qu'à la paix de 1762 entre la France et l'Angleterre, un premier commis des affaires étrangères ayant le secret des négociations pour la paix, instruit que les conditions en étaient arrêtées et qu'elle allait être signée, voulut acheter pour une très-forte somme des annuités Anglaises, qui par cet événement allaient considérablement augmenter de prix ; et qu'à cet effet il donna commission à M. Necker, qui, désirant s'approprier le gain prodigieux qu'offrait cette affaire, fit partir pour Londres un courrier chargé des ordres pour l'exécution de la commission qui lui avait été donnée ; mais donna à ce courrier une instruction secrète de se laisser tomber en arrivant à Calais, et d'y rester comme blessé ; ce qui fut exécuté, et fit échouer la spéculation du premier commis. Mais en même temps un autre courrier était parti, avait passé par Boulogne ou quelqu'autre port voisin, était arrivé à Londres sans accident, et y avait porté l'ordre d'acheter pour le compte personnel de M. Necker. Le premier commis ne pouvait se plaindre ouvertement de cette infidélité ; encore moins, quand il en aurait eu la preuve légale se pourvoir en justice, d'autant que lui-même se serait déclaré coupable d'infraction de ses devoirs ; mais il s'en est plaint à plusieurs personnes ; et, depuis ce temps, M. Necker et lui ont toujours été ennemis.

Par le même traité de 1762, ou par des conventions subséquentes, il fut stipulé que les créances souscrites par les agens du gouvernement de France en Canada, et réduites par ce gouvernement à moitié de leur valeur, seraient payées pour toute leur valeur dénominative aux Anglais, auxquels elles appartenaient. Comme ces créances étaient au porteur, on prétend que M. Necker en fit acheter en France une grande quantité, et les fit passer en Angleterre, où, présentées comme propriétés Anglaises, elles furent à ce titre acquittées sans réduction. Après avoir rapporté ces faits, nous observerons, que n'étant point prouvés, ils peuvent être rangés dans la foule des imputations auxquelles sont en butte les hommes en place ; et on peut même les considérer comme réfutés par le désintéressement et la noblesse de procédé, que M. Necker a montrés dans les diverses situations dans lesquelles il s'est trouvé.

Origine de sa fortune ministérielle.

M. NECKER n'a pas non plus été à l'abri de la critique dans les voies qu'il a prises pour parvenir au ministère ; et on lui a reproché d'avoir employé des moyens obscurs et détournés, pour se ménager accès et obtenir faveur auprès de

M. de Maurepas; non-seulement de lui avoir, comme nous l'avons vu, fait passer un mémoire plein de faits hasardés *(a)*, et sur lesquels il ne pouvait se dissimuler qu'il n'avait point de notion exacte ; mais d'avoir acheté l'intervention et les sollicitations de M. de P...... auprès de ce ministre, par des promesses de lui procurer de grands avantages ; qu'en effet ce solliciteur a ensuite obtenus, par le payement d'une prétendue créance sur l'état d'environ cent mille écus ; créance rejetée et proscrite depuis environ trente ans. Nous ne déciderons pas quelle censure on encourt par de tels procédés ; mais certainement il est difficile de les concilier avec la dignité de sentiment que s'est attribué M. Necker, et la pureté de la morale qu'il a professée. Cependant pour juger son caractère avec équité, il faut observer que, dans plus d'une occasion, il a

(a) Cette remise secrète de mémoires à M. de Maurepas était alors la voie usitée pour parvenir au ministère. M. de St-Germain, ayant envoyé un plan de réconstitution du militaire de France, a été nommé ministre de la guerre. M. de Miroménil ayant formé un plan de restauration de la magistrature, et l'ayant remis à M. de Maurepas qui était son ami, M. de Maurepas, qui malgré beaucoup d'esprit et de connaissance n'était pas plus en état de juger un plan militaire ou judiciaire qu'un plan de finance, approuva celui de M. de Miroménil ; mais lui demanda par qui il fallait le faire exécuter, et M. de Miroménil ayant nommé diverses personnes, le rusé et facétieux vieillard ne lui répondit qu'en disant, *la bonne bête ;* et M. de Miroménil fut garde des sceaux.

préféré la moralité à la fortune. On l'a vu se refuser au changement de religion, dans un temps où ce changement lui aurait ouvert les portes du conseil, ce qui était pour lui du plus grand intérêt. Dans une autre circonstance, il s'est refusé à un rapproche-ment et à une confédération avec le Comte de Mi-rabeau, qui lui aurait donné une grande influence dans l'assemblée nationale.

Au reste, quand même pour satisfaire sa vaniteuse ambition, il se serait permis quelques démarches peu concordantes avec la sévérité de principes, dont se parait sa jactance, il n'aurait eu qu'un genre de tort, qui lui serait commun avec les ministres les plus célèbres et les plus respectés *(a)* ; il en est peu dont la réputation n'ait besoin que les degrés qui les ont conduit à leur élévation restent dans l'ombre du secret ; mais M. Necker se refuserait à être jugé au tribunal de l'indulgence.

Lors de son retour au ministère, c'est le vœu de la France, c'est la voix de l'Europe qui l'ont rap-pelé ; mais il n'est pas à l'abri du reproche, sur les moyens de séduction employés pour faire naître cette prévention, et cet enthousiasme Français et Européen.

Sa conduite politique dans le ministère.

Parvenu au ministère, il y porta le même es-prit, y manifesta les mêmes sentimens qui le lui

______

(a) M. Colbert et nombre d'autres.

avaient fait ambitionner ; un amour effréné de la
célébrité et de la gloire, auquel il joignit l'intolérance de toute contradiction, et l'impatience de la
subordination. Après avoir promptement trouvé
les moyens de se délivrer de la dépendence de M.
Taboureau, mais étant-toujours sous celle de M. de
Maurepas, il conçut le projet de s'y soustraire ; et
pour cet effet il publia un mémoire, où il exposa
avec ostentation ses grandes et bienfaisantes vues,
et laissa à l'écart la participation et l'influence
de M. de Maurepas dans l'administration des finances ; son objet était de se créer dans le vœu national un point d'appui de sa fortune ministérielle,
de se rendre nécessaire et de balancer la supériorité
de crédit de M. de Maurepas auprès du roi, par la
faveur poulpaire. Le vieux et rusé ministre *(a)* était

(b) M. de Maurepas qui a eu tant d'influence sur le règne de
Louis XVI., et sur les finances, dans lesquelles, tant qu'il a
vécu, nulle graiide opération n'a été faite sans sa participation,
n'est point étranger à l'ordre de personnes dont nous devons
donner notion ; notion d'autant plus nécessaire, qu'il a été
assez mal connu. La plus grande partie du public n'a vu en
lui qu'un homme léger, resté jeune à quatre-vingts ans, et plus
remarquable par des bons mots, que par de grandes pensées ;
Il n'est pas étonnant, que ceux qui n'ont eu avec lui que des
relations de société, l'ayent jugé ainsi ; mais les ministres de
Louis XVI. sur qui il avait su prendre ascendant, et qui par
leurs relations d'affaires étaient plus en état de l'apprécier, en
pensaient bien différemment, et le nommaient *le vieux Renard.*
En effet il est difficile d'avoir plus de prévoyance, de perspicacité,
de finesse. Presque toujours sa légèreté apparente n'était qu'un

trop, stylé aux intrigues de cour et au manége ministériel pour ne pas apercevoir et apprécier

masque dont il couvrait sa profondeur, et un moyen de faire entendre ce qu'il ne voulait pas dire. Il ne fallait jamais plus se méfier de lui, que quand il plaisantait.

Il avait été formé par les ministres de Louis XIV, et ayant appris d'eux l'art de voir toutes choses sous tous les rapports, en distinguant les plus importans. Ministre sous le Régent, il avait porté dans les affaires un ton de légèreté et de gaieté, qui était un moyen de plaire à ce prince, et qui en effet lui plut et le séduisit. Peut-être quelquefois, depuis, M. de Maurepas porta ce ton jusqu'à l'indiscrétion ; mais aussi, souvent il s'en est servi avec une grande dextérité et un grand succès.

Pendant la régence M. de Maurepas avait, comme secrétaire d'état, le département de la maison du roi. M. le Régent l'envoya chercher, lui dit qu'il voulait faire le cardinal du Bois premier ministre, qu'il fallait que les lettres patentes qui le nommeraient fussent expédiées et scellées pour le lendemain, mais qu'il ne voulait pas que personne en fut instruit que lui. M. de Maurepas lui représenta, que comme le garde des sceaux devait sceller ces lettres, il fallait bien qu'il en eut connaissance ; je ne le veux pas, dit le Régent, qu'il les scelle, sans les connaître ou qu'il s'en aille ; ce qui fut exprimé en termes qui n'étaient pas de la langue ministérielle, mais assez habituels à M. le Régent, qui ajouta à M. de Maurepas : tu es jeune, tu as de l'esprit, tu sauras faire réussir cette affaire. M. de Maurepas pour ne confier et ne faire soupçonner le secret à aucun de ses commis, demanda qu'on lui apportât les registres des lettres patentes dans une ancienne époque ; ce qui ne désignait rien, mais fournissait le modèle. Ensuite il rédigea et écrivit lui-même les lettres et les signa comme secrétaire d'état ; mais il restait à les faire sceller, ce qui était le plus difficile : il alla chez le garde des sceaux, et lui dit qu'il venait de la part de M. le Régent pour lui demander de sceller des lettres patentes ; très-volontiers, dit le

l'objet de M. Necker, et il sentit dès-lors la nécessité de le perdre. Mais il était trop habile et trop fin,

garde des sceaux, voyons. Voyons, reprit M. de Maurepas; c'est ce qu'il ne faut pas. Comment, dit le garde des sceaux, il n'y a pas d'exemple qu'on ait scellé des lettres patentes sans les voir; cela est vrai, dit M. de Maurepas, cependant je crois que vous scellerez celles-ci sans les voir. Le garde des sceaux s'y étant absolument refusé comme à la proposition la plus déraisonnable, M. de Maurepas continua la conversation, et lui dit combien la dignité dont il était revêtu était un grand avantage, qu'elle le plaçait au-dessus de tout ce qu'il y avait de plus grand dans l'état; qu'elle le mettait à portée d'obtenir de M. le Régent pour lui, pour sa famille, pour ses amis, tout ce qu'il désirait; à chaque observation le garde des sceaux convenait de la vérité; alors M. de Maurepas lui proposa de nouveau de sceller les lettres patentes; le garde des sceaux s'y refusa toujours, mais avec un ton moins ferme, et moins fier. M. de Maurepas prorogeant ses observations, lui demanda où était sa terre, si le séjour en était agréable, si le château en était habitable, les portes et les fenêtres bien closes et en état de garantir du froid; le garde des sceaux l'interrompit dans ses questions; et lui dit : ma foi, jeune homme, je crois que tu as raison, il faut sceller sans voir; et il scella.

Sous Louis XVI. se montre encore le même esprit, la même manière de traiter d'affaires. M. de Vergennes, ministre des affaires étrangères, avait obtenu pour son cousin, M. de Juigné, l'archevêché de Paris qui avait été refusé à M. l'Archevêque de Toulouse, quoique éminemment protégé par la reine. M. de Vergennes suivant son usage de prévenir M. de Maurepas de toutes ses démarches, lui confia qu'il craignait que la reine ne lui sût mauvais gré de la préférence qu'il avait obtenue pour son cousin, et qu'on ne lui imputât d'avoir employé quelque détour pour écarter l'archevêque de Toulouse; que pour s'excuser vis-à-vis de la reine, et lui plaire, il avait imaginé de procurer une indem-

pour l'attaquer directement; il crut plus expédient de profiter de ses défauts pour le faire marcher lui-même à sa perte.

nité brillante à son protégé, et de prendre cette indemnité dans son département en faisant nommer cet archevêque à l'ambassade d'Espagne, que le retour de M. Dossun en France allait rendre vacante. La cour d'Espagne, dit M. de Maurepas, est une cour dévote, vous y envoyez un prêtre, cela est convenable. La grande intimité des cours de France et d'Espagne bannit entre elles presque toutes les dissensions politiques; les principales affaires à traiter sont des relations de commerce; et ces relations sont de nature à être appréciées par quelqu'un qui connaît aussi bien que l'archevêque de Toulouse, les productions et les besoins du Languedoc, province voisine de l'Espagne : Monsieur, dit M. de Vergennes, je suis très-satisfait que vous pensiez ainsi; si vous n'aviez pas approuvé mon projet, je ne l'aurais point proposé au roi. M. de Vergennes sort du cabinet de M. de Maurepas très-content de son succès. A peine avait-il fermé la porte qu'elle se rouvre, et il s'entend appeler par M. de Maurepas, qui lui demande quand il compte donner sa démission; M. de Vergennes étonné d'une telle question, n'y comprend rien; lui demande de quelle démission il veut parler? de la démission de la charge de secrétaire d'état des affaires étrangères, répond M. de Maurepas. M. de Vergennes le crut fol, et lui dit qu'il ne pensait nullement à renoncer au ministère. Ah ! je l'avais cru, dit M. de Maurepas; comment, vous voulez mettre dans votre carrière l'homme le plus ambitieux, le plus intrigant, le plus protégé; et vous croyez qu'il restera où vous le placez sans prétendre à la première place? j'ai cru que votre intention était de la lui céder. Ah ! Monsieur, dit M. de Vergennes, si cela est ainsi, je me garderai bien de faire nommer l'archevêque à cette ambassade; comme vous voudrez, reprit M. de Maurepas, cela dépend de vos intentions. De ce moment il ne fut plus question pour l'archevêque de

M. de Sartines, ministre de la marine, ayant, dans la dépense de son département, considérable-

mission diplomatique ; cette conversation est une scène comique et facétieuse, mais elle n'en est pas moins profondément politique.

M. de Maurepas pour se rendre maître des affaires, avait pris un plan astucieux ; assuré de la confiance du roi, il lui avait tracé la manière dont il devait se conduire vis-à-vis de ses ministres ; qu'il fallait que S. M. adoptât ce que chacun d'eux lui proposait pour son département, parce que nul ministre ne pouvait bien le servir, s'il était contrarié dans l'exécution du plan qu'il avait adopté ; que si S. M. ne voulait pas suivre son avis, le moyen de s'en dispenser était facile : c'était de le renvoyer. Ainsi il a accoutumé le roi à déférer aveuglément à tout ce qui lui était proposé, à ne point se déterminer d'après sa propre opinion qui était juste, et à soumettre sa volonté à l'impression qui lui était donnée ; ce qui avait l'apparence d'une nullité de caractère, qui n'était pas réellement le défaut du roi. Ce prince avait du courage et de la fermeté, et il l'a prouvé quand il a eu à braver les dangers, et non à craindre de commettre des fautes. D'autre part M. de Maurepas avait accoutumé les ministres à se concerter avec lui sur tout ce qui était de quelque importance, et à déférer à ses avis ; s'ils y contrevenaient il les desservait auprès du roi, faisait contre leurs entreprises des objections secrètes auxquelles ils n'étaient point portés de répondre, et qui faisaient impression sur le roi ; et il avait d'autant plus de succès dans ces manœuvres, que personne n'avait plus de talens pour critiquer, déjouer, ridiculiser ; et ne parlait mieux la langue ministérielle, par laquelle on séduit les rois. L'entreprise qu'il avait désapprouvée excitait-elle quelques contradictions, ce qu'il favorisait et qui devenait immanquable, il en prenait connaissance, la tourna en tracasserie, et sous prétexte de l'appaiser, l'envenimait, et   nait à perdre son adversaire. C'est ainsi qu'il a perd   Turgot et M.

ment excédé les fonds qui lui étaient assignés, M. Necker se plaignit de cet excédent de dépense, qui mettait un grand dérangement dans l'ordre établi pour l'acquit de toutes les dépenses ; il demanda le renvoi de M. de Sartines ; et M. de Maurepas non-seulement le lui sacrifia, mais pour éviter à l'avenir les excédens de dépenses dans ce département, qui dans ce moment exigeait les fonds les plus considé-

Necker. Maître des ministres, par une supériorité décidée dans la confiance du roi, maître du roi par la soumission de S. M. aux propositions des ministres que lui-même avait dictées, il était, sans ostentation, le véritable souverain ; il aurait été à désirer que M. de Maurepas n'eût point été mis à la tête des affaires, parce qu'il a donné, ou laissé prendre aux finances une direction qui a conduit à la perte de l'état, et qu'il y a eu dans son administration des vues trop raccordées avec le désir de plaire au public, et avec l'indifférence pour les événemens qui n'avaient que des conséquences qui ne devaient se faire sentir qu'au-delà de la sphère de son existence ; mais puisqu'il était en place, il aurait été à désirer qu'il eût vécu plus long-temps ; la révolution aurait été au moins retardée ; et le roi en acquérant plus d'expérience aurait su s'en garantir ; certainement elle ne serait point arrivées du vivant de M. de Maurepas, car il avait trop de pénétration pour ne pas apercevoir les conséquences funestes et immédiates, qu'ont entraînées l'administration vicieuse, et les fausses dispositions qui ont eu lieu après sa mort ; et il avait trop de crédit sur l'esprit du roi, et trop de dextérité à le manier, pour ne pas s'opposer avec succès aux pernicieuses mesures qui ont été adoptées. Quand M. de Maurepas mourut, l'évêque d'A**** dit sur lui un mot très-juste, et qui se ressent du genre d'esprit de cet évêque ; c'est un de ces mots d'autant plus fin, qu'il est vrai en paraissant faux—Nous avons perdu plus qu'il ne valait.

rables, la guerre étant maritime, il proposa à M. Necker de joindre le ministère de la marine à celui des finances ; et lui cita, pour exemple, M. Colbert, qui avait réuni les deux ministères et y avait eu le plus grand succès ; et il ajouta qu'il ne croyait pas qu'il eut moins de capacité que M. Colbert ; ce que M. de Maurepas ne croyait nullement ; et ce que M. Necker était très-disposé à croire. L'intention sécrète de M. de Maurepas était de compromettre Necker en mettant à découvert son ambition démesurée, qui lui faisait prendre une place et des fonctions dont il n'avait aucune notion, et de le perdre par les fautes qu'il y ferait.

La vanité de M. Necker fut d'abord flattée de gonfler ainsi son existence ministérielle; et il fut tenté d'accepter cette offre insidieuse ; mais après avoir réfléchi que les finances, dont il ne connaissait qu'imparfaitement les erremens, exigeaient déjà tous ses efforts, et que par la diversion d'attention qu'entraînerait l'administration de la marine qui lui était encore plus inconnue, il tomberait inévitablement dans de grandes fautes qui lui feraient perdre sa grande réputation, il renonça à cette place, et préféra de la faire donner à M. de Castries avec lequel il avait des liaisons intimes, et dont, par ce procédé, il s'assurait l'assistance, avec d'autant plus de certitude, que la loyauté de M. de Castries ne laissait aucun doute sur sa fidélité aux engagemens que lui ferait contracter la reconnaissance ; par ce moyen M.

Necker devait être informé de tout ce qui se passerait dans le conseil, et même pourrait y faire proposer ses idées. Mais ce choix n'étant pas dans les vues de M. de Maurepas; et M. Necker ne pouvant espérer de prévaloir sur lui auprès du roi, il prit une mesure détournée pour y parvenir, et trouva le moyen de faire accepter ce choix par le roi, en l'absence de M. de Maurepas *(a)*. Mais il ne tarda pas à payer cher ce triomphe ; et lui-même fut l'artisan de sa chute que facilita M. de Maurepas; c'est ce que nous verrons dans l'exposé de la fin du premier ministère de M. Necker, et de

(a) Un jour que M. Necker savait que M. de Maurepas avait la goutte, il alla le trouver pour se rendre avec lui chez le roi à l'ordinaire ; et quand M. de Maurepas lui eut observé que son incommodité l'empêchait de sortir, il dit que cela étant ainsi, il remettrait son travail avec le roi à un autre jour. A peine avait-il fait cette proposition obligeante, qu'on vint, de la part du roi, dire que S. M. demandait M. Necker : le vieux ministre sentit dans le moment que cet ordre du roi avait été ménagé par M. Necker, et lui fit pressentir que s'il s'avisait de prendre quelques mesures contraires à ses vues, il pourrait s'en repentir ; il prolongea la conversation et lui conta l'anecdote du garde des sceaux, Chauvelin, qui ayant voulu se soustraire à la suprématie du Cardinal de Fleuri, avait été disgracié. L'à-propos était si frappant que M. Necker en rapportant cette conversation, disait qu'il rougissait pour M. de Maurepas de la grossièreté de cette tournure ; mais l'important était de se faire entendre et craindre. M. Necker ne tint compte de l'avertissement, et profita de son travail avec le roi sans inspecteur, pour faire nommer M. de Castries au ministère de la marine.

l'emportement qui lui fit donner sa démission. Plus modéré, plus prévoyant, plus sage, il eût plus ménagé M. de Maurepas, se fut, par lui, plus ancré dans la confiance du roi ; à la mort de ce ministre principal, qui d'après son grand âge, ne pouvait être éloignée, il se serait trouvé indépendant ; et par l'habitude de ses relations, et la nécessité de ses services, par l'ascendant de son département, par la crise des affaires, et l'appui de l'opinion publique qui était en sa faveur, il serait devenu le maître du conseil ; au lieu qu'il n'a dû son retour en place qu'aux fautes de ses successeurs, et n'a acquis cet ascendant, qu'en ouvrant un abîme où s'est perdu l'état.

Dans son second ministère sa conduite n'a pas été plus sage. Quoique le roi n'eut pas en lui une grande confiance ; maître par la défiance que ce prince vertueux avait de lui-même, de lui faire adopter toutes les décisions qu'il lui proposait, il porta plus loin que jamais ses prétentions et sa jactance ; il prit toute contradiction de ses opinions pour une offense qui devait être punie *(a)*. Il

(a) M. Necker dans ses mémoires se fait un mérite de n'avoir pas demandé le renvoi de M. de Barentin qui l'avait contrarié au conseil ; ce qui était de la part de ce garde des sceaux une preuve de justesse d'esprit, et de fermeté de caractère. Comment M. Necker pouvait-il imaginer qu'une contradiction au conseil qui est exigée par le devoir, pût être motif du renvoi d'un ministre, lorsque ce ministre ne contrarie point l'exécution de ce qui a été déterminé. De plus, si M. Necker ne demanda point ce renvoi, il força M. de Barentin à donner sa démission, se servit de l'ascendant qu'il avait acquis pour faire au peuple des concessions qui lui assurassent sa faveur ; et il se servit de cette faveur pour forcer le roi à l'adoption de ce qu'il proposait. Ne dissimulant plus ses manœuvres, il se plut aux marques puériles d'un triomphe, dont l'ostentation avertissait de craindre sa puissance populaire *(a)*.

Après avoir été expulsé du ministère et de la France, pour avoir, par son refus de suivre le roi à l'assemblée nationale, manifesté son dissentiment d'une loi qui n'était pas entièrement conforme à son opinion ; devenu cher à l'assemblée par cette contradiction, et par ce châtiment ; prié par le roi de vouloir bien reprendre sa place dont ce prince venait de le dépouiller, et redevenu ministre du roi malgré le roi ; rentré en France au milieu des acclamations de la nation, il fut ébloui de l'éclat de ce triomphe, et tomba dans des égaremens inconcevables. Par des procédés, un ton, des manières insolites et irrégulières, il indisposa, il offensa les personnes qu'il devait le plus ménager et respecter *(b)*.

---

parce qu'il excita contre lui les députés de l'assemblée nationale sur lesquels il avait alors empire.

(a) M. Necker faisait assiéger sa porte par une populace, qui passait toute la journée à crier *vive Necker*, et il était bien évident que ces clabaudeurs étaient payés.

(b) A son arrivée à Versailles, il alla rendre ses devoirs à la reine, et sans lui en demander la permission, il lui prit la main et la baisa ; cette familiarité impertinente du Génevois, fit sentir à cette princesse, plus que les infractions des droits du roi,

A l'Hôtel de Ville de Paris, il se donna en spectacle, et se montra au peuple qui l'accueillait par des
cris de joie et d'admiration ; et pendant ce temps
sa femme et sa fille s'inclinaient, se prosternaient
devant lui, baisaient respectueusement ses mains, lui
rendaient une espèce de culte religieux ; et l'engouement du moment empêchait de sentir le ridicule
d'une telle scène *(a)*.

M. Necker profitant de cette ivresse du peuple,
proposa de révoquer les peines prononcées contre
les réfractaires au nouvel ordre de choses ; et la
Commune de Paris accorda cette révocation, en
exprimant qu'elle ne s'y déterminait que par recon-

que le trône était ébranlé. Quelque temps auparavant un procédé du même genre avait ouvert les yeux de la maréchale de
B. femme de beaucoup d'esprit, qui était dans le nombre des
partisans de Necker. L'avocat T. s'étant permis de prendre
du tabac dans sa tabatière sans aucune politesse préalable, elle
s'aperçut que l'égalité vers laquelle on marchait pouvait avoir
quelques inconvéniens. Ce n'est pas seulement dans ce siècle,
ce n'est pas seulement sur les femmes que ce manque dans
les manières et les formalités a fait une grande impression.
Quelque temps après que César eut usurpé la dictature, le sénat
lui ayant envoyé une députation, et César s'étant abstenu de
se lever de son siége en recevant les députés, les sénateurs
sentirent leur dégradation plus vivement, que lorsque César
avait contrevenu aux lois. Ce qui tient aux dispositions politiques peut être interprété, la violation des formes et des règles
sociales est un signe évident de manque d'égard, et de mépris.

(a) M. Necker dans le livre qu'il a composé sur son administration dit, que c'est dans ce jour que le peuple Français a
montré un plus grand caractère.

naissance du procédé généreux de M. Necker, qui voulait bien rentrer dans le ministère. Cette disposition considérée en elle-même, et indépendamment de son motif, était juste, humaine, vertueuse ; mais elle excédait le pouvoir de la Commune, et était une usurpation des droits de l'assemblée nationale, qui annulla cette décision, et conçut la nécessité d'arrêter cette fougue populaire ; dès-lors les principaux membres de l'assemblée projetèrent (pour adopter leur expression) de laisser s'USER l'orgueilleux et ambitieux Génevois ; travaillèrent à lui faire perdre son crédit et sa réputation, le tournèrent en dérision, à laquelle il prêtait beaucoup ; et parvinrent à la rendre ridicule; coup le plus dangereux qu'on puisse porter, en France, à un homme qui ambitionne la célébrité ; et ayant perdu l'appui de l'opinion publique, son seul soutien, il fut forcé de renoncer au ministère, et ne sut ni prévenir ce honteux dénouement, ni par le courage de le supporter, en prouver l'injustice.

Son plan d'administration.

M. Necker ainsi vu sous tous les aspects qui peuvent le faire connaître et apprécier, venons à l'esquisse de son administration. Dès son début dans cette carrière, il vit ce qu'il était facile d'apercevoir, qu'étant défavorable comme étranger, n'étant soutenu par aucune parenté, ni par aucune corporation, placé dans le département le moins stable, et dans lequel il aurait à résister à l'avidité des gens en crédit, à la prodigalité de la cour, à la facilité complaisante du ministre principal, étant en butte à la malveillance d'une multitude d'agens du gouvernement, étonnés et fâchés de le voir dans une place éminente, ordinairement occupée par des personnes d'un autre état, il ne pouvait se maintenir dans cette place que par l'affection du peuple; et c'est vers ce but qu'il s'est dirigé dans tout le cours de son administration : en voici les principales dispositions.

Domaines royaux.

L'élément du fisc, qui en formait autrefois presque tout le produit, mais qui n'en était plus qu'une légère portion, consistait dans les domaines corporels de la couronne; un objet d'un produit plus considérable était le domaine féodal, et tout ce qui est compris sous cette dénomination. De grands ministres avaient fait sur ces deux parties des règlemens célèbres; mais il restait encore matière à une grande rectification, particulièrement dans la détermination des faits qui donnaient ouverture à la perception des droits, et dans les exemptions qui en étaient concédées. Nul de ces objets n'a attiré les regards de M. Necker, et ses yeux n'ont pas été plus ouverts sur les divers genres de droits perçus sur les monumens des conventions, et sur les translations de propriété.

Impôts.

Quoique M. Necker se soit vanté d'avoir mis sur tout ce qui étoit soumis à sa direction une empreinte de moralité, il a laissé subsister les impôts les plus injustes, les plus onéreux, ceux même qui sont vicieux et frauduleux par leur nature; tels que la loterie qui pèse principalement sur la misère et la stupidité, et forme une pépinière de crimes; la suppression de cet impôt eût été honorable; et le remplacement par une contribution plus honnête n'aurait pas été fort difficile.

Nous avons vu dans l'exposé du ministère de l'Abbé Terrai, qu'avant qu'il fût en place, des plans avaient été tracés de changement et de rectification des droits sur le sel, et des droits perçus à l'entrée et à la sortie de diverses provinces; que l'Abbé Terrai en avait d'abord reconnu la sagesse et l'utilité, mais ensuite y avait renoncé pour une addition de droits plus lucratifs, mais évidemment vexatoires. Nul de ces projets émanés des administrateurs les plus éclairés n'a été mis à exécution, ni même pris en considération.

Impôts territoriaux.

Sur les impôts territoriaux, sur le perfectionnement des vingtièmes, sur la réforme de la taille, sur la confection d'un cadastre, même nullité. Il avait été inventé un nouveau et ingénieux système de répartition de l'impôt, sur les terres qui établissait

entre elles une gradation de contributions, proportionnée à leur qualité, et plus forte que la proportion
arithmétique. Cette répartition introduite dans la
généralité de Paris, y avait eu un succès marqué,
avait favorisé la culture d'une manière si sensible,
que dans cette province l'exploitation des mauvaises
terres n'avait point été abandonnée; et même
un assez grand nombre de terres, restées jusqu'alors
en friche, avaient été mises en valeur; le recouvrement
des impôts avait été plus facile et plus prompt,
et les contraintes plus rares ; cependant M. Necker
n'a donné aucune attention à un plan de répartition
d'une si grande importance, et qui avait de si grands
succès, soit qu'il ne l'ait pas entendu, soit peut-être
qu'il se soit défendu de donner suite à un perfectionnement d'administration qui, n'étant pas de son invention, aurait conféré gloire à un autre qu'à lui *(a)*.

La seule disposition de M. Necker sur les impôts
territoriaux qui mérite attention, et qu'il a voulu
faire considérer comme un acte de bienfaisance du
gouvernement, envers la nation, est un règlement
par lequel le montant de la taille a été fixé *(b)* ; et il
a été prescrit que les contributions additionnelles, qui
jusqu'alors pourraient être établies sans formes légales

(a) L'auteur de ce plan de contribution était l'Intendant de
Paris, M. Berthier, administrateur très-intelligent, trop peu connu,
victime de son zèle dans les premiers momens de la révolution.

(b) Il ne s'agit que de la seconde ligne de la taille,

et constitutionnelles, ne pourraient plus l'être qu'avec ces formes ; disposition juste en ce qu'elle régulariï sait ce genre de contribution, mais disposition de peu d'importance dans ses effets, parce que depuis un assez long-temps, il n'avait été fait que des additions minuticuses à cette contribution, reconnuc comme étant d'un genre vicieux et onéreux. Mais ce règlement n'était pas seulement peu important et peu utile ; il était évidemment injuste et vexatoire, en ce qu'il ordonnait que les contributions temporai-res, créées pour l'utilité particulière d'une province ou d'une commune et qui devaient cesser avec le be-soin pour lequel elles étaient établies, seraient perpé-tuelles ; et qu'après le terme jusqu'auquel elles de-vaient originairement subsister, le produit en serait versé au trésor royal. Cet envahissement et cette usur-pation des contributions provinciales ou communales, leur prorogation, leur perpétuité, n'avaient pas même un prétexte plausible ; et cette disposition était d'autant plus inique, que ceux qui en étaient grevés avaient plus de droits à en être affranchis. Les contribuables qui avaient eu l'énergie de se livrer à quelques grandes entreprises, de faire quelque ouvrage utile, de réparer des désastres, et s'étaient pour cet effet soumis à une contribution extraor-dinaire, en étaient punis par la perpétuité de cette charge ; tandis que les provinces, qui n'avaient point eu le même courage, ou pour pourvoir à leurs besoins actuels avaient mis à contribution l'avenir

par des emprunts sans prendre aucune mesure de
libération, échappaient à cette vexation. Quelle
leçon pour les peuples !

Régie des impôts et comptabilité.

Dans le mode de perception des impôts, le temps
du payement, le genre, la sévérité, la multiplicité des contraintes, nul changement, nul soulage-
ment pour les contribuables ; mais sur les avantages accordés aux agens de cette perception, il a
été fait une rectification notable. Depuis long-
temps il était d'usage d'affermer les droits sur les
consommations, et autres droits que les impôts
personnels et territoriaux ; cette forme d'administration avait été jugée convenable, et même
nécessaire pour exciter la vigilance et l'industrie
financière, et rendre le revenu de l'état indépendant des événemens ; deux idées également fausses ;
l'activité des percepteurs des contributions peut-
être électrisée par une régie intéressée et surveillée ; et la prétendue garantie du produit de ces
droits est si illusoire, que jamais elle n'a été onéreuse aux fermiers. M. Necker a introduit une
forme mieux entendue, mieux combinée. Il a laissé
subsister le titre de ferme, dont quelques circonstances exigeaient la conservation ; mais il a inséré
dans le bail de telles dispositions, qu'il en a formé

à très-peu de choses près une régie, ce qui a fait cesser les gains exorbitans de la finance *(a)*.

Il n'a pas mis un ordre moins louable dans la comptabilité ; des mesures sages ont été prises pour empêcher la stagnation des deniers dans les mains des receveurs ; et la rentrée des contributions dans le trésor-royal a été accélérée.

Institutions bienfaisantes.

Il devait être dans le plan de M. Necker d'attacher un grand éclat à son administration par des institutions de bienfaisance ; mais sur cet article il ne paraît pas qu'il ait plus fait que ses prédécesseurs ; et même pendant son premier ministère les cultivateurs, qui par le désordre des saisons ont souffert des pertes considérables, n'ont pas obtenu des remises d'impôts aussi fortes que dans quelques années antérieures. Les malades accumulés dans les hôpitaux y ont comme auparavant péri par les secours même qu'on leur accordait *(b)*. Les

(a) Lorsque les produits ne montaient qu'à une certaine somme, c'était un véritable bail ; mais cette somme était à un taux si bas que toujours les produits la surpassaient ; pour l'excédant, jusqu'à une certaine somme, le roi partageait avec les fermiers ; au-dessus de cette somme les fermiers n'avaient plus qu'un émolument qui équivalait à-peu-près à la rétribution admise dans une régie, et toujours le produit des impôts a excédé ce terme.

(b) Mme. Necker a *fondé* à *Paris*, aux frais du gouvernement, un petit hôpital, qu'elle a dirigé avec une grande intelligence, et

débiteurs, réunis dans les prisons avec les crimi-
nels, ont été infectés de la contagion du crime ;
il n'a point été pris de mesures pour diminuer l'effrayante mortalité des enfans délaissés par leurs
parens, et livrés à la charité publique. Quels
grands chemins, quels canaux ont été ouverts ?
quels ponts ont été construits ? quels marais ont
été desséchés ? quels monumens ont été élevés ?
quelles manufactures ont été établies ?

Il n'est pas possible non plus de donner de grands
éloges à la suppression de la main-morte dans les
domaines du roi ; disposition louable comme
exemple, mais bien peu importante comme sacrifice
généreux ; car la perte que le fisc a faite par cette
suppression a été si minutieuse, que M. Necker
n'a jamais osé en déolarer le montant. Il ne fallait pas s'arrêter à donner sur cet article un exemple ; il fallait ordohner la suppression générale de
ce droit, sauf une indemnité pécuniaire, ou une
redevance territoriale ; et l'opinion publique était
si fortement prononcée sur cet objet, qu'elle aurait
imposé silence à toute réclamation, et surmonté tout
genre de résistance. *(a)*

une grande économie ; mais cet établissement était si minutieux,
quo l'intention a été louable, et le plan bon, sans que l'effet
ait été fort utile, si ce n'est comme modèle.

(a). Les difficultés qui se sont rencontrées en Pologne et en
Russie à l'affranchissement des serfs, tenaient à un défaut de
civilisation et de commerce qui n'existait point en France.

Si M. Necker en était cru, il faudrait que l'opinion publique lui tînt compte même des institutions de justice et de bienfaisance qu'il a imaginées sans les mettre à exécution. Il rapporte une loi, qu'il avait préparée, qui supprimait absolument le droit d'aubaine, et il voit ce projet comme un grand acte de justice envers l'humanité, et une disposition politique avantageuse pour la France ; mais ce projet même découvre une grande ignorance de la nature et des effets de ce droit. Que l'étranger résident en France y puisse hériter et transmettre sa succession à des personnes capables de la recevoir, c'est une disposition équitable et politique ; mais que le citoyen d'un état où l'aubaine est admise puisse hériter des biens situés en France et appartenans à un Français concurremment avec les parens Français, égaux en degré de parenté, c'est donner aux Français un désavantage intolérable *(a)*.

Crédit et emprunts.

La partie brillante de l'administration de M.

(a) Qu'on suppose quatre frères, Antoine, Jean, Pierre, Jacques : les deux premiers restent en France, les deux derniers passent en Angleterre, et y sont naturalisés. Qu'on suppose Jean mourant sans enfans, ses biens situés en France, passeront à Antoine (Français) et à Pierre et à Jacques (Anglais) ; mais que Jacques meure sans enfans, Pierre (Anglais) hérite seul des biens situés en Angleterre, et cette injustice se perpétue pour la postérité des quatre frères, et a lieu par les alliances comme par la parenté.

Necker est le maniement du crédit public ; et il était naturel qu'il eût des succès dans une partie de finance intimement liée aveo des opérations de banque, dans lesquelles il excellait. En effet, nul ministre en France n'a porté plus loin l'art d'inspirer de la confiance aux capitalistes, et n'a mieux réussi à obtenir l'argent de l'étranger ; *(a)* nul n'a élevé les emprunts à des sommes plus fortes, ne les a, en temps de guerre, constitués à un denier plus faible, et n'est parvenu à les faire remplir plus promptement. Presque tous les emprunts sous les précédens ministères ont perdu, les siens ont gagné ; et telle a été son industrie, qu'un emprunt a conduit à en ouvrir un autre, et à obtenir l'argent à un taux inférieur. *(b)*

Cependant, en rendant justice à la grande habileté de M. Necker dans l'usage du crédit public, et l'extension qu'il a su lui donner, on doit observer que ses emprunts sont devenus plus onéreux que ne l'indiquait le taux de leur constitution ; parce que c'est alors que les étrangers, et surtout les Génevois, se sont livrés à des spéculations sur les

(a) Dans l'emprunt de 1781, les soumissions de l'étranger ont été portées jusqu'au tiers du total de l'emprunt, sauf les reventes faites ensuite aux nationaux.

(b) A la vérité, le dernier emprunt, ouvert par M. Necker, pendant son premier ministère, a échoué ; mais ce n'est pas par défaut de combinaisons, mais parce que M. Necker ayant été déplacé, il n'a pas été à portée de le soutenir, et de le faire valoir.

placemens en viager, et que par des combinaisons
licites, mais artificieuses, ils ont diminué les chances
de la mortalité et prolongé la durée des rentes.
Mais ce qui mérite plus de considération, il eût
été à désirer qu'un homme à grandes vues, tel que
M. Necker prétendait être, et tel qu'il s'est montré
dans quelques spéculations, eût cherché la refonte et la corroboration du crédit dans des principes
de législation, en raccordant l'organisation de la
dette publique avec la constitution de l'état; en assurant le payement des arrérages des nouveaux
emprunts par un assignat spécial; en admettant ces
arrérages en payement des impôts, ou par d'autres
moyens d'ordre public plus solides, plus efficaces,
plus stables que des manœuvres de banque.

Ce qui doit encore surprendre, et qu'on ne peut
voir qu'avec peine, est, qu'un ministre qui a tant
vanté la pureté de ses principes, ait plus qu'aucun
de ses prédécesseurs fait usage d'un genre d'emprunt essentiellement immoral, puisqu'en portant
les citoyens à des placemens d'argent bornés au
terme de leur existence, il inspire l'égoïsme, et
détruit l'esprit de famille et de civisme. Un tort
qui n'est pas moins répréhensible est, que par jactance et pour séduire la nation, M. Necker s'est
abstenu de donner une base à ses emprunts, et
n'a point augmenté la recette en proportion de
l'augmentation des charges; il y a eu une année
où la dépense extraordinaire a monté jusqu'à cent

cinquante millions, sans qu'il ait été créé un seul impôt. M. Necker annonçait qu'il était pourvu au payement des arrérages des nouveaux emprunts, par des économies et des diminutions de dépense ; mais comme ces économies et ces diminutions de dépense étaient ou minutieuses ou illusoires, son successeur a été obligé d'assurer le payement des dettes par une création d'impôts d'autant plus forte, qu'elle avait été plus retardée.

Moyens politiques d'administration des finances. Des assemblées provinciales.

Si nous suivons M. Necker dans les moyens politiques qu'il a employés pour l'admission et le soutien de ses moyens de finance, nous trouvons encore nombre de fautes, et d'un genre plus grave. Son début a été de transférer aux contribuables la répartition des impôts, dans les provinces où elle avait lieu, par les agens de la couronne ; et d'abord il a nommé la réunion de ces députés des contribuables, administrations provinciales, et non assemblées, afin d'écarter l'idée d'une création de corps politiques, qui était contraire à l'intention et aux erremens du gouvernement. En ne considérant ces établissemens que comme administratifs, ils étaient nuisibles au fisc, en ce qu'ils produisaient déchéance dans les revenus de l'état ; car les contribuables, fixant eux-mêmes le taux de leurs contributions, une indulgence réciproque empêchait que la contribution, qui n'était pas solidaire, fût portée à sa véritable valeur ; aussi est-il devenu indispensable d'admettre dans ces provinces, comme dans les pays d'état, un abonnement de l'impôt du vingtième ; et sans cet abonnement, cet impôt serait sans cesse déchu, tandis que dans les pays où suivant son essence il n'était limité ni par des abonnemens, ni par des restrictions parlementaires, il faisait annuellement des progrès considérables, en proportion des progrès de la valeur des productions territoriales et industrielles.

Désavantageuses pour le fisc, ces assemblées étaient encore vicieuses dans leur organisation ; car s'il était sage et juste d'admettre l'intervention des contribuables dans la répartition des impôts qu'ils supportaient, il était expédient que ces fonctions fussent bornées à l'inspection, à la révision, à la censure de la répartition faite par un expert dans ce genre, qui fût sans intérêt personnel dans cette opération ; et un tel ordre eût été conforme à l'organisation des corporations politiques, où l'action doit être confiée à un seul, la révision à plusieurs. *(a)*

(a) L'objet ostensible et énoncé de la création des assemblées provinciales, était de remédier aux abus qui peuvent se glisser dans la répartition ou le recouvrement des impôts, ou dans l'emploi des fonds pour des dépenses locales ; mais il y a lieu de croire que sur ces objets il s'en fallait beaucoup que les erreurs et les abus fussent moindres dans les pays d'état, où des

Il paraît que M. Necker n'a point su, que les fonctions conférées à ces administrations ou assemblées provinciales, étaient à-peu-près les mêmes que celles que les états séditieux de 1356 avaient forcé le gouvernement à donner à des députés des provinces qui avaient été nommés *élus*, et avaient été chargés de la répartition et du recouvrement des impôts ; que les élus ayant favorisé les contribuables, auxquels ils devaient leur élection, il avait été nécessaire pour soustraire les élus à la dépendance des électeurs, d'en remettre au roi la nomination : que les rois, par un autre abus, avaient vendu leur nomination, et avaient, pour l'institution, exigé une finance ; que ces élus, bien ou mal choisis, ignorant les principes d'une juste répartition de l'impôt, et favorisant les lieux ou les cantons où ils avaient des propriétés, il avait été jugé expédient de ne leur laisser qu'une voix consultative, et de donner la voix décisive à un préposé *(a)* du gou-

députés de la province, étaient chargés des fonctions attribuées aux administrations provinciales ; et dans les pays d'élection les erreurs et les abus auraient pu être corrigés bien plus efficacement, si les ministres des finances y avaient porté une inspection plus attentive, et si la plupart d'entre eux n'avaient pas été, par leur ignorance de cette partie de finance, hors d'état d'en juger ; incapacité dont le reproche doit porter sur M. Necker plus que sur tout autre.

(a) Cette fonction a d'abord été confiée à un trésorier de France établi dans la province ; puis à un membre du conseil du roi, étranger à la province, commissaire du roi en cette partie.

vernement, formé à l'administration, instruit des principes qui doivent régir les contributions, et étranger au pays sur lequel était réparti l'impôt; que d'après cet ordre d'administration que supprimait M. Necker sans le connaître, la répartition des impôts avait été faite avec plus d'intelligence et moins de partialité que dans l'ordre précédent. Il en avait été comme des nominations aux bénéfices ecclésiastiques, qui, de l'aveu de tous les historiens, ont, malgré la corruption des cours, été meilleures et plus justes, depuis que les rois s'en sont emparés, que lorsqu'elles étaient livrées aux suffrages du peuple ou des ecclésiastiques.

On peut aussi présumer que M. Necker a ignoré que l'attribution à ces assemblées de la répartition des impôts, avec interdiction de la formation d'un vœu sur leur création, était une infraction essentielle des lois; car toutes les provinces de France avaient le droit de n'être soumises qu'à des impôts qu'elles avaient consentis; jamais elles n'avaient été légalement privées de ce droit; les provinces de l'intérieur n'en étaient plus en jouissance depuis plusieurs siècles, parce que, depuis ce temps, leurs citoyens n'avaient point été assemblés, mais du moment où ils l'étaient, ils devaient rentrer dans l'exercice de leurs droits et consentir les impôts *(a)*.

(a) Suivant le droit originaire de la France, qui est le droit de tous les états, dont le gouvernement n'est pas despotique, la création d'un impôt doit être fondée sur un vœu national. Vers

Ainsi M. Necker en faisant une concession d'une haute importance, et qui restreignait essentiellement les droits dont le roi était en possession, portait au droit national une atteinte légale, que jamais n'osa se permettre le gouvernement dans le paroxisme de sa puissance *(a).*

le seizième siècle des impôts ont été créés en France, sans l'intervention de ce suffrage ; mais par provision, eu égard à l'urgence des circonstances et sans préjudice du droit de la nation, cette réserve a subsisté pendant quelque temps, puis elle a été omise. Cependant jamais la couronné ne s'est attribué expressément et textuellement le droit d'imposer sans le consentement national. Dans les provinces qui n'avaient point d'états, la création d'une contribution n'était sujette, qu'à un enregistrement dans les cours de parlement, que ces cours regardaient comme une sanction politique ; mais dans lequel la couronne ne voyait qu'une notification nécessaire pour l'exécution.

(a) Une des provinces à laquelle fut accordée une assemblée provinciale, la refusa parce qu'elle n'y vit qu'une dérogation à ses droits ; il était facile de prévoir qu'un long-temps ne se passerait pas, sans que ces nouvelles assemblées réclamassent le consentement à l'impôt, qui leur appartenait essentiellement ; et que d'après l'évidence de ce droit il faudrait ou accroître la concession ou la révoquer. La nécessité d'un changement et d'une commotion était si évidente que plusieurs de ces nouvelles assemblées l'ont reconnu, et ont déclaré de leur propre mouvement, que si de la concession qui leur était faite, il résultait par la suite quelque trouble dans l'ordre public, cette concession devait être révoquée. Tel était alors l'état de l'opinion, et du sentiment national ; et c'était un contraste bien surprenant que le dépositaire de l'autorité royale n'eut aucune crainte du sacrifice qu'il en faisait, tandis que les corps auxquels était fait ce sacrifice en prévoyaient les conséquences, et s'en montraient effrayés.

En même temps que M. Necker enfreignait le droit public de France, il portait atteinte au ressort secret de son gouvernement. Dans tous les états, indépendamment des lois authentiques et solennelles, il est un usage de la puissance, qui n'est point autorisé par les lois, et qui même n'est pas exactement conforme aux rigides principes de l'équité, mais que nécessitent la faiblesse et la corruption humaine, et qui est indispensable pour faciliter l'action du gouvernement qui ne pourrait être arrêtée, sans compromettre la stabilité du corps politique, et la sûreté de ses membres ; le ressort secret, alors employé en France pour faire admettre les nouveaux impôts, était de les établir d'abord dans les provinces où les citoyens ne s'assemblaient pas, par des lois qui n'étaient sanctionnées que par un simple enregistrement dans les cours de justice, dont la résistance était modérée et pouvait être surmontée par des voies d'autorité ; l'impôt étant admis dans ces provinces, les pays d'état étaient obligés de s'y soumettre par assimilation, et par l'obligation de supporter leur part des charges publiques, et ils y étaient engagés par un traitement favorable. Dès-lors que cette manœuvre ministérielle, irrégulière, injuste, mais inévitable dans cet ordre de choses, aurait été supprimée, il fallait s'attendre que chaque province remise en état de prendre connaissance de sa situation, et de ses droits, exigerait la réduction de son contingent dans la masse des impôts, et que

la répartition et le recouvrement de ces impôts lui
étant livrés, elle se ferait elle-même la justice qu'elle
aurait réclamée ; et encore dans la proportion des
charges de l'état qu'elle consentirait à supporter, il
était fort à craindre que son intérêt ne falsifiât son
opinion *(a)*. D'autre part, les pays d'états ne vou-
draient certainement pas renoncer aux avantages
dont ils étaient en jouissance, et éprouver dans leurs
anciens impôts une crue énorme, indépendamment
de celle à laquelle ils seraient assujettis pour les impôts avenir ; ils réclameraient, avec une force irrésistible leur pacte fédératif et la prérogative de
n'être imposés que de leur consentement, et seraient
encore soutenus dans cette réclamation par l'auto-

(a) Indépendamment de ces difficultés sur la proportion à
établir dans la répartition des impôts généraux, pouvait-on
espérer que les provinces admises à former un vœu décisif sur
leurs contributions particulières, se seraient soumises facilement à celles qui auraient eu pour objet une dépense qui ne
leur eût pas été particulièrement avantageuse, et moins encore
quand cette dépense leur eut été onéreuse et désavantageuse, quoique
utile au reste du royaume ; comme le redressement de la direction
d'un chemin ou une mesure qui eut transféré une branche de commerce d'une province à une autre ; et la difficulté d'obtenir le
consentement] de la province désavantagée se serait rencontrée
d'autant plus souvent, que les provinces qui n'étaient pas
pays d'états, étant pour la plupart placées dans l'intérieur, elles
avaient des relations et des points de contact avec nombre
d'autres provinces ; vis-à-vis desquelles leurs intérêts se trouvaient
fréquemment en contradiction.

rité du temps, qui semble justifier même l'injustice. De plus les provinces frontières dont la plupart étaient imposées à un taux inférieur à celui des provinces de l'intérieur, subiraient-elles une grande augmentation d'impôts, sans y opposer une grande résistance? cette résistance fut-elle surmontée, comment empêcher que les habitans de ces provinces passassent dans les états voisins, où l'impôt est moindre? Ne pas prévoir ces conséquences était un manque de vues inexcusable; s'y exposer sans se pourvoir de moyens de répression, était la plus haute et la plus dangereuse des imprudences *(a)*.

Compte des finances.

L'innovation dans l'administration des finances à laquelle M. Necker a attaché une plus grande importance, est la publication annuelle du compte des revenus et des dépenses de l'état. Le compte qu'il en a rendu en 1781, a été fait avec un grand art; il n'y avait point d'article important précisément faux; et le compte était attaquable, plutôt

(a) Ces innovations en nécessitaient une plus grande, le retour des états-généraux ; et à cette époque, il n'était rien moins que certain que plusieurs provinces reconnussent dans ces états, la puissance d'abroger leurs priviléges ; et de-là devait résulter une dissension funeste, qui n'a été prévenue et surmontée, que par l'effervescence et les dispositions favorables, dont s'est prévalue l'assemblée nationale.

par ce qu'il omettait que par ce qu'il énonçait. La dette qui n'était point constituée, et les arrérages dus depuis plusieurs années n'entraient pas en ligne de compte, et l'évaluation du terme moyen des dépenses extraordinaires était prodigieusement au-dessous de ce qu'elle devait être; mais ces défauts n'ont point été aperçus, et le compte présentant un excéden de revenu au lieu du déficit qui existait réellement, a donné à l'état un grand crédit, et à l'auteur une réputation qui a été jusqu'au plus grand enthousiasme.

Cependant ce compte est dressé sur un plan très-mesquin et peu digne de la majesté royale. Un compte rendu au nom d'un roi à une nation, n'est point de la même nature que ceux rendus par des banquiers à leurs commettans; il faut dans un tel compte exposer les besoins de l'état qui ont nécessité les impôts, l'expulsion des ennemis du territoire de l'état; ou des conquêtes, si ces conquêtes sont nécessaires à la sûreté; ou d'autres grands objets de salut public et de prospérité; il faut mettre au jour non-seulement la masse totale du revenu, mais les diverses partitions de ce revenu, leurs progrès ou leur déchéance, et les causes de l'un et de l'autre. Voilà ce qui fait connoître à une nation, la situation et le mérite du gouvernement; et voilà ce qui a été omis dans les comptes de M. Necker.

Quant à l'exposé arithmétique de la recette et de la dépense, il est dû; et c'est un acte de justice du gouvernement envers les sujets ; mais ce devoir de la couronne pouvait être mieux rempli par les états remis à la cour de justice instituée pour connaître de la comptabilité, pourvu que cette comptabilité fût rétablie dans l'état dans lequel elle devait être suivant les lois ; alors la vérité des faits par la représentation et la vérification des pièces justificatives, aurait eu bien une autre certitude, que des assertions ministérielles dépouillées de preuves, et dont la contradiction loin d'être autorisée, était dangereuse *(a)*.

D'ailleurs dans l'ordre des choses alors existent, une balance avantageuse dans le compte des finances ne donnait aucune sûreté pour les deniers empruntés, d'autant que la dépense n'étant ni fixée, ni réglée, ni dépendante d'un vœu national, ni contenue par aucune barrière, la survenance de nouveaux besoins, ou d'une administration désordonnée, changeait la situation des finances et faisait disparaître la sûreté existante dans le temps de l'emprunt *(b)*.

(a) En Angleterre les états de recette et de dépense (les budgets) sont présentés au parlement qui a pouvoir et moyen de vérification.

(b) Sans diminuer le mérite, et même sans nier la nécessité de l'exhibition de l'état de la fortune publique, on peut observer que dans l'état des choses existant en 1781, il était un moyen plus efficace d'alimenter le crédit de l'état, eu égard au caractère de la nation Française, qui est surtout influencée par le traitement du moment. Que le Français fut exactement

Au reste, quelle que soit sur ce point l'opinion, était-il prudent, était-il sensé d'introduire cette publicité de l'administration, quand elle mettait à découvert des inégalités et des injustices entre diverses classes des sujets, et entre diverses provinces ; d'énormes dépenses faites sans avantage réel ; le traitement des officiers s'élevant à une somme aussi forte, que celui des soldats, des dons sans causes, une exagération récente de la masse des pensions, nombre d'autres grands abus sans qu'il fût pris des mesures pour les réformer. Dans une telle situation l'in-

payé à chaque échéance, et il aurait porté dans les emprunts publics, jusqu'à son dernier écu disponible ; c'est ainsi qu'on jugeait le célèbre M. Desmarets, le ministre qui a régi la fortune publique dans le temps du plus grand discrédit. Lorsque les finances étaient dans un état florissant, une notice de leur situation n'était pas fort nécessaire, d'autant qu'on faisait alors peu d'usage du crédit ; et s'il était expédient d'ouvrir quelque emprunt, il était facilement rempli. Mais s'il survenait une crise, si la dette arriérée était énorme, si les revenus à venir étaient consommés par anticipation, il aurait été nécessaire de révéler ce dangereux secret, dont la publicité aurait mis un obstacle au succès d'emprunts, qui pouvaient être alors instans et indispensables ; on aurait donc été réduit à recourir à la dissimulation, et quel système que celui qui oblige à dissimuler même sans être assuré de tromper. Cependant lorsqu'il y a dans de telles circonstances, exhibition de la fortune publique, la nécessité de l'ostentation de moyens qui ne sont pas réels est si démontrée, que comme nous l'avons observé, M. Necker lui-même a été obligé d'y recourir en 1781, quoiqu'alors les finances fussent dans un état brillant en comparaison de celui dans lequel elles ont été depuis.

troduction de la publicité des opérations de l'administration était un appel au peuple contre la puissance royale, fait par l'administrateur de cette puissance.

Ce compte auquel M. Necker mettait tant d'intérêt, et attribuait tant d'importance, fut l'objet de plusieurs critiques peu dignes d'attention. Il y en eût une qui, sans être fort supérieure aux autres, eut plus de cours dans le public *(a)*. M. Necker

(a) M. Necker ne put voir qu'avec une colère, qui allait jusqu'à la fureur, les critiques de son compte ; non-seulement c'était une offense essentielle de son amour-propre qui était fort susceptible et très-disposé à l'inflammation ; mais il voulut qu'on y vît un crime d'état, et il observa, non sans quelque raison, que ce compte ayant servi à faire remplir l'emprunt de soixante millions, et ayant relevé le crédit public, au point que cet emprunt gagnait dix pour cent, en attaquer la vérité, c'était faire le même mal à l'état que si l'on mettait le feu à la flotte de Brest ; mais toutes les critiques qui parurent étaient si mal conçues, tellement portant sur des détails, et si mal écrites, qu'elles auraient fait peu de sensation, si M. Necker ne leur eut donné consistance par sa sensibilité. Celle qui lui fit le plus d'impression, et qui fit plus de bruit dans le public, fut le produit d'une perfidie si odieuse que l'aventure mérite d'être rapportée. B****, qui avait quelques notions de finance, mais de détail et bien imparfaites, et qui était dans la dépendance d'un ennemi de M. Necker, avait fait une entreprise de commerce, pour laquelle il avait besoin d'un privilége, sans lequel son entreprise manquait, et il était ruiné. Les intendans du commerce avaient refusé le privilége. B**** trouva accès auprès de M. Necker, de qui il obtint qu'il l'entendrait contradictoirement avec les intendans du commerce, forme bien peu convenable, mais dont M. Necker ne sentait pas l'inconvenance.

voulut en faire punir l'auteur. Il demanda que les faits rapportés dans son mémoire, et dont la vérité était contestée dans cette critique, fussent vérifiés au conseil : mais on lui fit entrevoir que cette vérification pouvait n'être pas pour lui sans inconvénient, et même sans danger ; que dans cette discussion on n'examinerait pas seulement si le compte contenait quelque erreur, mais si la publicité de ce compte était une détermination sage, et si elle avait dû avoir lieu avant qu'il en eût été délibéré au conseil ; que d'autres questions encore seraient agitées plus importantes que l'exagération légère de quelques articles de revenu, ou l'omission de quelques parties de dépense minutieuses, objets sur lesquels il

Après une discussion longue et vive, M. Necker donna raison à B****, qui demanda que la décision lui fut sur le champ délivrée ; et pendant qu'on la rédigeait, il faisait à M. Necker les plus grands remercîmens, louait la supériorité de génie avec laquelle il avait découvert le point de décision, protestait qu'il lui devait sa fortune, &c. &c. Ces remercîmens furent interrompus parce qu'on demanda à parler à M. Necker ; c'était un exempt de police qui venait l'avertir, que d'après les ordres qu'il avait donnés, les perquisitions les plus exactes avaient été faites pour qu'il ne parût aucun écrit contre le compte des finances, et qu'on venait de découvrir qu'il en existait un à la recherche duquel on avait mis les agens de police. M. Necker recommanda la plus grande activité, dit qu'il ne fallait point épargner l'argent pour parvenir à saisir cet écrit, et que ceux qui y parviendraient seraient bien récompensés. En effet on y parvint ; le soir on lui apporta le manuscrit ; il était de B****.

voulait prouver l'exactitude de son exposé. Ces considérations, sans calmer l'humeur et l'indisposition de M. Necker, l'empêchèrent de donner suite à cette affaire ; il éprouva encore quelques autres désagrémens, et voulant obtenir une indemnité par une concession qui l'honorât et prouvât son crédit, il demanda d'être admis au conseil malgré sa qualité de protestant. N'ayant pu l'obtenir, pour y contraindre, il offrit sa démission, dans la confiance qu'elle serait refusée ; mais elle fut acceptée, beaucoup plus facilement qu'il ne s'y attendait ; et sans qu'il obtint aucune marque de satisfaction de ses services ; ce qui n'était ni juste ni convenable. Le roi, jeune encore, suivit trop les impressions qui lui étaient données par M. de Maurepas, en qui il avait principalement placé sa confiance, et qui s'apercevant que M. Necker cherchait à se rendre indépendant, et que ses entreprises commençaient à devenir dangereuses, l'avait fortement desservi dans l'esprit de S. M.

Résultat du premier ministère de M. Necker.

MAINTENANT si l'on analyse ce ministère, tant vanté dans le temps, surtout par M. Necker lui-même, quel résultat offre-t-il ? Il existait nombre d'impôts d'un genre vicieux et oppressif, nul n'a été supprimé ; des impôts justes et nécessaires, nul n'a été rectifié. Sur la perception des impôts et les contraintes qu'elles entraînent, nul adoucissement; dans les dépenses du gouvernement, nulle réforme remarquable; dans les libéralités du prince, et le luxe de sa cour, nulle réduction sensible; nul accroissement des secours accordés aux contribuables, victimes du dérangement des saisons; nulle fondation de bienfaisance; nul ouvrage qui enrichisse l'état; nul monument qui l'illustre. L'aspect sous lequel ce ministère peut être vu avantageusement, est le crédit public; il a été manié avec une grande habileté; les emprunts ont été portés à une plus grande somme que par le passé; l'argent a été obtenu à un intérêt moindre; le crédit, par un phénomène de finance fort surprenant, s'est accru par l'usage qui en a été fait; le taux des fonds publics de France est haussé, tandis que le taux des fonds Britanniques est baissé; la guerre a été soutenue sans impôts, par un tour de force ministériel sans exemple en France. Des éloges sont aussi dus à la rectification de la régie des impôts, et de la comptabilité; mais ces derniers objets sont d'un ordre secondaire en administration; et le succès des emprunts ne peut faire perdre de vue qu'ils ont été d'un genre immoral, et ont été dépourvus de base, pour satisfaire la vanité de leur auteur. Quant aux institutions politiques relatives à l'administration de la finance, celles supprimées l'ont été sans les connaître; celles qui leur ont été substituées ont été mal organisées; elles ont été telles, qu'elles ne pouvaient subsister avec celles restantes, et qu'il fallait les restreindre ou les étendre ; extension qui pouvait entraîner la subversion de l'état, ainsi que l'a démontré le second ministère de M. Necker.

M. DE CALONNE.

Il était plus facile de renvoyer M. Necker que de le remplacer ; le plan de séduction qu'il avait adopté, la faveur populaire qu'il avait obtenue, rendaient embarrassante et pénible la place de son successeur. Depuis long-temps M. de Calonne ambitionnait cette place ; mais la conduite qu'il avait tenue jusqu'à ce jour n'était pas de nature à le faire voir favorablement par M. de Maurepas ; il imagina qu'il pouvait lui donner une haute opinion de ses talens, en se ménageant une occasion de traiter une affaire devant lui, et parvint à trouver cette occasion ; mais l'étourderie qu'il y montra le décrédita et le perdit dans l'esprit de M. de Maurepas *(a)*.

(a) M. de Calonne, comme intendant de Flandre, suivait au conseil relativement à l'emploi des biens des Jésuites, une affaire qui éprouvait des difficultés ; il trouva un prétexte pour engager M. de Maurepas à en prendre connaissance. Le contradicteur de M. de Calonne dans cette affaire était M. de N****, maître des requêtes, qui avait la direction de ce genre d'affaires ; homme de beaucoup d'esprit, ayant plus de capacité, plus de mesure, et plus de talens réels que M. do Calonne ; il était nouvellement au conseil où il avait été appelé par son ami et son protecteur, le garde des sceaux Miroménil, qui comme chef de la magistrature en partageait les sentimens, et n'aimait nulle-

Lorsque le garde des sceaux, Miroménil, vit la disgrâce de M. Necker déterminée, il proposa pour le remplacer M. de Fleuri, conseiller d'état, à qui nous avons déjà vu que, sous le règne précédent, cette place avait été offerte. M. de Fleuri avait beaucoup d'esprit, mais ce n'était pas le genre d'esprit qui convient le mieux aux affaires ; il avait plus de réputation que de talent réel ; il mettait beaucoup de finesse dans ses procédés, et ses ennemis prétendaient que cette finesse allait au delà des bornes que prescrivent la véracité et la loyauté ; ceux qui le jugeaient moins défavorablement, trouvaient qu'il n'était pas très-fin, puisqu'il laissait voir qu'il l'était.

M. de Miroménil ne l'aimait pas, et se méfiait de ses vues sur la première place de la magistrature ; c'était pour l'en écarter, qu'il voulait lui en faire prendre une où l'on ne restait pas long-temps sans tomber dans la défaveur. M. de Maurepas lui dement M. de Calonne. Quand l'affaire fut discutée en présence de M. de Maurepas, M. de Calonne prit d'abord un ton avantageux, décisif, impérieux, vis-à-vis M. de N****, qui le laissa piaffer pendant quelque temps, puis établit que l'inexactitude des faits que citait M. de Calonne, était prouvée par des assertions émanées de lui-même ; que les principes qu'il voulait faire adopter, étaient en contradiction avec des opinions que lui-même avait précédemment soutenues dans une affaire du même genre, et la démonstration fut si évidente que, M. de Calonne fut obligé de se désister de ses prétentions. Tant que M. de Maurepas a vécu, M. de Calonne n'a pu se relever de cet échec.

manda au nom du roi de prendre l'administration des finances *(a)*, et lui dit que S. M. lui en saurait gré, comme d'une marque de zèle et de dévouement, et que l'acceptation de cette place, loin de l'écarter d'aucune autre, le conduirait à celles qu'il pouvait désirer. M. de Fleuri accepta, mais, pour marquer qu'il ne prenait l'administration des finances que d'une manière précaire, il ne s'établit point à l'hôtel du contrôle, et ne prit pas même le titre de contrôleur-général, qui, en effet, n'était pas nécessaire pour administrer les finances, car cette administration n'était attribuée qu'au titre de conseiller au conseil royal des finances.

Le plan qu'il adopta, et qu'il suivit, autant que le permit la nature des choses, fut de contrarier le sys-

(a) Nous avons vu que M. de Fleuri avait déjà refusé cette place lors de la démission de M. Dinvau, mais les motifs qui avaient déterminé précédemment son refus, déterminèrent alors son acceptation : à la première époque, c'était le chancelier de Meaupou qui lui proposait le contrôle général ; et ce chancelier était mal avec le parlement, auquel M. de Fleuri tenait essentiellement par ses deux frères, l'un président, l'autre procureur-général ; et en outre par des relations particulières ; s'il eut accepté cette proposition, il aurait été obligé de manquer à ses engagemens et de compromettre ses véritables intérêts ; alors au contraire le parlement désirait le renvoi de M. Necker, qui lui avait déplu par ses opérations, singulièrement par la création des administrations provinciales ; et qui en outre était suspect de sentimens anti-parlementaires. Le parlement excita donc M. de Fleuri à prendre cette place, et lui promit pour ses opérations une grande condescendance.

tème de M. Necker, et de détruire ou d'énerver ses établissemens. Il n'y eut plus de création d'administrations provinciales ; celles établies restèrent en stagnation ; il détruisit même ce qui était évidemment sage et utile, et rétablit le doublement des offices des receveurs des impositions. Ce qui était plus important et plus difficile était de donner des bases réelles aux emprunts de M. Necker par une augmentation de revenu, sur laquelle fût assis le payement des intérêts de ces emprunts ; à cet effet il porta les impôts déjà établis à un taux beaucoup plus haut, sans distinction de ce qui était déjà excessif, ou de ce qui pouvait être exhaussé ; et le parlement qui s'était montré très-difficile dans l'admission d'impôts beaucoup moins onéreux, ne le fut point pour ceux-ci, qui produisirent un grand accroissement dans les revenus du roi, et dans les charges des peuples. M. de Fleuri trouva plus de difficulté dans les barrières qu'il voulut mettre à divers genres de dépenses, et singulièrement aux fonds énormes demandés par le département de la marine; il avait eu d'abord un soutien dans M. de Maurepas qui n'avait pas beaucoup d'affection pour le ministre de la marine, placé sans sa participation. M. de Maurepas étant mort, M. de Fleuri imagina d'étayer sa résistance aux demandes de fonds, et en même temps de se concilier les deux ministres qui avaient alors une part principale dans la confiance du roi ; le garde des sceaux Miroménil, et M. de

Vergennes, secrétaire d'état des affaires étrangères. Il les associa à son département pour la distribution des fonds ; mais le ministre de la marine, dont il avait contrarié assez vivement les opérations; l'ayant emporté sur lui et sur ce comité, et lui ayant donné quelques désagrémens, il quitta, sans regret, une place, qu'il n'avait prise qu'avec répugnance.

M. de Vergennes, qui était alors intimement lié avec M. de Miroménil, s'en rapporta à lui pour la proposition au roi d'un successeur de M. de Fleuri, d'autant que M. de Miroménil comme étant le chef du conseil, était plus à portée de connaître les sujets qui convenaient à cette place ; le choix tomba sur M. d'Ormesson, neveu d'une femme pour qui M. de Miroménil avait beaucoup d'attachement ; sans toutefois que ce sentiment parut être autre chose que le goût qu'inspire à un homme d'esprit la société d'une femme aimable. M. d'Ormesson était un conseiller d'état connu avantageusement par un acte de désintéressement; appliqué à ses devoirs, grand travailleur, très-studieux, mais ayant la tête étroite; voyant les affaires sous de petits rapports ; plus occupé des formes que des principes, et s'étant livré aux discussions judiciaires, dont le conseil était depuis quelque temps infecté ; il était encore jeune, et quand il fit au roi ses remercimens, il témoigna la défiance de lui-même, que lui inspirait son âge : le roi lui répondit : *je suis plus jeune que vous, et j'occupe une plus grande place que celle que je vous donne.* Ni l'observation de M. d'Ormesson, ni la réponse du roi n'étaient ce qu'elles devaient être : plus le roi était jeune, plus il était à désirer que son ministre ne le fût pas ; et M. d'Ormesson pouvait fonder la défiance de lui-même sur d'autres motifs que son âge : en effet, son incapacité fut bientôt reconnue. Dans les co-mités ministériels, qui sont tenus avant que les affaires soient portées au conseil, plusieurs fois M. d'Ormesson se trouva si embarrassé, et s'expli-qua si mal, qu'on fut obligé de faire venir son premier commis pour le suppléer. Cependant, malgré la démonstration de son insuffisance, il resta en place tant qu'il fut soutenu par MM. de Miroménil et de Vergennes ; mais ces deux minis-tres s'étant brouillés, il se rangea du côté de M. de Miroménil, à qui il devait sa place, et indisposa vivement M. de Vergennes en le chicanant sur de petits intérêts personnels, auxquels ce ministre n'é-tait rien moins qu'indifférent. Dès-lors il éprouva nombre de désagrémens, dont un des plus marqués fut que le roi acheta Rambouillet sans l'en infor-mer ; *(a)* cependant, M. d'Ormesson, dans un mo-

____

(a) Il se plaignit au roi de n'avoir été instruit de cette acqui-sition que par le public ; mais le roi lui répondit, qu'il ne lui en avait point parlé, parce que des arrangemens étaient pris pour payer cette acquisition sans lui demander de fonds. Dans la crise où étaient les finances, faire une acquisition de quatorze

ment où il ne pouvait se dissimuler qu'il était sans crédit et sans considération, quitta les erremens d'une administration jusqu'alors insignifiante, pour se permettre deux coups de force, aussi imprudens qu'injustes. D'abord, il tira secrètement de la caisse d'escompte six millions, qu'il fit verser dans le trésor royal ; mais à peine cette distraction des fonds de cette caisse eut-elle été faite, qu'elle fut découverte, et le crédit de cet établissement fut essentiellement compromis. En même temps, sans aucune juste raison, et même sans prétexte plausible, il cassa le bail des fermes, et fit ordonner sa conversion en régie. Une seule de ces dispositions aurait suffi pour le perdre : M. de Vergennes ne les laissa pas échapper, le fit renvoyer, et se donna le plaisir d'aller lui annoncer son renvoi.

Le successeur de M. d'Ormesson fut M. de Calonne, qui fut porté à cette place par M. de Vergennes ; *(a)*. et l'indisposition secrète de M. de

millions, et la faire sans en parler au ministre des finances, était un défaut de confiance évident ; il fallait saisir cette occasion de donner une démission qui eût été honorable. On le fit sentir à M. d'Ormesson ; il le reconnut ; mais ayant informé du parti qu'il allait prendre, sa femme, qui avait grande influence sur ses déterminations, elle pleura, et le fit renoncer à sa détermination. Tout ce qu'il y gagna fut de rester quelques jours de plus en place, et au lieu de se retirer avec dignité, il fut renvoyé honteusement, d'autant que par les fautes les plus graves, il justifia et nécessita son renvoi.

(a) M. d'Harvelay, banquier de la cour, qui, comme dépositaire des fonds des affaires étrangères, avait des relations avec M. de Ver-

Miroménil contre M. de Calonne que M. de Vergennes n'ignorait pas, fut un motif de plus pour

gennes, entreprit de profiter des fautes de M. d'Ormesson pour le
faire renvoyer, ce qu'il savait être agréable à M. de Vergennes :
et en même temps, il voulait faire remplacer M. d'Ormesson
par M. de Calonne qu'il aimait, moins cependant que ne
l'aimait Madame d'Harvelay. Il alla à Fontainebleau, où était
la cour, et eut une conférence avec M. de Vergennes, qui
se refusa d'abord à proposer au roi M. de Calonne pour le ministère des finances, parce que douze ou quinze jours auparavant le roi en avait parlé d'une manière plus que défavorable ;
mais cet obstacle fut levé avec une grande adresse. Ce fut le
comte D * * *, ami de M. de Vergennes, qui traça le méca-
nisme de cette intrigue ; il fut convenu que M. d'Harvelay
retournerait sur-le-champ à Paris, et on lui dicta la lettre qu'il
devait écrire de Paris à M. de Vergennes. Il manda, qu'il était
effrayé de l'indisposition générale qu'avaient produite les fausses
opérations de M. d'Ormesson, que s'il restait en place le crédit
et les finances étaient perdus ; qu'il n'y avait point de temps
à perdre pour le renvoyer ; qu'il ne connaissait personne qui
pût le remplacer que M. de Calonne ; qu'il ne donnait cet avis
que par zèle pour le service du roi, et le bien de l'état. En
même temps, il fut convenu que le courrier de M. de Vergennes
qui devait apporter cette lettre, s'arrangerait pour n'arriver à
Fontainebleau qu'à neuf heures du soir. A cette heure
le roi était retiré dans son intérieur et soupait avec la famille
royale. M. de Vergennes profitant de cette circonstance, fit
passer cette lettre au roi, en marquant qu'elle lui paraissait trop
instante pour différer d'en donner connaissance à S. M. Le
lendemain matin le roi manda M. de Vergennes, et lui demanda
ce qu'il estimait qu'il y avait à faire ; M. de Vergennes répondit,
que pour M. d'Ormesson il était impossible qu'il restât en place,
que quant à M. de Calonne il ne le connaissait pas particulièrement, mais qu'il avait toujours entendu parler avantageusement

faire adopter ce choix. M. de Calonne désirait depuis long-temps de paraître sur le théâtre ministériel, et le moment où il parvint à y monter, le mit au comble de la joie ; il n'aperçut qu'une perspective de succès, de gloire et de bonheur. Comme ce ministre a eu une grande célébrité, et une grande part aux événemens qui ont influé sur les destinées de la France ; comme ses talens ont eu des admirateurs et des détracteurs ; comme sa moralité a été justement censurée, mais peut-être excessivement, il est convenable d'esquisser les principaux traits qui le caractérisent.

Qu'on se représente un homme grand, assez bien fait, l'air leste, le visage n'étant pas sans agrément, une figure mobile, et de moment en moment changeant d'expression ; un regard fin et perçant, mais marquant et inspirant de la méfiance ; un rire moins gai que malin et caustique : voilà l'extérieur de M. de Calonne.

La vivacité d'un jeune colonel ; l'étourderie d'un écolier ; l'élégance d'un homme à bonnes fortunes ; une coquetterie ridicule dans tout autre qu'une jolie femme ; l'importance d'un homme en place ; le pédantisme de la magistrature ; quelques gaucheries d'un provincial : voilà les manières de M. de Calonne.

de ses talens. En conséquence, M. d'Ormesson fut renvoyé, et M. de Calonne le remplaça, sans qu'on put dire que M. de Vergennes l'eut proposé.

Les bons mots d'un homme d'esprit ; la finesse et la politesse d'un courtisan ; l'astuce d'un intrigant ; de la facilité, de la grâce dans l'élocution, quelquefois de la force ; des phrases plus brillantes que solides, et peu de suite dans la conversation : voilà le ton de M. de Calonne.

Une grande rapidité de conception ; une grande finesse dans la distinction des nuances ; mais inaptitude à la méditation ; la force de s'élever à de grandes idées, sans toutefois les combiner et en apprécier les résultats : voilà le genre et la mesure de l'esprit de M. de Calonne.

Une âme sensible sans être tendre, plus susceptible d'émotion que de passion ; l'ambition des grandes places pour être en spectacle ; le projet de grandes entreprises, non dans la vue de servir la patrie et l'humanité, mais d'acquérir de la célébrité ; une avidité pour l'argent, qui n'admettait pas une très-grande rigidité dans le choix des moyens d'acquérir, mais qui communément n'avait d'objet que l'obtention des jouissances du moment ; de la prodigalité sans générosité ; la réunion de tous les goûts, l'amour des femmes, de la bonne chère, du jeu, des spectacles, des fêtes, de tout genre de plaisirs ; des affections vives et d'une forte explosion, mais peu durables ; de l'engouement dans les désirs, de l'emportement dans la colère ; peu de constance dans l'amitié, moins encore dans la haine ;

des germes de vertus et de vices : voilà les sentimens de M. de Calonne.

A ces traits, qu'on ajoute sa méthode de traiter
les affaires ; assez de sagacité dans l'invention des
moyens, dextérité, et même ruse, dans l'emploi de
ces moyens ; mais précipitátion dans la détermination, négligence et inexactitude dans l'exécution ;
présomption habituelle du succès ; une facilité de
concessions que n'avouaient pas toujours la prudence ni même l'équité ; une insinuation assez adroite,
mais souvent un excès de confiance, qui ne paraissait, à tout homme sage, qu'un artifice, ou une imprudence ; *(a)* un ton si avantageux, des promesses

(a) M. de Macbaut, ancien contrôleur-général et garde des
sceaux, ayant eu quelque demande à faire à M. de Calonne qu'il
ne connaissait point, celui-ci le reçut avec une cajolerie incroyable : il lui dit d'expliquer seulement ce qu'il désirait, que la décision serait rédigée d'après sa demande, et que tous ses successeurs dans l'administration des finances ne devaient se considérer que comme ses écoliers. L'affaire expédiée, il lui
parla de la situation des finances, dit qu'elles étaient dans un
état déplorable, et qu'un honnête homme avait peine à se
charger de cette administration ; qu'il ne s'y était déterminé
que parce qu'il y avait été forcé par la situation de ses affaires
personnelles ; que quand il était arrivé au contrôle-général, il
devait deux cent vingt mille livres exigibles ; que dès les premiers momens, il avait donné connaissance au roi de sa situation, et lui avait observé, qu'un ministre des finances avait
bien des moyens d'acquitter une telle dette, sans que S. M. en
fût instruite ; mais qu'il préférait une voie plus franche ; et
que le roi, sans lui répondre, avait été prendre dans son secrétaire,
des actions de l'entreprise des eaux, et lui en avait donné pour

si exagérées, qu'elles le décréditaient, même dans ses assertions fondées, et le rendaient ridicule. *(a)* Cette réunion, ce mélange de qualités opposées, et de procédés incohérens, complète l'exposition du mérite, des torts, des défauts, des talens de M. de Calonne.

Il avait d'abord été procureur-général au parlement de Flandres, mais avait bientôt pris du dégoût pour un office qui ne menait point à la fortune.

230,000, et M. de Calonne ajouta, qu'il avait trouvé le moyen de s'acquitter et avait gardé ces actions des eaux. M. de Machaut en contant cette histoire, ajoutait avec sa gravité et sa finesse ordinaire : *je n'avais pourtant rien fait, pour provoquer une confidence si extraordinaire.* On a prétendu dans le public que ces actions étant, depuis, tombées de prix, M. de Calonne avait employé des fonds du trésor-royal destinés à soutenir le cours des fonds publics, à relever celui de ces actions qui étaient une propriété privée, et qu'il avait fait acheter de préférence les actions qu'il possédait à un taux supérieur à celui du cours qu'elles avaient alors ; mais cette dernière particularité n'est pas aussi sûre que la précédente.

(u) Depuis la révolution, dans une conférence avec l'empereur Léopold, il exposa les moyens d'opérer une contre-révolution qu'il prétendait être très-facile. L'empereur observa, qu'indépendamment de la révolution, la France était dans une situation embarrassante par le mauvais état de ses finances. *Ce n'est pas là une difficulté,* répondit Calonne, *je ne veux pas plus de six mois pour rétablir les finances.—M.,* repartit l'empereur, *il est fâcheux que vous n'ayez pas eu cette idée quand vous étiez en place.* Quand les Allemands et les princes Français entrèrent en France, Calonne avait assuré que nombre de villes frontières allaient ouvrir leurs portes, et qu'il y avait des intelligences certaines ; il n'y eut pas une porte ouverte, &c. &c.

Devenu maître des requêtes, et placé dans la sphère de l'intrigue, il avait cherché à entrer en scène, et à jouer un rôle dans tous les événemens ; mais s'y était porté avec une imprudence qui, dès son début, l'avait fortement compromis. Dans le procès de M. de La Chalotais, d'abord son confident, puis son accusateur légal, il avait par cette honteuse contradiction imprimé à sa réputation une tache qui ne s'est point effacée. Dans ses intendances rien n'avait illustré ni même distingué son administration ; cependant son intervention dans toutes les affaires où il avait des droits ou un prétexte pour énoncer une opinion ; quelques mémoires assez bien rédigés, une grande jactance, des suffrages obtenus par de grandes complaisances pour quiconque avait accès auprès du trône, ou du crédit à la cour, lui avaient acquis une réputation de talent.

Lorsque M. de Calonne parvint au ministère des finances, la marche qu'il devait tenir était tracée par la situation des affaires ; le bail des fermes générales ayant été cassé sans juste cause, et sans utilité, la première opération devait être, et fut en effet, de le rétablir ; mais l'emportement naturel de M. de Calonne ne lui permit pas de se renfermer dans de justes bornes ; et dans l'arrêt du conseil qu'il fit rendre, il fut déclaré que cette cassation du bail des fermes avait été l'effet d'une *ignorance coupable* ; mot incroyable, et absolument opposé au style constant du conseil, qui, lorsqu'une décision était rétractée, palliait la contradiction, comme exigée par la survenance de nouveaux faits, ou la prépondérance de quelques considérations, sur celles qui avaient été de plausibles et justes motifs de détermination, afin qu'il y eut une apparence de conséquence et de justice, même dans la contradiction ; ici au contraire la décision rétractée était flétrie dans les termes les plus ignominieux ; et comme c'était le roi dont la décision émanait sur la relation de son ministre, le roi se dénonçait lui-même à ses sujets comme *ignorant* et comme *coupable.*

Presque toutes les opérations de finance pendant ce ministère ont porté le même caractère, offrent la même inconséquence. Un édit indique le montant du déficit des revenus de l'état ; un autre édit l'année suivante donne une autre fixation. Le projet de remboursement des dettes de l'état est annoncé, et il n'y est procédé que par des emprunts ; un emprunt manque ; on y supplée par un autre, qui n'étant pas mieux combiné n'a pas plus de succès : non-seulement de nouveaux emprunts sont ouverts, mais il est donné aux anciens une extension furtive et criminelle ; extension qui déjà avait eu lieu sous les précédens ministres, mais jamais n'avait été portée à un tel excès ; une caisse d'amortissement est fondée, et nul fonds n'est fait pour les remboursemens ; ces remboursemens sont désignés devoir être inégaux chaque année, et nulle cause de cette inégalité n'est établie ; le vœu d'une rigide économie est annoncé dans les lois, et aucun plan n'en est tracé, aucune dépense n'est retranchée ; au contraire, la quotité des dons est augmentée dans une proportion prodigieuse ; des acquisitions sont faites pour l'état, dans lesquelles l'état n'a aucun intérêt, et qui forment pour les vendeurs un gain prodigieux ; les échanges dégénèrent en dons, et en une dépré- dation énorme des domaines royaux ; et M. de Calonne s'intéresse personnellement dans celui de ces échanges qui est le plus évidemment inutile, et le plus scandaleusement désavantageux.

Les droits du fisc les plus rigoureux sont mis en activité, et d'anciennes propriétés sont attaquées pour en faire des concessions à des personnes en crédit. Dans une de ces opérations fiscales, où nombre de propriétaires riverains de la Garonne devaient être dépossédés, le parlement de Bordeaux oppose la plus grande résistance ; le roi déploie toute sa puissance avec la plus grande énergie, et ne peut se faire obéir ; le parlement en corps est mandé, et s'attend au traitement le plus rigoureux, à l'exil, à l'emprisonnement de quelques-uns de ses membres, peut-être à la suppression de tout le corps. Quand le parlement paraît devant le roi, il se trouve qu'on s'est trompé ; le roi révoque ses ordres, et le parlement est renvoyé à ses fonctions.

S'agit-il de soutenir le taux des effets publics et le crédit de l'état, des fonds sont confiés à des ainis du ministre, étrangers aux affaires de finance et de banque, et une grande partie de ces fonds est consommée, sans qu'on en aperçoive aucun emploi utile ; mais il ne paraît pas que M. de Calonne ait tiré de cette perte aucun avantage personnel.

Lors de la présentation à l'enregistrement du parlement de Paris, de lois de finance qui augmentaient les charges de l'état, le parlement frappé et de l'exagération de la dette publique, et de la déprédation des finances, se refuse à l'enregistrement. M. de Calonne désirant effacer l'aversion que le parlement avait contre lui depuis l'affaire de Bretagne, demande une conférence avec les principaux magistrats ; mais au lieu de se concilier les esprits, il a une scène violente avec le rapporteur des affaires de la cour, et avec le premier président ; à la suite de cette querelle il leur donne tous les désagrémens qui sont la suite du mécontentement du gouvernement, et les attaque aussi hostilement qu'il est possible d'attaquer des magistrats sans leur faire leur procès ; cette querelle personnelle devenue d'une grande importance, a dégénéré en une affaire d'état, a conduit à une innovation dans les moyens de légaliser les opérations de finance *(a)*.

(*a*) M. de Calonne qui ne savait point se contenir dans la discussion des affaires, ayant éprouvé des contradictions de la part de M***, conseiller au parlement, et rapporteur des affaires de finance, lui parla avec une hauteur et une dureté auxquelles celui-ci répondit en termes offensans ; le premier président interrint

Certain d'éprouver désormais de la part des parlemens des contradictions insurmontables, il se ré-
solut à substituer à leur enregistrement une apparence de vœu national; et n'osant proposer une con-

dans cette querelle et enchérit encore sur les propos du rapporteur.
M. de Calonne sortit de cette conférence furieux, alla trouver le
garde des sceaux, et lui dit qu'il était déterminé à demander au
roi justice de l'insulte que lui avaient fait le premier président et
le rapporteur de la cour; mais que n'ignorant pas son amitié pour
le premier président, il avait voulu le prévenir, et lui faire connaître les justes motifs de plaintes qu'il avait contre lui. Le
garde des sceaux lui répondit qu'il n'était point l'ami du premier
président; mais que tant qu'il resterait en place, le bien du
service du roi exigeait que lui, garde des sceaux, conservât des
liaisons avec le chef du parlement, quel qu'il fut. En conséquence
M. de Calonne entama ses poursuites; le rapporteur de la cour fut
destitué de cette fonction; une permission qui avait été donnée
au premier président de s'abstenir d'une audience qui étoit tenue
de grand matin, fut révoquée même avec des formes et en termes
très-désagréables; celui-ci, pour se venger, remplaça le rapporteur
de la cour par un autre conseiller qui avait moins de talent pour
défendre les intérêts et les vues du gouvernement, et s'abstint
de contenir les jeunes conseillers toujours disposés à la critique
du ministère. Un coup plus important fut porté au premier président, un contrat de rente, qu'il possédait sur le roi, fut annulé
comme illicite, attendu qu'il n'avait pas fourni les fonds de ce
contrat de rente; ce qui portait atteinte à sa réputation, et à ses
intérêts pécuniaires auxquels il n'était rien moins qu'insensible.
Il voulut donner sa démission, le garde des sceaux l'en empêcha,
en lui procurant quelques marques de satisfaction du roi; et M.
de Calonne eut à la tête du premier parlement du royaume un
ennemi irréconciliable, et qui, malgré des défauts graves, avait
rendu au gouvernement de véritables services.

vocation d'états généraux, pour lesquels le roi, soit par prévention, soit par pressentiment, avait la plus grande répugnance, il fit admettre une assemblée de notables ; et, afin de lui donner plus de consistance, il en choisit les membres de manière que le choix était à l'abri de la censure.

Pour autoriser une grande augmentation de contributions et de grands changemens, il exposa à cette assemblée que les revenus de l'état étaient insuffisans pour en acquitter les charges ; mais afin que le déficit qu'il annonçait comme énorme, ne lui fût point imputé, il assura qu'il existait long-temps avant son administration ; cependant, en 1781, il avait été déclaré au nom du roi et avec sa sanction, que le revenu excédait les charges et les dettes de dix millions.

M. Necker, qui ne pouvait supporter l'inaction et la nullité à laquelle il était réduit depuis sa retraite du ministère, vit avec une satisfaction secrète la contradiction qu'éprouvait l'assertion qu'il avait faite au nom du roi, offrit d'en soutenir la verité, et demanda à comparaître devant les notables pour réfuter M. de Calonne. Rien de si ridicule que ce projet de plaidoirie ministérielle ; mais ce qui était plus important, rien de plus scandaleux qu'une discussion pour savoir si le roi avait avoué et autorisé une fausseté en 1781 ou en 1787.

Le roi, pour faire cesser cette indécente discussion, ne voulut point qu'elle fût portée plus loin, et défendit de rien imprimer à ce sujet ; mais M. Necker se fondant sur la nécessité de défendre sa véracité et son honneur, refusa d'obéir, fit paraître un mémoire, et fut exilé. Alors M. de Calonne débarrassé de son adversaire, suivit son plan vis-à-vis des notables.

Ce plan était de la plus vaste étendue, et formait une réconstitution presque totale des contributions ; une dîme territoriale, perceptible en nature, était substituée aux vingtièmes et à la taille. La quotité de cette dîme était graduée suivant la nature des produits et la fécondité des terres ; nulle exemption en faveur des ecclésiastiques, ni des nobles. Les droits de contrôle et d'insinuation étaient convertis en droits de timbre, &c. &c.

Pour engager les notables à admettre de si grands changemens, des assemblées provinciales étaient établies dans toutes les provinces où il n'y avait point d'états, et la régie des contributions leur était confiée. M. de Calonne, étant intendant, avait réclamé contre ces institutions ; mais pourvu qu'en ce moment il réussit dans son projet, il s'embarrassait peu qu'on pût lui reprocher une contradiction.

Les notables adoptèrent l'établissement des assemblées provinciales, qui transmettait à la nation l'administration qui était auparavant entre les mains du roi ; mais quant aux nouveaux impôts ils déclarèrent qu'ils ne pouvaient être créés qu'avec le consentement des représentans de la nation, nommés par elle ; ainsi, dès le premier moment, tout le projet de M. de Calonne s'écroula ; le roi perdit une partie de ses droits et n'obtint rien ; mais quand même le projet du ministre aurait eu l'assentiment des notables, quand même cet assentiment aurait formé une autorisation suffisante, la nouvelle dîme n'aurait pu être levée qu'à main armée, et avec des violences et des combats *(a)* ; et encore quand même elle eût pu être pacifiquement levée, elle n'aurait point rempli l'objet de remplacer les impôts supprimés, n'aurait point donné un excédent de produit, qui comblât le déficit.

M. de Calonne n'ayant pu faire adopter aucune de ses idées, contredit par les notables qu'il avait assemblés et choisis ; abandonné par les ministres,

(a) Jamais le cultivateur accoutumé à récolter le grain qu'il a semé, ne l'aurait laissé enlever. S'il en abandonne une partie à l'église, ou à ses représentans, c'est une perception sanctionnée par le temps, et consacrée par la religion, dans les temps où la religion avait le plus grand empire ; une foible addition en faveur du fisc aurait pu être tolérée, mais une transmutation subite de la masse principale des contributions en une telle prestation, était impraticable ; et il en aurait résulté un tel changement dans la proportion des contributions, que tel propriétaire de fonds aurait subi une énorme augmentation, tandis que le propriétaire d'un autre genre de fonds n'aurait éprouvé aucune augmentation, et peut être aurait obtenu diminution ; d'ailleurs la graduation de cette contribution devant être fixée suivant la nature des produits, et suivant la fécondité du sol, cette fixation ne pouvait être établie que d'après des opérations longues, difficiles, dispendieuses, et qui auraient rejeté fort loin le recouvrement;

et se croyant secrètement contrarié par quelques-uns
d'eux, attaqua les notables par quelques libelles,
qu'il fit répandre dans le public, et attaqua auprès
du roi les ministres qu'il estimait être ses contradicteurs ; il voulut par la crainte qu'il inspirerait de
son crédit et de sa puissance, conquérir l'assentiment qu'il n'avait pu obtenir par persuasion ; dans
cette vue il entreprit de changer le ministère et de
le recomposer à son gré, mais il n'y réussit qu'en
partie, et fut lui-même renvoyé *(a)*.

(a) M. de Calonne avait dans le ministère deux adversaires.
Le garde des sceaux Miroménil, et le Baron de Breteuil, ministre de la maison du roi, ayant le département de Paris. M. de
Calonne avait eu des querelles assez vives avec le Baron ; maltraité par la reine, il avait imaginé de la desservir auprès du roi ;
dans cette vue il avait ménagé l'occasion de parler au roi d'un
pamphlet dans lequel la conduite de la reine était attaquée.
Toutes les semaines le Baron de Breteuil remettait au roi un
extrait de ces nouveaux pamphlets ; mais par égard pour la
reine il avait omis celui-ci. Le roi ayant dit qu'il n'en avait
point connaissance, M. de Calonne observa à S. M. que si elle
l'ignorait, ce ne pouvait être que par une omission dans le
compte qui lui était rendu ; et que S. M. pouvait s'en assurer
en écrivant à M. le Noir, lieutenant de police, de le lui envoyer.
Cette tournure conduisait à faire renvoyer le Baron de Breteuil,
et mettre à sa place M. le Noir, ami intime de M. de Calonne ;
mais le projet fut découvert. La lettre du roi fut portée à M.
le Noir dans le temps qu'il travaillait avec le Baron de Breteuil ;
le lieutenant de police ne devant point avoir de relation directe
avec le roi, mais seulement par la médiation du ministre du
département, le Baron fut surpris et offensé, arracha la lettre
des mains de M. le Noir, la lut, la dénonça à la reine, lui en

A travers la foule de fausses opérations émanées de ce ministre, il en est une qui mérite éloge ; les

fit sentir la conséquence ; et M. le Noir fut renvoyé de la place de lieutenant de police. D'après cette altercation M. de Calonne ménagea si peu le Baron, que lors de la convocation des notables, il ne lui donna aucune notion des affaires qui seraient traitées dans leur assemblée ; et quand l'archevêque de Narbonne, un des premiers notables arriva du Languedoc, ayant demandé au Baron de quoi il allait être question, le ministre lui répondit qu'il l'ignorait : *me croyez-vous*, répondit l'archevêque, *arrivé par le coche, pour me parler ainsi ? Je conçois*, reprit le Baron, *que mon ignorance vous surprenne, mais elle n'en est pas moins réelle.*

M. de Calonne se défiait du garde des sceaux, qui, d'après les ménagemens qu'il avait pour la magistrature, était prévenu, non sans quelque fondement, de partager les sentimens de ce corps qui était très contraire à M. de Calonne, Il fut confirmé dans cette croyance par un incident qui y donna grande vrai-semblance. Lorsqu'il avait déclaré aux notables que le déficit dans les finances était fort antérieur à son ministère, et que M. Necker l'avait créé, M. de Fleuri, successeur de M. Necker et prédécesseur de M. de Calonne, avait dit publiquement, que c'était M. Necker qui disait vrai. M. de Calonne en étant instruit, lui avait écrit pour savoir par lui-même s'il avait tenu le propos qu'on lui attribuait. M. de Fleuri lui répondit que ce propos était très-vrai, et qu'il l'avait tenu parce qu'il avait du fait une connaissance personnelle et certaine. Quelques jours après, le roi dit à M. de Calonne que M. de Fleuri prétendait que le déficit dans les finances était récent. M. de Calonne répondit, qu'il avait entendu parler de ce propos, et qu'il avait écrit à ce sujet à M. de Fleuri pour avoir une explication, mais qu'il n'avait point reçu de réponse ; *vous devez l'avoir reçue*, dit le roi. M. de Calonne pris en mensonge s'esquiva en disant qu'il n'avait pas encore eu le temps de lire ses dernières lettres,

monnoies d'or étaient extraites de France, parce que
la proportion entre l'or et l'argent était plus forte

mais que si S. M. le permettait il allait dans le moment les
ouvrir et reviendrait lui en rendre compte; lo roi lui dit d'y
aller; et il revint avec des explications sur cette lettre reçue
et connue depuis plusieurs jours. Le roi lui dit qu'il en avait
un double, que le garde des sceaux lui avait envoyé; alors
M. de Calonne ne douta point, que le garde des sceaux ne
voulut le desservir, et dit au roi qu'il n'était pas surprenant que
les notables se refusassent à tout ce qu'il proposait, parce qu'ils
étaient soutenus secrètement par un parti dans le ministère;
qu'il fallait que S. M. se déterminât à renvoyer le garde des
sceaux, ou lui; qu'il offrait très-volontiers de se retirer étant
dégoûté par toutes les contradictions qu'il éprouvait, et qu'il ne
tenait au ministère que par le désir de mettre à fin la grande
entreprise qu'il avait entamée pour la restauration des finances.
Le roi consentit au renvoi du garde des sceaux, qui pourtant
n'avait point eu vis-à-vis de M. de Calonne les torts que celui-ci
supposait, et qui étaient assez vraisemblables. M. de Fleuri se
doutant que M. de Calonne s'abstiendrait de donner au roi connaissance de sa réponse, en avait fait passer un double au garde des
sceaux, avec demande de la mettre sous les yeux de S. M. Le garde
des sceaux, qui dans ce moment était enfermé avec sa fille Mme. de
Berulle qui se mourait, n'avait pu se dispenser d'envoyer ce double au roi. Le Comte de Montmorin fut chargé d'aller demander
au garde des sceaux, sa démission. En entrant chez lui, il
apprit de ses gens que sa fille venait d'expirer, et sentant qu'il y
aurait de la dureté à demander dans ce moment cette démission;
il remontait dans sa voiture lorsque le garde des sceaux l'aperçut par sa fenêtre et le pria de monter chez lui, et même y
insista. Alors M. de Montmorin s'acquitta de sa triste commission;
le garde des sceaux reçut le coup avec courage, et même y mit
un procédé très-noble et affectueux; il dit à M. de Montmorin
qu'il pouvait mettre le roi dans l'embarras, parce que comme

en France, que dans la plupart des autres états Européens; la refonte et l'exhaussement du taux des
monnoies d'or a empêché cette exportation *(a)*.

Il s'en faut beaucoup que M. de Calonne ait aussi
bien servi le commerce de France dans d'autres intérêts; le traité de 1787 qui a réglé les relations Fran-

survivancier du chancelier suivant ses provisions, en cette qualité
il n'était pas destituable, mais qu'il n'était touché que du malheur
d'avoir déplu au roi ; et il donna sa démission de l'un et l'autre
office. M. de Calonne fit nommer garde des sceaux M. le président de Lamoignon, avec lequel il avait des relations secrètes; et
qui était au parlement le chef du parti opposé à M. d'Aligre,
ennemi de M. de Calonne.

Non content de ce succès, M. de Calonne voulut encore faire
renvoyer le Baron de Breteuil ; mais le roi qui savait que la reine
l'honorait de ses bontés, voulut lui en parler auparavant ; et la
reine irritée, représenta au roi, qu'il ne devait pas sacrifier ses
bons serviteurs à un homme tel que M. de Calonne, qui l'avait
embarqué dans une entreprise, que tous les hommes éclairés dé-
claraient inexécutable, et qu'il fallait que S. M. se défit d'un
ministre insensé et haï. En effet, M. de Calonne fut renvoyé,
dans le moment même, où il venait de faire destituer le garde des
sceaux, et de lui faire donner un successeur.

(a) Il paraît que ce plan de refonte a été conçu par M. Clavière
Genevois ; mais quelqu'en ait été l'auteur, comme cette refonte
a été faite par M. de Calonne et qu'elle a été utile, la nation doit
lui en avoir obligation. On prétend que la proportion entre les
deux métaux aurait pu être mieux appréciée ; mais c'est une
question problématique dans la discussion de laquelle il est ici
inutile d'entrer. Il y a eu des plaintes sur des gains illicites faits
dans cette refonte ; mais si ces plaintes sont fondées, on ne peut
reprocher à M. de Calonne, que de n'avoir pas empêché ces prévarications, mais non d'y avoir participé.

çaises et Britanniques a été funeste à l'industrie Française. A peine a-t-il été conclu, que l'importation d'Angleterre en France s'est fort élevée au-dessus de l'exportation de France en Angleterre. Plusieurs villes de fabrique ont éprouvé une grande déchéance ; nombre de manufactures sont tombées ; les droits établis par ce traité à l'entrée et à la sortie du royaume étaient si mal combinés, que dans plusieurs genres de marchandises, les Anglais tiraient de France les matières premières, les renvoyaient fabriquées, et après avoir acquitté les droits d'exportation et d'importation, vendaient à si bas prix, que les fabriques Françaises ne pouvaient soutenir la concurrence. Que M. de Calonne n'ait pas eu les connaissances nécessaires sur cet objet, ou que ses autres affaires, ou peut-être ses plaisirs l'ayent empêché de donner à cette importante convention l'attention qu'elle exigeait, l'homme qui, par la place qu'il remplissait, était constitué le défenseur de la main d'œuvre et de l'industrie Française, est inexcusable de n'avoir pas rempli ce devoir.

Ce n'est point encore un tort léger, que l'extension que M. de Calonne a donnée à la ville de Paris ; entreprise sans utilité, contraire à tous les principes d'un sage gouvernement ; subversive d'une multitude de règlemens émanés des rois les plus sages ; désavantageuse pour le fisc par la fraude qu'elle occasionne, et les frais d'une garde plus étendue, exécutée avec une dépense énorme et une inconvenance révoltantes *(a)*.

On ne peut voir, qu'avec regret, que M. de Calonne doué de beaucoup d'esprit naturel, et d'une pénétration qui atteignait tout ce qui peut être compris sans méditation, soit tombé dans tant de fautes et d'inconséquences, que son ministère n'offre

(a) La grandeur énorme des villes a souvent été l'origine de la chute des empires, et c'est le motif pour lequel même avant que la branche de Bourbon fut montée sur le trône, on annonçait déjà que la tête commençait à devenir *trop grosse pour le corps;* c'est le motif pour lequel Louis quatorze a plusieurs fois défendu de reculer les limites de Paris. Quoique capitale d'un grand état, cette ville ne devait point être aussi peuplée que des capitales d'états moindres, parce qu'elle n'était ni le séjour habituel du roi, ni le lieu d'assemblée d'un corps national, ni une ville de fabrique, ni une ville de commerce, ni un port de mer, et toutes les villes d'une grandeur désordonnée sont des vampires qui attirent et absorbent la population des campagnes, amollissent et corrompent les mœurs. M. de Calonne n'a point pesé toutes ces hautes considérations, et paraît avoir été séduit par la gloriole qu'on pût dire que l'agrandissement de la capitale de la France datait de son ministère. La circonvallation a été beaucoup trop étendue, à coûté beaucoup trop, a été trop somptueuse; les bureaux où s'acquittent les droits d'entrée, ont été érigés en châteaux, ont été décorés de colonnes, ornemens ridicules, et d'autant plus déplacés qu'ils offusquaient l'intérieur des bâtimens, et laissaient à peine pénétrer la lumière nécessaire pour la rédaction des procès-verbaux; au-dessus de ces bureaux magnifiques placés à l'entrée de la capitale, étaient les armes des fermiers-généraux, forme d'usage dans les terres pour faire connaître le seigneur du lieu, &c. &c.

aucun établissement utile, et ait été aussi funeste
pour l'état. D'après ce que nous venons d'exposer, ce
ministre ne peut être disculpé d'avoir compromis
le roi par de fausses assertions faites au nom de S. M.
et contradictoires d'autres assertions précédemment
faites au même nom ; d'avoir lésé les droits
de la couronne par la création de nouvelles assemblées provinciales, avec concession de la répartition
des impôts, dont la couronne était en possession ;
d'avoir altéré la constitution de l'état, en privant
les Français du droit de consentir les impôts, qui
leur appartenait essentiellement quand ils étaient
assemblés ; d'avoir convoqué des notables pour obtenir d'eux un consentement à une création et une
augmentation d'impôts qu'ils n'étaient point en état
de donner ; d'avoir acheté ce consentement qu'il n'a
point obtenu par la restriction des droits de la couronne ; d'avoir, en mettant à découvert la crise des
finances, rendu leur rétablissement plus difficile ;
d'avoir, pour sortir de cette situation, inventé et proposé des projets insensés et pernicieux ; une transmutation subite d'impôts, qui eût produit dans
tout le royaume les plus terribles insurrections, et
qui même si elle eut pu être établie n'aurait point altéré le but annoncé et élevé les revenus de l'état
au niveau de ses charges et de ses dettes ; d'avoir par
une malheureuse facilité, par négligence, par complaisance, par intrigue, fait une énorme et scanda-

leuse profusion de la fortune publique ; ce qui a ouvert l'abîme où s'est perdu l'état, et rend M. de Calonne responsable non-seulement des maux qu'il a faits, mais de ceux qu'il a entraînés.

Ces torts sont prouvés, nombreux, graves ; mais le cri général qui s'est élevé contre lui paraît avoir excédé la mesure d'une exacte justice ; et sa réputation s'est ressentie de l'exaspération qu'a produite dans les esprits le douloureux aperçu de la ruine de l'état. A l'exception de l'échange frauduleux auquel il s'est permis de participer, il n'est point de preuve qu'il ait commis des prévarications dont il ait tiré un avantage personnel ; et l'état de sa fortune, après sa sortie du ministère n'indique point qu'il ait abusé, pour son avantage personnel, de la régie de la fortune publique. Il est certains défauts qui doivent faire présumer l'exclusion de certains vices ; et si M. de Calonne avait été aussi pervers, que ses ennemis ont voulu le faire croire, il eût été plus réfléchi, et ne serait pas tombé dans les inconséquences dont sa vie publique et particulière présentent des traces continuelles *(a)*.

(a) Nous l'avons vu s'offrir à M. de la Chalotais pour défenseur officieux, puis, sans autre avertissement, devenir son accusateur légal ; il se rend en Bretagne pour l'instruction de ce procès ; il oublie à Paris une partie des pièces, et est obligé de solliciter des commissaires la complaisance irrégulière de s'en rapporter à son attestation sur l'existence de ces pièces, en attendant leur arrivée. Contrôleur-général, la première ligne

Les parlemens qui doivent être les guidés de l'opinion de la nation, comme ils sont les juges de

qu'il écrit est pour criminaliser le roi, à la vérité contre son intention. Il veut se réconcilier avec les parlemens, et achève de les indisposer contre lui ; il imagine de convoquer des notables sans s'instruire du pouvoir d'une telle assemblée, sans prévoir ce qu'elle fera ; et il se brouille avec ces notables comme il s'était brouillé avec le parlement de Paris, dont il voulait se rapprocher. Il avait fait convoquer les notables pour un jour indiqué ; puis il est obligé de retarder leur assemblée sous prétexte d'indisposition, parce qu'il a prostitué une partie de ses jours et de ses nuits au jeu, ou à un autre genre de récréation. A l'ouverture de cette assemblée, il se passe une scène qu'on aurait peine à croire si elle n'avait eu tous les notables pour témoins : lorsqu'ils sont en place, et attendant que M. de Calonne expose son plan, et mette sous leurs yeux les objets de leurs délibérations, il ne comparaît point à l'heure donnée ; on est obligé de l'envoyer chercher jusqu'à trois fois. Enfin il paraît, et dit, qu'il n'a achevé que la veille le mémoire à présenter aux notables ; qu'il l'avait remis à quatre commis réunis à la même table pour le copier pendant la nuit, que les quatre commis se sont endormis, qu'une des lumières est tombée sur le manuscrit et l'a brûlé en entier. Il était impossible de témoigner aux notables une plus grande confiance dans leur crédulité. Tant d'inconséquence, de présomption, d'imprudence, semble faire l'excuse et la justification de torts plus graves, autant qu'une telle excuse et une telle justification peuvent être admises en administration. Si l'on suivait M. de Calonne dans les détails de sa vie particulière et de son régime domestique, on y trouverait le même genre d'inconséquence. Lors de son premier mariage le repas de noce fut donné dans la maison d'un des parens. M. de Calonne s'y livra à une partie de jeu ; quand l'heure de la retraite fut arrivée, on l'en avertit par plusieurs observations, qui n'eurent aucun effet ; ensuite on le lui dit positivement ;

ses intérêts, et qui souvent ont rempli dignement ces augustes fonctions, les parlemens sont sortis à l'égard de M. de Calonne de l'impartialité qui doit les caractériser. Leur aversion leur a fait criminaliser ce qui n'était qu'irrégulier; leur impéritie en administration lui a imputé des faits impossibles. Dans le ministre des finances ils ont vu et poursuivi le procureur-général de la commission de Bretagne; et par ces inculpations ils lui ont donné pour défenseur l'homme juste, qui censure ce qui est répréhensible, mais ne se permet ni exagération ni haine.

il demanda un moment de délai; ce délai passé, il en demanda un autre, puis un autre encore. Enfin la mère de la mariée insistant sur le départ, il la pria de monter dans sa voiture avec sa fille, et l'assura qu'il y serait aussitôt qu'elle, mais il les oublia, et il fallut enfin que les parens réunis le chassassent de la chambre, et le portassent dans le carrosse où il trouva la mariée fondant en larmes. Lorsqu'il est sorti du contrôle-général, il y avait neuf ou dix mois qu'il ne s'était informé du montant de la dépense qu'il avait faite, &c. &c. Ces traits et beaucoup d'autres semblables, qui sont peu importans séparément, le deviennent par leur réunion, ne donnent pas l'indice d'un caractère ministériel; mais aussi excluent l'idée d'un caractère foncièrement pervers, et capable de noires machinations.

M. NÉCKER,

Second Ministère.

———

D'APRÈS le cri général qui s'était élevé contre l'administration de M. de Calonne, le roi crut devoir confier les finances à un homme qui jouît d'une excellente réputation, et choisit M. de Fourqueux. Sous le rapport de la probité, de la moralité, et de tout genre de vertus, le choix ne pouvait être meilleur (a) ; mais M. de Fourqueux était d'une constitution faible, et d'un âge avancé, et n'avait jamais rempli aucune place d'administration ; défauts auxquels l'esprit ne peut suppléer. Il fut fort surpris de l'offre d'une place, sur laquelle ses vues ne s'étaient jamais portées, et qu'il ne désirait nullement ; il la refusa ; mais tandis qu'il suppliait le roi de lui permettre de ne point accepter ses bontés, la reine survint, et fit des instances si vives, si obligeantes, leur

(a) Auparavant, le roi avait jeté les yeux sur un homme très honnête, qui, dans une place qui n'était pas étrangère à l'administration, mais l'était absolument aux finances, avait acquis de la considération ; il s'était rendu justice sur son inaptitude au contrôle-général, et s'était refusé à l'offre qui lui en ayant été faite.

donna une telle tournure, que la persévérance dans
le refus devint plus difficile *(a)*.

Dès que M. de Fourqueux fut en place, son premier soin fut d'après la situation critique dans laquelle se trouvaient les finances, de s'assurer de la
quotité des fonds existens dans le trésor-royal ; et
la notion qu'en donna M. de Calonne pouvait tran-
quilliser ; mais par une suite de la légèreté de ce
ministre, cet état se trouva fautif, non qu'il y eut
infidélité de sa part, mais inexactitude. Entr'autres erreurs, des sommes étaient portées comme

(a) La reine, joignant ses instances à celles du roi, dit à
M. de Fourqueux, " vous ne démentirez pas, M., le caractère
" que vous avez toujours montré d'honnête homme et de bon
" serviteur du roi ; réfléchissez que ce n'est point vous qui
" demandez cette place, que c'est nous qui vous l'offrons, qui
" vous prions de l'accepter ; qu'il s'agit du bien de l'état ;
" qu'il n'est personne en France en qui nous ayons plus de
" confiance qu'en vous : dans une telle situation refuser vos
" services, ce serait un manque essentiel à vos principes, et
" une ingratitude envers le roi." M. de Fourqueux persistait
toujours dans ses refus ; mais voulant en adoucir l'amertume,
répondit, qu'il avait d'autant plus de répugnance pour cette
place, que s'il l'acceptait, il croirait devoir demander de grands
sacrifices dans les dépenses personnelles de Leurs Majestés ; et
qu'ainsi il s'exposerait à leur déplaire ; ce qui serait pour lui
un grand malheur. " Non," reprit la reine, " tous les
" sacrifices que vous indiquerez, nous les ferons volontiers ;
" rien ne nous coûtera, quand vous le croirez nécessaire." M.
de Fourqueux, doux, timide, reconnaissant de tant de bontés,
garda le silence, qui fut pris pour un consentement, et le voilà
engagé.

étant dans le trésor, qui avaient été confiées à divers titres, à diverses personnes. Lorsqu'on voulut faire rentrer ces sommes, la plupart des dépositaires prétendirent qu'elles étaient consommées; et il n'en rentra qu'une très-petite partie *(a)*. M. de Fourqueux voyant la crise des affaires, et les mesures sévères qu'elles nécessitaient, voulut auparavant les excuser, et les autoriser par de grands retranchemens dans la dépense. Les sacrifices qu'il proposa ne furent point agréés par des considérations particulières; mais le consentement fut promis à la suppression d'autres objets, pourvu qu'il n'y eût pas les mêmes obstacles. Tandis que M. de Fourqueux cherchait des suppressions de dépense, dont il pût faire adopter la convenance, et qu'il témoignait sa répugnance à l'administration des finances sans ce préalable, un homme plus accommodant s'offrit à surmonter ces difficultés.

Ce fut l'archevêque de Toulouse, homme de beaucoup d'esprit, hardi dans ses conceptions, habitué au maniement des grandes affaires et de l'intrigue; un des évêques qui résidait le moins dans son diocèse, et qui le gouvernait lo mieux ; en pos-

(a) Il avait été confié à M. de V****, entr'autres, quatre ou six milllons pour soutenir le cours des billets des fermes des rescriptions, &c. Il répondit à la demande de ces fonds, qu'ils avaient été consommés par ces opérations ; au lieu d'argent il offrit un compte, et on ne sait si ce compte a jamais été rendu. Il a fini par mettre un terme à toute discussion, en se tuant.

session d'une grande influence dans les décisions du clergé sur le spirituel et sur le temporel, la lumière et le guide des états de Languedoc ; jouissant dans une société très-étendue d'une grande réputation de capacité ; appelé par une protection déclarée de la reine aux plus grandes places, les ambitionnant depuis long-temps, et singulièrement le ministère des finances, qu'il obtint alors avec le titre de ministre principal.

Le rôle important qu'il avait joué dans la direction des affaires de Languedoc, avait pu lui donner quelques notions des finances, mais empreintes des formes et des usages du Languedoc. Ses idées sur cet objet étaient grandes, mais superficielles et vagues, tenant plus aux notions d'un homme du monde, d'un spéculateur, d'un philosophe, qu'à celles formées et rectifiées par l'étude et l'expérience. Dès qu'il parut sur la scène ministérielle, le génio admiré en Languedoc disparut ; et on a prétendu, non sans quelque apparence de raison, que cette dégradation tenait au dérangement de sa santé, et à l'action des remèdes qu'elle exigeait (a). On ne vit en lui que la réunion des défauts les plus graves d'esprit et de caractère ; précipitation dans les décisions ; incohérence dans les déterminations ; intolérance de contradiction ; inexécution des pa-

(a) On a dit qu'il était attaqué d'une maladie, qu'une conduite sage lui eût évitée.

rôles données, même sur des objets peu importans, où la prudence proscrivait la mauvaise foi *(a)*. Le gouvernement sous sa direction éprouva des échecs plus dangereux qu'il n'en avait encore éprouvés depuis le règne de Louis XVI. Non-seulement le parlement de Paris se refusa à l'enregistrement de nouveaux impôts ; mais ce corps si jaloux jusqu'alors d'étendre sa juridiction, la restreignit, et déclara qu'il se reconnaissait incompétent pour sanctionner la création des impôts, et que le droit de cette sanction n'appartenait qu'aux états-généraux ; et le roi présent à une assemblée du parlement, le premier prince du sang lui demanda la convocation de ces états. Le prince et le parlement furent exilés *(b)*, et bientôt après ils furent rappelés, sans que l'arrêté parlementaire fut révoqué. Le gouvernement changea de système, promit d'assembler les états-généraux, mais dans quatre années seulement, sans donner raison de ce délai ; et en attendant pour pourvoir aux besoins de l'état, il

(a) Une des affaires qui lui a fait le plus de tort, a été celle des agens de change ; il voulut en créer de nouveaux offices, d'autant que les pourvus de ces offices avaient fait des fortunes énormes dans le trafic des fonds publics ; comme ils désiraient éviter d'avoir des concurrens, ils offrirent une somme considérable pour que leur nombre ne fût point augmenté ; mais dès que cette somme fut payée, les nouveaux offices furent créés.

(b) Il y eut aussi deux ou trois conseillers au parlement constitués prisonniers.

ouvrit un emprunt de quatre cents millions à remplir dans ces quatre années. Le délai pris pour l'assemblée des états-généraux découvrit facilement l'illusion de cette promesse, et l'emprunt ne fut point admis; alors nouveau stratagème, création d'une cour plénière, qu'on prétendait avoir existé dans les premiers temps de la monarchie. Cette cour qui devait suppléer les états-généraux, et soustraire à la juridiction des parlemens les affaires relatives à l'ordre public, n'eut aucune consistance, ne dura pas même assez pour qu'il fût procédé à la nomination de ses membres, et rendit le gouvernement ridicule *(a)*; un des plus grands maux dont puisse être atteint le gouvernement, parce que ce ridicule conduit au mépris, et le mépris à l'insubordination *(b)*. Le gouvernement ayant échoué dans tous ces moyens, et se voyant dans l'impossibilité d'acquitter les dettes de l'état, ordonna qu'elles se-

(a) Cette cour devait connaître des affaires d'état, et des finances; et être composée d'un certain nombre d'hommes considérables, choisis dans le clergé, la noblesse, la magistrature. Que cette cour eut précisément existé ou non, c'était une question que les érudits même dédaignèrent d'approfondir.

(b) L'archevêque pour se tirer d'une situation si critique, imagina de faire proposer à M. Necker de reprendre l'administration des finances, mais sous ses ordres; l'orgueilleux Génevois rejeta la proposition avec indignation et mépris; mais par cette offre imprudente qui ne fut pas très-secrète, il prit plus de consistance, et acquit des moyens de remplacer celui dont il refusait d'être le second.

raient payécs trois cinquièmes en espèces, deux cinquièmes en billets, qui auraient cours dans le commerce *(a)*. Cette création d'une monhoie idéale et forcée, ayant causé le plus grand effroi, l'archevêque dans l'impossibilité de résister à la commotion qui s'éleva contre lui, sortit du ministère, où il n'avait fait que des fautes ; il en sortit comblé des bienfaits du gouvernement, et poursuivi par l'indignation et les outrages du peuple *(b)*.

Telle était l'effrayante situation des affaires, lorsque M. Necker en reprit la direction ; ce rappel fut forcé par plusieurs causes ; l'apparence d'une ban-

(a) Il paraît que par une irrégularité inconcevable, et une témérité sans exemple, une détermination d'une si haute importance fut prise sur la simple exposition qui en fut faite au conseil, sans qu'il eut été mûrement délibéré sur les conséquences qui devaient en résulter, et sans qu'il y eut un vœu formé ; et l'arrêt fut imprimé et publié comme muni des signatures nécessaires des personnes en place, sans qu'elles eussent connaissance de la décision.

(b) Appeler au ministère des finances un homme tel, que cet archevêque, fut une grande faute ; le laisser se livrer à tous les écarts d'une imagination déréglée, fut une condescendance insensée ; le renvoyer fut une nécessité indispensable ; lui accorder pour la plus insensée des administrations le cardinalat, la plus grande récompense qui, pour les plus grands succès, puisse être accordée à un ecclésiastique, fut une injustice qui révolta contre le gouvernement. La tolérance des insultes que la populace fit à sa personne et à sa représentation, fut une haute imprudence, et conduisit à l'insulte du trône, et de l'insulte à la destruction.

queroute, ce qui écartait presque tous les prétendans à l'administration des finances ; le vœu général des capitalistes et des banquiers intéressés à ce que les finances fussent entre les mains d'un capitaliste et d'un banquier ; l'attrait qu'avait la nation pour la méthode séductrice qui avait substitué l'emprunt à l'impôt ; la grande renommée que M. Necker avait acquise en Europe où il était plus admiré que jugé *(a)*. Cependant le roi n'aimait ni son caractère, ni ses manières, ni son ton, qui en effet n'avaient rien d'agréable ; il adopta toujours ses plans sans les approuver, mais par la crainte scrupuleuse de commettre quelques fautes dangereuses, en refusant son approbation aux idées du favori de la France et de l'Europe.

Dans cette seconde époque du ministère de M. Necker, il paraît moins ministre des finances que législateur ; mais comme le principal, et même l'unique objet de sa législation a été, ainsi qu'il l'a déclaré lui-même, d'introduire un nouvel ordre dans les impôts, les emprunts et la dépense, nous observons ici la finance, en observant les innovations faites dans l'ordre politique. Dans cet examen, notre intention n'est point de décider ni même d'indiquer quelle constitution convenait le mieux

---

(a) L'Empereur lui avait offert l'administration de ses finances. Le Roi de Sardaigne avait dit publiquement, qu'il aurait désiré que ses finances fussent dignes des soins de M. Necker.

à la France, mais seulement d'examiner si M. Necker a connu ce qu'étaient les institutions politiques de la France, et ce qu'elles pouvaient et devaient être.

Au moment où M. Necker rentra dans le ministère, avant de donner à la nation des lois, il fallait qu'il lui donnât du pain ; qu'il assurât le prêt des troupes, qu'il pourvût au payement des arrérages dus aux rentiers, à des créances instantes, à des dépenses indispensables ; et il ne trouva dans le trésor-royal que 500,000. Nombre de payemens étaient arriérés et ne pouvaient être long-temps retardés ; la plupart des contributions étaient consommées par des anticipations, auxquelles on avait donné la plus excessive extension ; la création des billets d'état causait le plus grand effroi ; toutes les spéculations, toutes les entreprises étaient suspendues et paralysées ; le commerce était en stagnation ; la banqueroute de l'état semblait inévitable, et cependant fut évitée sans coups de force, sans contrainte, sans impôts, sans emprunts, sans ces billets d'état si effrayans, si funestes, dont il ne fut fait aucun usage, et qui même ne parurent point ; il fut pourvu à tous les besoins séparément et pour le moment ; tous les expédiens, tous les reviremens, toutes les ressources de banque, dans lesquelles excellait M. Necker, furent mis en œuvre ; nombre de moyens de détail furent employés, faibles séparément, forts par leur réunion ; et ce fut un grand acte de sagesse, de

n'admettre dans ce moment aucune grande disposition, qui eût trouvé des obstacles insurmontables,
dans la faiblesse et le discrédit du gouvernement,
dans la force des personnes intéressées à la contradiction, et dans le défaut de lumières des corps
dont la sanction était nécessaire pour de telles dispositions ; ces corps voyaient et déploraient les
maux de l'état, et n'admettaient aucun remède douloureux mais efficace.

Il n'est aucun temps de l'administration de M.
Necker, où il ait montré autant de courage,
d'adresse, de sagacité, de talent ; ses industrieuses
et justes combinaisons, et le succès qu'elles ont
obtenues, tiennent du prodige ; et cependant ce n'est
point l'époque de son administration qui a été l'objet
principal des éloges de ses partisans, parce que les
hommes sont plus touchés, plus reconnaissans du
bien qu'on leur fait, que des maux qu'on leur évite ;
lors même que le service est plus grand.

Quelque triste, quelque effrayante que fut la
situation des affaires, il était un point de vue sous
lequel elle devait donner à M. Necker une grande
satisfaction ; il avait toujours désiré une convocation
des états-généraux, qu'il envisageait comme le seul
moyen, par lequel il pût produire les grandes
réformes qu'il projetait ; il n'avait point osé la
proposer lui-même ; mais avait fait admettre des
institutions qui y conduisaient, et la nécessitaient ;
et il se trouvait que cette convocation était ordonnée

par une décision qui lui était étrangère, et par conséquent dont il ne se croyait pas responsable, quoique l'exécution dépendit de lui.

Il arrivait au ministère dans une circonstance qui lui conférait de grands avantages ; il avait l'assistance au conseil, qui jusqu'alors lui avait été refusée ; il n'était plus dans la dépendance de M. de Maurepas, dont il n'avait jamais été que le commis, avec un titre plus honorable. M. de Vergennes, qui depuis avait eu le crédit prépondérant, et qui s'était déclaré hautement le contradicteur de ses idées, et même l'improbateur de ses intentions, n'existait plus. Le garde des sceaux, Lamoignon, par le vice et le mauvais succès de ses dernières opérations, avait perdu considération et consistance ; et nul ministre n'avait ni la pensée, ni le courage de s'opposer à ses projets, ni le crédit nécessaire pour les faire rejeter ; l'extrême dépendance dans laquelle il avait été pendant son premier ministère, lors de celui-ci, se convertit en despotisme.

Malgré tous les avantages que lui donnait une telle position, il eut la sage et politique réserve de ne rien entreprendre, et de ne point agir par lui-même ; il toléra la subversion qui avait été faite de ses établissemens, évita la contradiction qu'aurait éprouvée leur restauration, ne se permit aucune nouvelle institution, aucune réforme ; se détermina à n'agir que par les états-généraux ; dans la conviction que les grands projets qu'il avait conçus, et les grands changemens qu'il estimait nécessaires, devaient être opérés par eux, et ne pouvaient l'être que par eux, ni stabilisés sans eux. En conséquence, il réserva tous ses efforts pour leur donner une constitution conforme à ses vues, leur conférer une très-grande énergie ; leur faire sentir que c'était à lui qu'ils devaient leur existence et leur force, afin de s'en rendre maître, et de s'en servir comme d'un instrument.

Dans cette vue il imagina de donner au tiers ordre un nombre de représentans extraordinaire ; et double de celui de chacun des autres ordres ; ce nombre des représentans conduisait nécessairement à l'accroissement du nombre des suffrages ; et il présumait que la prépondérance qui en résulterait, serait à la disposition de celui à qui elle serait due. Plusieurs grands obstacles s'opposaient à cette innovation ; d'abord nul exemple qui pût autoriser *(a)* l'infraction de l'usage, et une atteinte au droit des deux premiers ordres de l'état. De plus dans l'enregistrement que le parlement de Paris venait de faire de la convocation des états,

---

(a) Il y avait bien des exemples que quelques départemens du tiers ordre avaient nommé plusieurs députés, au lieu d'en nommer un seul ; mais cette nomination n'était d'aucune conséquence, d'autant qu'il ne pouvait y avoir alors aucune relation entre le nombre des députés et le nombre des suffrages ; autrement les départemens qui auraient nommé plus de députés, se seraient par là, de leur propre autorité, attribués plus de suffrages.

il avait été expressément stipulé que cette convocation aurait lieu dans la même forme qui avait été suivie par les derniers états de 1614. Sur une question qui avait une relation intime avec la constitution de l'état, il eût été révoltant qu'un étranger ne consultant que son imagination, se permît d'enfreindre le vœu du corps de magistrature le plus éclairé, et l'autorité du temps ; mais il crut pouvoir étayer cette innovation audacieuse par une apparence de vœu national, par le suffrage de ces notables convoqués si infructueusement l'année précédente, pour inventer des moyens de rétablir les finances *(a)* ; et afin de donner plus de matière aux délibérations de cette assemblée, et d'en voiler le véritable objet. Dans la consultation qui lui fut faite fut compris un grand nombre de questions minutieuses, parmi lesquelles se trouvait placée la seule réellement importante ; quel devait être le nombre des députés du tiers ordre ? *(b)*

(a) Il n'est point d'exemple qu'on ait assemblé les notables d'une nation pour savoir comment en devaient être convoqués les états ; et cette consultation était d'autant plus déplacée, qu'il y avait en France nombre d'exemples de cette convocation contre laquelle il n'y avait jamais eu de réclamation, et le dessein secret de cette mesure artificieuse était facile à découvrir.

(b) Le doublement du nombre de ces députés n'était concordant avec aucun motif qui pût le légitimer. Si la représentation devait être en raison du nombre des citoyens classifiés dans chacun de ces ordres, le tiers devait avoir cent fois autant

Comme les limites du pouvoir des états-généraux n'avaient pas été bien évidemment reconnues
par les états, qui, même dans quelques circonstances, s'étaient attribués des droits destructeurs
de ceux de la couronne, la prépondérance conférée
au tiers ordre *(a)*, et la fermentation des esprits
qui y était extrême, ouvrait aux innovations la
sphère la plus effrayante. Nulle institution quelque
solennelle, quelque antique, quelque fondamentale
qu'elle fût, dont le maintien fut assuré; leur
abrogation pouvait s'étendre non-seulement aux
priviléges pécuniaires de la noblesse et du clergé,
mais à leurs prérogatives honorifiques; même à
l'abolition de toute distinction entre les citoyens;
même à la destruction du trône; même à une redis-
tribution des propriétés, plus rapprochée du système d'égalité qui prévalait. Les notables paraissent n'avoir entrevu que très-imparfaitement ces
conséquences; mais ne trouvant aucun motif pour

de représentans que les deux autres ordres; si la représentation
était réglée en raison des propriétés foncières, base des contributions, qui devaient être l'objet principal des délibérations
des états; la noblesse avait droit, elle seule, à avoir autant de
représentans que le clergé et le peuple réunis. Si la quotité
des contributions levées sur les consommations entrait en considération, la ville de Paris seule aurait eu plus de représentans
que les plus grandes provinces.

(a). Nombre des députés de l'état ecclésiastique qui, par
leur naissance et leur famille tenaient au tiers ordre, réunirent
leurs intérêts et leurs suffrages à ceux de cet ordre.

changer l'ordre de choses établi et cimenté par le temps, le système de M. Necker fut rejeté par tous les bureaux des notables, à l'exception d'un seul, où il ne prévalut que d'une voix.

Alors M. Necker, se trouvant privé des moyens d'autoriser par le vœu des notables une disposition insolite et irrégulière, se crut dans la nécessité d'y renoncer; mais on lui fit sentir que la convocation des états ayant été arrêtée avant son ministère, le tiers ordre ne lui devant aucun avantage, il n'aurait aucun droit à sa reconnaissance, et qu'il ne devait pas s'attendre à avoir une grande influence sur ses déterminations. Frappé de cette considération, il prit le parti le plus extraordinaire, le plus audacieux, le plus indécent, et dont on ne trouve d'exemple dans l'histoire d'aucun peuple; un roi ayant convoqué une assemblée de ceux de ses sujets qu'il estime les plus dignes de sa confiance, pour savoir leur opinion sur une question qu'il ne veut décider que d'après leur avis, leur donnant l'humiliation, et même on peut dire, leur faisant l'insulte, de rejeter leur vœu presque unanime; quoique ce vœu fut conforme au vœu parlementaire, quoiqu'il ne fut que le maintien de l'usage, quoiqu'il fut favorable à la couronne.

Les formes ne furent pas plus respectées que les principes et les convenances; c'est une règle essentielle et nécessaire dans tout conseil, que les opinions y soient secrètes, afin qu'elles soient libres, qu'elles

ne soient ni inspirées par l'intérêt de plaire, ni arrêtées par la crainte d'offenser ; et ce secret est l'objet
du serment qu'on prête quand on est admis au
conseil. Cependant M. Necker se fit autoriser à
donner à son opinion, par l'impression, une publicité
qui secondait ses vues ambitieuses, en le faisant
connaître au tiers ordre comme l'auteur des prérogatives qui lui étaient concédées ; et ce fut un
phénomène bien surprenant dans l'administration
Française, de voir un ministre substituer la promulgation de ses intentions personnelles, aux intentions
du roi, qui seules devaient être connues.

D'ailleurs ce rapport, qui a servi de préambule
à l'arrêt du conseil, était bien peu digne d'être
l'exposé des intentions d'un roi *(a)* ; il y régnait

(a) Dans les temps de fermentation, tout ce qui la sert est
accueilli et admiré ; les erreurs, les inconséquences ne sont point
senties ; les absurdités même ne sont point aperçues ; cet écrit
de Necker fut reçu avec de grands applaudissemens par une multitude amoureuse de nouveautés, et par une secte disposée à la
subversion de tout ordre public. Qu'on juge, sans prévention,
et qu'on écarte le prestige des circonstances, quoi de plus déraisonnable, et autant que la gravité des conséquences peut admettre,
le rire sur un tel sujet ? quoi de plus risible que de proposer le
changement des institutions essentielles d'un grand état sur le
fondement *d'un bruit sourd de l'Europe ?* C'est le principal
motif de détermination cité dans ce rapport. *Un bruit,* autorisait-
il un changement, dont pouvaient dépendre les destinées d'une
nation ? Si ce bruit était *sourd,* il ne pouvait être ni bien certain,
ni bien connu. Dans la réalité, l'Europe, dont le suffrage était
invoqué, n'était que la société de M. Necker, composée de pré-

une dissimulation maladroite et mensongère, et de vains efforts pour cacher la relation intime du nombre des représentans avec le nombre des suffrages ; comme si cette concession pouvait avoir un autre objet.

Lorsque les états furent ouverts, autre innovation, autre irrégularité, autre manœuvre. Dans ces états tendus génies, qui n'avaient que de l'esprit ; et de philosophes, qui s'écartaient évidemment des règles d'une saine philosophie, quand ils raisonnaient sur les affaires d'état dont les principes leur étaient inconnus. Il existait réellement un bruit de l'Europe sur les opérations politiques de M. Necker, mais qui ne leur était pas favorable, comme il l'avait été à ses opérations de finance, bruit qui n'était nullement *sourd* mais éclatant et général ; une réclamation présque universelle des journalistes de tous les pays, qui marquaient leur étonnement qu'on assemblât une nation pour pourvoir au désordre des finances, et qu'il ne fut fait aucune réforme préalable dans la dépense. Cette opinion avait été adoptée par tous les cabinets des princes de l'Europe, et avait donné lieu à de sages avis de la cour d'Espagne, mais qui d'après l'influence de M. Necker furent rejetés par le roi avec marque d'indisposition. M. Necker termina son rapport par une observation aussi extraordinaire, aussi ridicule que le reste ; il avertissait le roi, que si le parti qu'il proposait ne réussissait pas, S. M. pourrait renvoyer le ministre qui avait donné cet avis. S. M. savait, sans que M. Necker prit soin de l'en avertir, qu'elle était maîtresse de renvoyer un ministre ; mais quand le trône serait ébranlé et la nation serait en convulsion, le renvoi de l'auteur du désordre serait un faible remède. Il était évident que cette réflexion de M. Necker, n'était insérée dans son discours, que comme un témoignage de son dévouement au tiers-état, et un indice de la connexité de son existence ministérielle, avec les intérêts de cet ordre.

les intentions du roi ne doivent être annoncées que par Sa Majesté, expliquées et développées que par son chancelier ; le ministre des finances n'y assiste que pour donner les renseignemens qui lui sont demandés ; Necker au lieu de s'en tenir à cette fonction, usurpa celles du roi et de son chancelier ; notifia les intentions du roi, et les expliqua, et même dit au nom de S. M. ce que S. M. n'avait ni dit, ni indiqué ; enseigna aux états-généraux quel était l'objet de leurs délibérations, et quel en devait être l'esprit, et s'érigea en précepteur de la nation.

Mais ce qui est bien plus surprenant et semble inconcevable ; ce qui est bien plus condamnable qu'une irrégularité, et une usurpation de fonctions ; et sous aucune considération ne peut être justifié ; M. Necker a osé dans son discours excéder et enfreindre les dispositions d'un arrêt du conseil délibéré contradictoirement avec lui. Suivant l'arrêt, monument authentique de la volonté du roi, la double représentation conférée au tiers ne lui donnait point une augmentation de suffrages ; M. Necker dans son discours a décidé au nom du roi que dans les affaires d'un intérêt général, le tiers ordre aurait autant de suffrages que de représentans ; il avait cru pouvoir se faire autoriser à cette contradiction de ce qui avait été arrêté dans le conseil, par un agrément obtenu du roi dans un travail particulier, et par conséquent soustrait à toute discussion, et à toute contradiction ; subversion

effrayante et funeste de la seule barrière qui ait
été donnée aux rois contre les surprises d'un ministre
imprudent ou perfide ; anéantissement de la seule
caution qu'ait la nation de la sagesse et de la justice des déterminations qui émanent du trône *(a)*.

Après de longs, orageux, et stériles débats sur la
forme des délibérations des états-généraux, le roi
leur déclara quelle serait désormais la constitution
de l'Etat ; cette constitution avait pour objet principal le règlement des finances, qui, dans le dix-
huitième siècle, a formé le pivot principal sur lequel ont porté les conventions sociales relatives au
gouvernement. Nul impôt, nul emprunt, sans le

(a) Il faut que M. Necker n'ait pas senti toute l'improbité
d'un tel procédé, puisqu'il a osé l'avouer dans ses écrits.

Nombre d'autres mesures de Necker pour la convocation ou
la direction des états-généraux, sont suspectes, ou évidemment
répréhensibles. La proposition qu'il avait faite d'assembler les
états à Paris ne pouvait avoir pour objet que de se ménager les
moyens d'influencer les délibérations des états, et les déterminations du roi par des commotions du peuple, à qui il se proposait
de sacrifier les intérêts des deux autres ordres ; et cette proposition qui devait être rejetée par des motifs d'une haute importance, ne fut refusée qu'à cause de l'incommodité d'un déplacement.

Comment a-t-il pu se permettre d'écrire comme ministre du
roi, et cependant sans l'aveu de Sa Majesté, une lettre au
président de l'assemblée nationale, nouvellement instituée, pour
reconnaître dans cette présidence une importance, une prépondérance qu'alors il n'était nullement dans l'intention de S. M. de
lui accorder ? &c. &c.

consentement des états-généraux ; périodicité de
ces états, et pour assurer cette périodicité, les impôts né devant subsister que depuis une tenue de
l'assemblée jusqu'à l'autre ; toutes contributions supportées également par tous les ordres de la nation ;
droit des états d'assigner les fonds pour chaque objet de dépense, et de se faire rendre compte de
l'emploi ; compte des finances publié chaque année ;
dans le cas d'un danger imminent, faculté au roi
d'emprunter provisoirement jusqu'à la concurrence
de cent millions ; dans tous les temps le commandement de la force militaire réservé au roi.

Ce nouvel ordre de choses était conforme au
plan tracé par M. Necker, sauf quelques modifications, et quelques restrictions qui n'en chan-
geaient point l'essence, et n'en empêchaient point
les principaux effets, et dont, par cette raison, peut-
être on aurait pu se dispenser ; et lui aurait pu les
tolérer ; mais il considéra ces changemens comme
un défaut de soumission à ses idées, qu'il né devait
pas tolérer ; et au lieu de suivre la voie ordinaire
pratiquée par les ministres les plus fermes, quand
les rois ne jugeaient pas à propos de suivre leurs
avis, au lieu de remplir les devoirs de leur état
par une simple comparution, et ensuite de se
retirer du ministère, M. Necker se permit de
manifester son improbation en ne comparaissant pas
à la séance, dans laquelle le roi fit connaître ses
volontés,

Il voulut, après cette séance, donner sa démission ; fut retenu par le roi ; renvoyé quelques
jours après ; redemandé par l'assemblée nationale,
et, sur sa demande, rappelé et rétabli dans sa
place.

Nous avons déjà vu quel fut dans ce moment
son triomphe. Après son retour, pendant quelques
momens idole de la France, il éprouva bientôt de
la part de l'assemblée nationale une contradiction
qui s'étendit à tous les objets, même aux moins
importans, même à ceux sur lesquels par la supériorité de ses connaissances, et par son expérience,
il était le guide naturel de l'assemblée. Il n'eut
pas seulement le crédit de fixer le taux d'un emprunt ; et un intérêt plus faible que celui qu'il
avait proposé, ayant été réglé, l'emprunt manqua ;
mais l'assemblée n'en fut pas plus disposée à revenir
à ses avis, et il tomba dans une inconsidération et
une nullité absolue. Quand 'il voulut dans une
de ses comparutions à cette assemblée parler de
sa vertu, il parut ridicule ; s'étant hasardé à parler
de sa femme, il fut accueilli par des éclats de rire ;
quand, pénétré de toutes les contradictions et les
humiliations qu'il éprouvait, il versa des larmes
au milieu de cette assemblée ; on ne vit dans
cette marque de sensibilité, qu'un acte de faiblesse, et un manque de caractère.

Les principaux personnages des états avaient
conçu des plans bien plus vastes, que ceux de M.

Necker ; voulant faire d'énormes changemens dans l'état, ils avaient reconnu qu'il leur fallait des moyens de finance bien plus étendus, que ceux que pouvait leur fournir une industrie de banque, ressort jusqu'alors presque uniquement mis en action. Ils ne pouvaient chercher des ressources dans l'augmentation des impôts, qui aurait mécontenté le peuple, dont la faveur et l'assistance leur étaient nécessaires ; l'état étant décrédité, la voie des emprunts n'était pas praticable, mais ils ouvrirent deux mines, qui leur produisirent des sommes immenses ; la confiscation des biens du clergé, et celle des biens des Français émigrés, qu'ils donnèrent pour hypothèque d'un papier avec lequel on pouvait acheter ces biens, et qu'on était obligé de recevoir dans le commerce comme espèces réelles. La facilité de créer, par ce papier, des valeurs ; la rapacité de ceux qui en disposaient, les falsifications qui en furent faites, le portèrent à des sommes si énormes, qu'il fut bientôt dans une disproportion évidente avec les propriétés qui en étaient le gage, et qu'il perdit immensément dans la concurrence avec les espèces monétaires ; cependant plus il était décrédité, plus il devenait nécessaire d'en émettre une grande quantité pour subvenir aux besoins de l'état ; et Necker était réduit à n'être que le spectateur inactif de tant de désordres, de folies, d'injustices. Agent de l'assemblée nationale, exécuteur involontaire de ses décrets, maltraité par ce maître tyrannique ; saturé

de contradictions, et d'humiliations ; ayant perdu
sa santé par l'excès du travail, par les inquiétudes
continuelles que lui donnait le manque de subsistances, par la douleur que lui causait sa triste situation et celle de l'état, il se détermina à quitter
le ministère, et à sortir de France. L'annonce de
sa retraite fut reçue sans regret ; et son émigration
ne fut ni sans désagrément, ni sans danger.

Ainsi finit le second ministère de M. Necker.
En résumant l'un et l'autre, on y voit d'une part,
une comptabilité mieux réglée, une admodiation
des impôts mieux entendue, le crédit public recevant une grande extension, et quelques autres parties de finance moins importantes, traitées avec succès, ainsi que nous l'avons observé ; mais où M.
Necker a montré plus d'art, c'est dans les moyens
employés pour faire adopter ses innovations. Dans
l'invention de ces moyens, quelle fécondité ! dans
l'aspect sous lequel ils sont présentés, quelle finesse
et quelle subtilité ! quel enchaînement artificieux
de toutes les mesures ! nulle n'annonce positivement
celle qui suit, mais y tient et y conduit par une
combinaison de manœuvres ministérielles, législa-
tives, politiques, par une gradation irrésistible.
Chaque sacrifice en nécessite un autre, et entraîne
vers un but occulte.

Mais élève-t-on ses vues au-dessus de ces moyens
d'exécution ; veut-on juger M. Necker non par
son industrie pour parvenir à son but, mais

par la sagesse de ce but? l'opinion change, et tout le cours de son administration confirme le jugement qu'en ont porté deux hommes célèbres, en droit de le juger. Lorsque, pour la première fois, on proposa à M. de Maurepas de l'apeler à l'administration des finances, il répondit : *Necker ne convient nullement à cette place. Necker est un écrivain ; il voudra gouverner par des phrases. Necker est un banquier ; il ne verra le salut de l'état que dans le cours des effets publics. Necker est un républicain ; il voudra nous républicaniser. Necker est un Génevois ; dans le royaume de France il verra toujours Genève (a).* Après que Necker eut fait quelques opérations marquantes en finance, et eut établi les administrations provinciales, M. de Machaut dit de lui : *cet homme est un excellent banquier ; ce ne sera jamais un homme d'état.*

Si les conceptions et les plans de M. Necker

(a) Cette opinion n'empêcha pas M. de Maurepas d'appeler M. Necker à l'administration des finances ; mais nous avons vu que d'abord ce fut seulement pour la régie du trésor-royal, pour laquelle M. Necker, comme banquier, avait beaucoup d'aptitude et peu d'inconvéniens. Si depuis il lui confia l'administration générale des finances, ce fut à cause de la disette d'hommes qui convenaient à cette place, et à qui cette place convint ; mais il l'y contint dans la plus grande subordination. Quand, depuis, M. Necker n'a plus eu de supérieur dans son administration, les suites funestes qu'elle a eues ont prouvé que M. de Maurepas avait bien vu.

donnent matière à la censure de sa capacité ministérielle, inculpent-ils aussi sa moralité ? ce sont
deux questions indépendantes, quoique souvent con-
fondues par l'esprit de parti, qui criminalise tout ce
qui émane du dissentiment de ses opinions ; cependant
dans les violentes et funestes dissensions, qui se
sont élevées en France sur la constitution, que devait avoir l'état ; des hommes pensans très-différem-
ment, pouvaient avoir des intentions également
pures ; et par des voies divergentes tendre au même
but ; la meilleure forme de gouvernement possible,
et le bonheur de la nation ; et la moralité doit être
appréciée indépendamment de la rectitude des idées ;
celui-là seul a été coupable qui a sacrifié à son intérêt personnel ce qu'il connaissait être de l'intérêt
de l'état ; et c'est d'après cette règle que doit être
jugé M. Necker.

D'abord il faut reconnaître en lui des sentimens
nobles et un désintéressement rare ; nul ministre
n'a comme lui renoncé aux appointemens attribués
à sa place, qui étaient très-considérables ; et la
méchanceté la plus vénéneuse, n'a pu lui reprocher
d'avoir profité des notions et des avantages que lui
donnait sa place pour des spéculations lucratives ;
au contraire, il a remis au contrôle-général par
forme de cautionnement de sa gestion, une somme de
deux millions quatre cent mille livres, dont il ne
retirait que cinq pour cent, dans un temps où cette
somme placée dans les fonds publics, eût rapporté

davantage *(a)*. Mais ce qui est plus remarquable et forme un procédé dont la France doit conserver souvenir et reconnaissance ; en 1789 lorsqu'il semblait devoir perdre tout intérêt pour un pays dont il était banni, sensible aux malheurs d'une nation qui manquait de subsistances, et dont le gouvernement était sans consistance et sans crédit, il a engagé sa fortune personnelle jusqu'à la concurrence d'un million, pour assurer un approvisionnement de grains, instant et indispensable.

La profession solennelle qu'il a faite d'une morale pure et de principes austères dans la régie de la fortune publique, est un service rendu à l'administration ; en vain ses ennemis ont voulu la faire regarder comme une vaine ostentation, et une fausseté ; même en admettant cette supposition, cette empreinte mise sur l'administration était utile en ce qu'elle ramenait les hommes en place à une décence de procédés, qui contient l'improbité. Malheureusement obligés pour être justes, à une censure fréquente, nous trouvons une consolation à rendre hommage à des vertus. Mais l'ambition de M. Necker ne peut

(a) On pourrait observer que M. Necker ayant acquis une fortune de 400,000 livres de rente, et n'ayant qu'une fille, il possédait plus que n'exigeaient et la dépense que les convenances lui permettaient, et l'établissement de sa fille qui, pour l'argent, était le plus grand parti qu'il y eut en France ; mais la sphère des jouissances est illimitée, et il ne faut pas une âme commune pour s'arrêter sans ses désirs,

être jugée aussi favorablement que son désintéressement ; il est évident que dans le plan qu'il a suivi
de transférer à la nation une partie des droits dont
le trône était en possession, il trouvait un avantage
personnel ; en abaissant le trône, il élevait le ministère ; en se rendant ministre national il acquérait
un plus grand pouvoir, et était admis à contredire
les volontés du monarque, dont autrement il n'était
que l'instrument ; en même temps il se soustrayait
à l'instabilité de sa place, dont il avait sous les yeux
nombre d'exemples, et dont lui-même avait fait
l'expérience ; et il a bien éprouvé cette différence,
puisque depuis qu'il a formé des relations avec l'assemblée nationale et séduit le peuple, le roi l'ayant
renvoyé du ministère des finances, a été forcé de le
rappeler. Il est difficile de se persuader que cette
perspective ait échappé à la sagacité de M. Necker,
et n'ait point influé sur ses déterminations.

Il est un autre moyen de sonder ses intentions,
et de juger ses véritables sentimens. Dans le nouvel ordre public, dont il a été le promoteur, ou il
n'a pas prévu que l'impulsion qu'il donnait à la nation pouvait ébranler le trône, et avoir les suites les
plus funestes ; alors ses vues ont été bien courtes,
et le génie qu'il aurait été bien fâché qu'on méconnut en lui disparaît entièrement ; ou il a fait
usage de la confiance, que lui accordait le roi, pour
lui faire perdre une partie de son autorité, et en
compromettre le reste ; alors c'est un conseiller

bien perfide : M. Necker a senti la force de ce di-
lemme, et il a mieux aimé sacrifier sa véracité que
son intelligence. Il a cru pouvoir se justifier en
observant, qu'un ministre ne doit pas seulement
attachement au roi, mais à la nation, à l'équité, au
bien public ; principe juste, et d'après lequel lorsqu'un roi veut ce qu'il ne doit pas vouloir, un ministre honnête homme renonce à son service. Mais
qu'il trompe le prince qui se livre à lui ; qu'il lui
parle contre sa conscience ; que, par des mesures
artificieuses, il le mène obscurément et inévitablement à sa dégradation et à la perte de sa puissance,
la loyauté d'une telle conduite ne doit point être
jugée d'après des distinctions métaphysiques ; la
décision est dans le cœur. Et si l'amour du bien
public peut autoriser une telle fausseté, c'est un
genre d'héroïsme civique pour lequel tout homme
d'honneur sent une répugnance insurmontable (a).

(a) M. Necker s'est sans cesse produit plus ou moins ouvertement, comme l'homme essentiellement vertueux ; et même a
associé à ce titre sa femme, qui devait être étrangère à des
dissertations sur l'administration. Pendant un temps, le public
a toléré cette jactance, puis s'en est ennuyé, puis s'en est
moqué. Si l'on apprécie avec justesse cette épithète, on reconnaît, que leur fille, Madame de Staël, qui n'y a point participé,
y a de véritables droits : les fautes qu'elle a pu faire n'ont tenu
qu'à une grande sensibilité, à une imagination ardente, à une
affection, une admiration enthousiaste pour son père ; sentiment,
dont la nature excuse l'excès ; elle a pu mériter des censeurs,
mais non des ennemis. Une âme noble, l'amour de tout ce qui

Ayant observé M. Necker sous tous les rapports ; opérations de finance, réforme dans l'ordre politique, opinions, discours, écrits, sentimens, procédés ; l'ayant suivi sur le théâtre du monde et des affaires, et dans son intérieur, nous avons sous les yeux tous les élémens du jugement qui doit en être porté ; car quelque soit la dissimulation, le rassemblement des paroles, des écrits, des actions d'un homme dans tout le cours de sa vie, donne la mesure de sa capacité, et révèle le mystère de son caractère. M. Necker ainsi vu, il faut d'abord reconnaître que certes ce n'est pas un homme d'un acabit ordinare ; que celui qui né sans biens, commis subalterne chez un banquier, devient son associé, fonde en son propre nom une maison de commerce, y acquiert une richesse rarement portée en France, par le commerce, à un tel degré ; passe dans une carrière qui lui était étrangère, la carrière de l'administration, pour laquelle il n'avait fait aucune étude ; s'affranchit bientôt du supérieur qui lui avait été donné, acquiert la plus brillante réputation ; et après des revers, qui n'attaquent que son existence ministérielle, et ne portent point atteinte

confère la gloire, l'élévation au-dessus des intérêts personnels, un cœur incapable de haine ; voilà ce qui constitue réellement un être vertueux, et voilà Madame de Staël. Si elle n'avait eu que la dixième partie de l'esprit et de l'imagination dont la nature l'a douée, elle eût été plus respectée, plus aimée, plus heureuse.

à la haute opinion qu'il a inspirée de son génie,
parvient à se placer sur les marches du trône, s'empare du sceptre, le dirige à son gré ; se rend le
conseil, le guide, le favori d'une grande nation ;
lie son existence ministérielle avec le salut de l'é-
tat ; fait retentir de sa renommée toute l'Europe ;
inspire un enthousiasme, qui ne permet pas d'apercevoir ses fautes, l'élève au-dessus des plus grands
ministres, et croit voir en lui l'homme nécessaire ;
imposante illusion, qui n'est enfin détruite que par
le corps politique, qui lui devait son existence, et
dont l'organisation lui avait paru le chef-d'œuvre de
son habileté, et le point d'appui de sa puissance.

Dans ses qualités et ses talens ministériels, on
trouve des contrastes surprenans : une âme élevée
sans être ferme ; exaltée, enivrée dans la faveur,
énervée, abattue dans la disgrâce ; de grandes et
hautes conceptions, de grandes erreurs ; un grand
art dans l'exécution ; peu de sagesse dans les plans ;
dans ce qui concerne le maniement de l'argent, une
grande habileté ; dans les autres parties de finance,
manque de génie, et même souvent de capacité ;
dans les principes législatifs, la plus grande présomption cimentée par la plus grande ignorance ;
plus de disposition à flatter la nation qu'à la servir,
cependant cette séduction pouvant être une tendance à acquérir les moyens d'être utile ; peut-être
des intentions louables, mais des moyens répréhensibles et des conséquences funestes. Quelle terri-

ble responsabilité font peser sur la tête de Necker les événemens, suites de ses dispositions ! Une infraction des engagemens de l'état plus étendue, plus ruineuse qu'il n'en avait jamais existé, et ce désastre n'étant que le moindre des malheurs : tout principe d'équité interverti ; les services et la gloire des ancêtres étant des titres de défaveur contre leurs descendans ; la richesse étant un sujet de persécution ; la vertu punie comme un attentat ; la nation démoralisée ; l'irréligion légalisée ; l'atrocité investie de la puissance ; tout le territoire de la France transformé en une boucherie d'hommes ; le citoyen s'érigeant en bourreau de son concitoyen dissident en opinions politiques ; le trône, qui paraissait le plus inébranlable, détruit ; un roi, qui avait fait à sa nation les plus grands sacrifices, périssant sur un échafaud, par l'ordre des députés de cette nation ; les législateurs s'assassinant les uns les autres, et pour la plupart l'assassinat n'étant qu'un acte de justice irrégulier ; la nation passant rapidement dans toutes les formes de constitution politique, depuis la dégradation de l'ancienne monarchie jusqu'à la démocratie la plus absolue et le despotisme populaire, le plus terrible des despotismes ; chaque changement étant opéré par l'effusion du sang, sans que la sûreté et la tranquillité ayent pu être recouvrées que par le rapprochement vers l'ordre monarchique qui avait été détruit. O Necker ! voilà ton ouvrage ! Sans doute ces horreurs étaient loin de ta pensée ; l'opposition que tu y apportas, lorsque tu en vis l'explosion ; tes malheurs personnels qui en ont été la suite ; ton caractère qui n'eut rien d'atroce ; tes défauts même dont le principal fut une passion désordonnée pour la gloire, le plus excusable et le plus noble des égaremens ; tout t'absout de la participation à ce délire du crime. Il est possible, même il n'est pas sans quelque vraisemblance, que ta pensée élémentaire, ton sentiment primitif ayent été de conférer à une grande nation une meilleure existence ; et que tou intérêt personnel, l'amour de la célébrité, de la puissance, des honneurs n'ayent occupé dans ton âme qu'un rang subsidiaire.

Que si l'innocence de l'intention ne suffit pas pour obtenir indulgence, si les Français persistent à te rendre responsable de leurs malheurs et de leurs crimes, qu'ils jouissent du cruel plaisir que peut savourer la vengeance ; qu'ils sachent que nul d'eux n'a été plus malheureux que celui dont ils se plaignent d'avoir été les victimes ; qu'ils te voyent haï, menacé, poursuivi par cette populace qui t'avait révéré comme son protecteur ; obligé de fuir du territoire de tes triomphes ; n'ayant pas d'asile assuré, pas même dans ta terre, quoique située hors de France ; forcé de te retirer dans l'intérieur de la Suisse, et là même n'étant pas à l'abri des insultes. Il n'est point de rapport sous lequel Necker n'ait souffert ; une partie de sa fortune a été retenue par l'assemblée nationale, et altérée par cette retenue. Sa plus grande consolation était la société de sa femme ; il l'a vue périr à ses côtés, tuée par le chagrin. Agité jusqu'à ses derniers momens par ce besoin d'exister dans l'opinion publique, qui a fait le mobile et le tourment de sa vie, il s'est, pour s'y rappeler, livré à des efforts continuels et impuissans. Détesté par le parti royaliste qu'il avait offensé ; dédaigné par le parti républicain qu'il avait servi, mais qui avait été beaucoup au-delà de son plan ; indifférent ou odieux au reste de la terre ; étranger à tous les intérêts ; enterré de son vivant ; il a éprouvé le sort le plus accablant pour la vanité et l'ambition. Ses dernières années n'ont été qu'une longue et douloureuse agonie, terminée par une mort, dont l'aspect a été pour lui une jouissance. La justice des tribunaux ne fait pas subir aux plus grands coupables un supplice aussi terrible.

RÉCAPITULATION ET OBSERVATIONS.

Dans l'espace de cent trente et une années que nous venons de parcourir, on compte vingt-huit ministres des finances. Sous Louis XIV., depuis qu'il a gouverné par lui-même, Colbert, Pelletier, Pontchartrain, Chamillart, Desmarets. Sous Louis XV. *(a)* Law, Pelletier de la Houssaye, Dodun, Pelletier des Forts, Orry, Machaut, Sechelles, Moras, Boulongne, Silhouette, Bertin, Laverdy, Dinvau, Terrai. Sous Louis XVI. Turgot, Clugny, Taboureau, Necker, Fleuri, d'Ormesson, Calonne, Fourqueux, l'Archevêque de Sens.

Neuf de ces ministres nous ont paru devoir fixer notre attention ; après les avoir vus séparément, il nous faut les mettre en présence ; les rapprocher les uns des autres, pour faire ressortir leurs qualités et leurs défauts ; vérifier en quoi ils ont différé ; les classifier d'après le genre et l'étendue de leurs idées, l'analogie ou la disparité de leurs dispositions, et les succès favorables ou défavorables. Ensuite en élevant nos vues jusqu'aux causes de ce que nous avons observé, il nous faut rechercher pourquoi la France n'a pas eu un plus grand nombre de ministres des finances dont elle puisse s'honorer.

(a) Pendant la minorité de Louis XV. les finances ont été d'abord régies par des conseils.

SECTION PREMIÈRE.

Recensement et Parallèle des dix Ministères, objets de nos observations.

I.

Epoques dans l'administration des finances.

Les dix ministères, dont nous avons fait l'inspection, offrent des caractères si différens, si opposés, que chacun paraît former époque dans l'administra-tion des finances.

Presque tous les impôts existans lors de la révolu-tion de France, étaient établis avant que les finances passassent dans les mains de M. Colbert ; mais presque tous, dans le cours de ce ministère, ont subi réforme et rectification ; première époque. Dans la guerre de la succession d'Espagne, la France dé-pourvue d'hommes et de productions, entamée dans son territoire, menacée d'être entièrement envahie, obérée de dettes, et sans crédit, a été soutenue par le courage, la sagacité, l'industrie de M. Desmarets ; deuxième époque. Le crédit dont jusqu'alors on ne connaissait point en France l'énergie, a pris une énorme extension ; et par son explosion et l'abus qui en a été fait, a achevé de ruiner l'état, dont il devait acquitter les dettes ; on ne peut à ces traits méconnaître le système de Law ; troisième époque. La constitution de la fortune publique a reçu un perfectionnement notable, un impôt perpétuel a été établi, prototype des autres, en ce qu'il était territorial et universel ; et, en même temps, une caisse d'amortissement a donné une base et un soutien au crédit ; ces deux institutions sont dues à M. de Machaut ; quatrième époque. Un nouveau genre de contribution a été introduit ; des droits ont été créés sur les jouissances de la richesse, cette innovation a distingué et honoré le ministère éphémère de M. de Silhouette ; cinquième époque. Les impôts ont été augmentés par addition et sans choix ; en même temps les droits des créanciers de l'état ont été réduits, et la dépense n'a point éprouvé de retranchement ; c'est le ministère de l'Abbé Terrai ; sixième époque. De ces dispositions onéreuses et violentes, indépendantes de toute règle de justice, on a passé subitement à une discussion scientifique des règles élémentaires des contributions, de la fabrique et du commerce ; l'esprit public a été porté aux innovations ; et nulle rectification importante n'a été opérée ; c'est le ministère de M. Turgot ; septième époque. Il a été pourvu aux dépenses de la guerre par des emprunts, et il n'a point été créé d'impôts pour assurer le payement de ces emprunts ; c'est le premier ministère de M. Necker ; huitième époque. La dépense déjà excessive a été encore augmentée ; des emprunts ont été ouverts sans être remplis ; l'ex-

agération de la dette a fait éclater la crise des finances ; une assemblée de notables a été convoquée
pour y remédier, et n'a rien produit ; c'est le ministère de M. de Calonne ; neuvième époque. Le ministère des finances a été transformé en législation
politique, et le changement de la constitution de
l'état imaginé pour la restauration des finances, en a
achevé la ruine ; c'est le deuxième ministère de M.
Necker, et la dixième et dernière époque.

II.

Classification des ministres.

En classifiant les ministres que nous venons de caractériser, suivant les parties de finance dont ils se sont
le plus occupés, et dans lesquelles ils ont concouru, on
trouve que MM. Colbert, de Machaut, Silhouette,
ont travaillé avec un grand succès la partie des impôts. M. de Machaut a fondé l'impôt territorial.
M. de Colbert a perfectionné les droits sur les consommations. M. de Silhouette a introduit les droits
sur le luxe. Les autres ministres n'ont rien fait de
remarquable pour la rectification des impôts. M.
Desmarets ne l'a pu, par les terribles circonstances
dans lesquelles il s'est trouvé ; M. Turgot avait sur
cet objet des vues extraordinaires et bizarres, qu'il
n'a pas eu le temps de mettre à exécution ; MM.
Law, Terral, Necker, ne paraissent pas en avoir eu
la pensée, ni les connaissances nécessaires pour l'en-

treprendre ; M. de Calonne a conçu des idées sub-
versives des contributions établies, et qui ne pouvaient les remplacer.

Dans les expédiens de finance qui peuvent sauver
un état d'une grande crise, M. Desmarets, et M.
Necker dans le commencement de son second ministère, se sont montrés supérieurs à tous les autres
ministres.

Dans l'administration du crédit national, MM.
Law, Machaut, Necker, &c. se sont distingués : M.
de Machaut lui a donné de la consistance par la
création d'une caisse d'amortissement; M. Law lui a
donné un grand élan, mais l'a perdu par l'exagération;
M. Necker en a plus qu'aucun autre manié les
ressorts avec dextérité, mais les a brisés en voulant
les appuyer sur une base plus solide.

Presque tous ces ministres ont senti la nécessité
d'étendre leur inspection sur la création et le progrès des valeurs qui, en formant la richesse nationale,
donnent une base à la finance, et un aliment à
l'impôt; mais la plupart ont négligé, ou n'ont pas
su cultiver ces germes de la fortune publique.

Nous avons vu M. Colbert tantôt servir utilement
la population par la réduction du nombre des communautés religieuses, tantôt lui accorder des avantages illusoires par des gratifications aux prodiges
des qualités prolifiques ; faire de grandes concessions
au commerce, mais le gêner par la formation de
compagnies exclusives ; favoriser les manufactures,

par le maintien du bas prix du bled, mais par là desservir l'agriculture plus intéressante que les manufactures.

La plupart des ministres, gênés par la situation des finances, ont été plus occupés de pourvoir pour le moment aux besoins du fisc, que de ménager pour l'avenir une grande richesse nationale. M. Turgot dans ses vastes conceptions et ses dispositions démesurées, s'était flatté d'appeler la France à tout genre de prospérité. M. de Machaut sans qu'il ait rien fait directement pour le succès de l'agriculture, l'a servie efficacement, en créant un impôt, qui, s'il eut subsisté tel qu'il avait été établi, eût tôt ou tard été substitué à la taille, qui, par son arbitraire et les exemptions qu'elle admettait, était le fléau de l'agriculture. M. Necker qui, par son état de commerçant devait, mieux que tout autre ministre, apprécier les intérêts du commerce, et distinguer les moyens de le servir, n'a point pris cet objet en considération, et n'a fait qu'une légère rectification dans les règlemens sur les manufactures.

MM. Colbert, Desmarets, Machaut, sont les trois ministres des finances qui ont adopté des principes plus sages et ont rendu de plus grands services. A la tête de tous les ministres de ce département doit être placé M. Colbert ; nul n'a dans ses institutions embrassé plus d'objets ; nul n'y a porté plus de rectification, n'a plus effacé ses prédécesseurs, n'a plus devancé ses contemporains, n'a plus do droit au titre de bienfaiteur de la France ; cependant ni lui ni aucun autre ne paraît avoir étendu ses vues sur toutes les parties de la finance, et en avoir saisi le vaste ensemble.

A travers les variations et les modifications qu'a subies cette science, on y reconnaît, ainsi qu'on peut l'observer dans presque toutes les sciences, un perfectionnement progressif, une extension de connaissances indépendante de l'intelligence personnelle des ministres ; et ceux de ces derniers temps ont atteint des vérités inconnues à ceux même de leurs prédécesseurs, qui leur étaient le plus supérieurs en capacité.

III.

Les ministres des finances ont porté dans leur administration l'empreinte de leurs fonctions précédentes.

Comme les ouvrages de l'homme reçoivent leur forme des moules par lesquels ils passent, l'homme lui-même reçoit cette forme de l'ordre des choses dans lequel il a vécu, de la situation dans laquelle il s'est trouvé, des fonctions qu'il a remplies ; et il est remarquable qu'il n'est aucun des neuf ministres, objets de nos observations, dans lequel on ne trouve au moins dans le premier temps de son administration des vestiges de ce qu'il a été avant son ministère.

M. Colbert qui, comme intendant du Cardinal Mazarin avait fait au gouvernement des prêts à

un denier fort onéreux, avait administré des droits
d'octrois délégués au cardinal pour le remboursement de ses prêts, et avait régi de grandes terres,
débute dans le ministère par défendre aux gens de
finance de faire des avances au roi, attendu l'usure
qui en résulte ; il dépouille les villes de la moitié de
leurs octrois, et s'en empare pour le compte du roi ;
il met un meilleur ordre dans l'administration des
bois du roi, qui forment la partie la plus considérable et la plus précieuse des domaines réels de la couronne.

M. Desmarets, exercé, sous M. Colbert son oncle,
au maniement des ressorts de la fortune publique,
montre dans les désastres de la guerre de la succession, une admirable sagacité dans le choix des expédiens, une fécondité prodigieuse dans l'invention des
ressources.

Law, qui était un joueur et un spéculateur, ap-
pelle la nation Française à spéculer dans le commerce
du Mississipi, et à jouer sur les fonds publics.

M. de Machaut, administrateur d'une province où
les impôts étaient réels, et où les communes avaient
des fonds considérables, et des dettes, établit un
impôt réel, et un amortissement de la dette nationale.

M. de Silhouette, commissaire du roi à la Compagnie des Indes, assimile la forme de la régie des
revenus du roi, à la forme de la régie de cette compagnie ; n'ayant point jusqu'alors administré les fi-

nances de France, mais ayant étudié celles d'Angleterre, il introduit en France un genre de contributions admis dans cet état.

L'Abbé Terrai, accoutumé à juger des faillites,
où, par l'insuffisance des biens du débiteur, le
créancier subit des pertes, réduit les rentes sur
l'état, et suspend le payement d'autres obligations.
Ignorant quels impôts, quels droits sont les plus onéreux, il les augmente tous dans la même proportion.

M. Turgot, profond penseur, avantageusement
connu par plusieurs écrits d'une haute métaphysique,
porte cette métaphysique dans la finance, et dé-
daigne de raccorder ses principes avec les faits.

M. Necker, absolument ignorant de la nature des
impôts, mais habile banquier et expert dans les opérations de crédit, pourvoit à la dépense par les emprunts, et exclut les impôts.

M. de Calonne, qui toujours avait cherché à plaire
et à séduire, défend mal la fortune publique contre
l'invasion de l'avidité en crédit. L'inconséquence
qu'il avait montrée dans la première des affaires
par laquelle il avait été connu, il l'a montrée
encore dans le ministère; il était devenu de confident de M. de la Chalotais, son accusateur; ayant
assemblé et choisi les notables, il les accuse de tra-
hir les intérêts de l'état.

M. Necker reprend, dans son second ministère,
les erremens du premier. Né républicain, il persiste
à introduire en France des principes démocratiques,

et par cette innovation, contraire à la nature des choses, il perd la finance, l'état, et lui-même.

IV.

Différence du caractère des ministres des finances sous le règne de Louis XIV. et sous les règnes suivans.

Les ministres des finances de Louis XIV. diffèrent de ceux de Louis XV. et de Louis XVI., par leurs bonnes et par leurs mauvaises qualités ; et leurs caractères offrent un contraste frappant. Sous Louis XIV. ils ont montré l'avidité des richesses, et ont acquis des fortunes énormes. M. Colbert né sans biens, est devenu propriétaire de grandes terres, a bâti de superbes châteaux ; et, à sa mort, sa fortune a été évaluée à dix millions, monnoie de ce temps. La faute que M. Desmarets avait commise avant d'arriver au ministère, ne permet pas de le disculper d'un amour désordonné de l'argent.

Sous les règnes subséquens, les mêmes sentimens ne se manifestent plus ; et l'énormité des fortunes ministérielles disparaît. La fortune de Law a été comme son système, prodigieuse et rapide dans son élévation et dans sa chute ; mais son ministère voisin du règne de Louis XIV. peut être, à cet égard, con-sidéré comme portant encore l'empreinte de ce règne. Depuis Law jusqu'en 1791 aucun ministre des finances n'a acquis des richesses disproportionnées au produit des appointemens et des émolumens de sa place. L'Abbé Terrai et M. de Calonne, les deux ministres des finances dont la probité a été le plus suspectée, n'ont point laissé de fortunes exorbitantes. La modération de la dépense de l'Abbé Terrai, et le grand ordre qui régnait dans sa maison, ont dû lui laisser chaque année un excédant de revenu considérable, à joindre à une grande fortune patrimoniale. Une situation, et un régime domestique absolument contraires dans M. de Calonne, ont pu absorber les produits légitimes de sa place, et au delà ; mais la preuve qu'il n'a pas, dans le ministère, acquis de grandes richesses, est que depuis qu'il n'a plus été en place, il a vécu sur la fortune de sa femme, qu'il a ruinée comme il avait ruiné l'état. M. Necker est le seul ministre des finances, qui, depuis le règne de Louis XIV., ait laissé une grande fortune ; mais il ne la duc qu'à la banque et au commerce, et il a renoncé aux appointemens et aux émolumens de sa place ; procédé généreux, dont avant lui aucun ministre des finances n'avait donné l'exemple.

Si les ministres de Louis XV. et de Louis XVI. ont professé des sentimens plus désintéressés que les ministres de Louis XIV. ceux-ci leur ont été bien supérieurs par leur zèle pour la gloire et la prospérité du roi et de l'état, et par le courage avec lequel ils ont bravé tous les obstacles ; leurs entreprises ont eu un caractère de noblesse, de grandeur, de tendance à l'immortalité, autant qu'il est donné à la faiblesse humaine d'y prétendre, s'élevant au-dessus de leur nation et de leur siècle ; ils ont eu en perspective l'Europe, l'univers, les siècles à venir. Depuis eux cette élévation, cette force sont disparues du ministère, qui, surtout dans les derniers temps, a été gouverné par ceux qu'il devait gouverner. Sous Louis XIV. les ministres ont mis leur réputation entre les mains de la postérité ; sous Louis XVI. la plupart d'entre eux l'ont placée en viager.

V.

Esprit du ministère sous Louis XIV. et sous Louis XVI.

Non-seulement les ministres de Louis XVI., ont différé de ceux de Louis XIV. par leur caractère, ils en ont différé aussi par l'esprit de leur administration ; leurs principes n'ont point été aussi sages ; leurs dispositions n'ont pas été aussi bien combinées ; les plans adoptés n'ont point été aussi constamment, et aussi fidèlement suivis ; et conséquemment les mêmes succès n'ont point été obtenus. Dans quelques opinions, cette déchéance de l'administration a procédé de ce que, dans ces derniers temps, l'esprit philosophique s'était introduit dans l'administration ; mais, dans la vérité, cet honorable reproche n'est nullement mérité. Ce sont les ministres de Louis XIV, c'est M. Colbert qui le premier a porté l'esprit philosophique dans l'administration, et, par cette introduction, l'a élevée et rectifiée. De même qu'en morale il est des hommes d'une âme ferme, qui sont réellement philosophes, sans savoir qu'ils le sont ; de même les hommes doués d'un grand sens, et d'un esprit naturellement juste, par la seule rectitude de leur intelligence ont dans leurs raisonnemens une marche philosophique.

La philosophie, ainsi que l'indique son nom, n'est que la raison ; c'est la raison dans toute son énergie ; raison sublime qui pénètre l'essence des choses, en apprécie les effets, juge indépendamment de l'opinion reçue. Par la hardiesse de ses assertions, et quelquefois aussi par la falsification qui en a été faite, elle a effrayé quelques penseurs timides qui ont voulu la bannir de la direction de tout ordre public ; mais parce qu'elle nuit quand elle n'est pas elle-même, en est-elle moins utile quand elle a le caractère qui lui appartient ? Lorsque la raison se produit sous une dénomination Grecque, perd-elle ses droits, et doit-on bannir des opérations les plus essentielles au bonheur de l'homme, le guide nécessaire de toutes ses opinions, et de toutes ses actions ?

Pour juger à quels traits on doit reconnaître la véritable philosophie ; si c'est un flambeau nécessaire dans toutes les sciences ; si son intervention dans les opérations du gouvernement est admissible ; quel succès on peut en attendre ; interrogeons Bacon qui en est le réformateur moderne ; il en pénètre l'essence, en désigne l'action et la puissance, démontre qu'il n'est point de vérité perceptible à l'homme, à laquelle, par l'intervention de la philosophie, on ne puisse atteindre ; il en trace l'investigation ; et par sa méthode condamne d'avance ceux de ses sectateurs qui, en administration ou sur d'autres objets, ont falsifié ses principes *(a)* ; il semble qu'il

(a) Sans doute, il est de grands reproches à faire, non à la philosophie, mais à l'abus qui en a été fait, et dont, dans ces derniers temps, ont résulté de funestes commotions dans l'ordre religieux, moral et politique. La philosophie a eu le sort de la religion, dont le nom saint et sacré a été usurpé par l'erreur et par le crime ; elle a eu ses fanatiques, ses charlatans, ses hérésiarques, esprits bornés et turbulens, qui n'ont pas aperçu que les préceptes religieux sont la consécration de ce que prescrivent la raison et l'équité, et qui auraient dû se rappeler la sage maxime de Bacon, leur chef : *un peu de philosophie peut faire naître des doutes sur la religion, beaucoup de philosophie ramène à la respecter.*

Ces faux philosophes voulant rendre leur système favorable, ont prêché la bienfaisance ; mais qu'ils ont été faibles dans leurs moyens. Ils ont dit que les hommes sont frères ; les prêtres l'avaient dit avant eux, et bien plus efficacement ; ils ont défini le sentiment de l'humanité ; la religion l'a inspiré. Quelle forte passion ont-ils réprimée ? par quel grand acte de bienfaisance et de pitié se sont-ils signalés ? Dans tous les pays nombre de monumens ont été érigés en faveur de l'humanité souffrante : en est-il beaucoup qui soient leurs ouvrages ? aussi un orateur sacré, annonçant, il y a quelques années, la fondation par la charité religieuse d'un hospice en faveur des gens de guerre, et des ecclésiastiques accablés d'années et d'infirmités, a interpellé ces blasphé-

les indique, quand il proscrit la présomption qui
veut suppléer l'instruction par la méditation et le

mateurs philosophiques, et leur a dit : *parlez ; est-ce en votre
nom que nous sommes rassemblés ?*

Quelques-uns d'entre eux, couvrant leur ambition du masque
de la philosophie, avaient le projet secret de détruire les trônes
ainsi que les autels, et de substituer à la puissance sociale, la puissance de la raison, dont ils prétendaient être les organes et les
ministres ; mais quoi de plus insensé dans le gouvernement des
hommes, que d'effacer l'idée d'un juge qui punit le crime occulte ;
de supprimer le seul moyen d'arrêter le bras de l'assassin qui ne
craint pas la mort ; d'affranchir de toute crainte le tyran investi
d'une puissance irrésistible ? Quel plus grand crime de lèse-hu-
manité que de priver le malheur de sa seule consolation, l'espoir
d'une existence posthume, et d'une félicité éternelle, obtenues
par quelques instans de souffrance. Plus d'une fois les propaga-
teurs de ces nouvelles idées ont été obligés d'avoir recours à ce
qu'ils méprisaient, ou plutôt affichaient de mépriser, et il peut
n'être pas déplacé de rapporter ici l'exemple de deux hommages
involontaires et forcés, rendus à la religion par deux personnages
d'un état et d'un rang fort différens ; mais rapprochés par leurs
opinions, et célèbres dans le siècle dernier, l'un par le charme
de ses écrits, l'autre par le premier des arts, celui de gouverner
les hommes, et par le plus brillant des arts, celui de vaincre.
Voltaire ayant, par ses propos, ses écrits, ses exemples, perverti
le village qu'il habitait, voyait ses bois continuellement dévastés
par les paysans de ce village ; il ne crut pouvoir arrêter ce pillage,
que par le secours d'un ministre des autels, et demanda au curé
du lieu, de faire connaître dans un prône combien voler du bois
était un grand péché ; et, pour donner plus d'importance à ce
prône, il y assista ; mais mécontent de l'éloquence villageoise du
prédicateur, il voulut le seconder, et dit aux paroissiens : *ce curé
est un bon homme ; mais il ne sait pas trop s'expliquer. Ce qu'il*

raisonnément. Comme les idées naissent des sen-
sations ; suivant Bacon, les principes naissent des

a voulu vous dire, est que si vous volez mon bois, vous serez pen-
dus dans ce monde-ci, et brûlés dans l'autre ; vous pouvez y comp-
ter. Malgré l'inconvenance et du discours, et du discoureur, les
vols des bois ont été depuis moins fréquens. Le roi de Prusse,
Frédéric II., affichait un mépris de toute croyance religieuse, bien
peu digne d'un roi, d'un héros, d'un sage ; il vit que ses soldats
prenaient une humeur triste, sombre, farouche, se dégoûtaient de
la vie et se tuaient eux-mêmes, souvent même commettaient publiquement un crime, et se livraient ensuite à la justice pour être
délivrés du malheur de la vie ; il rendit une ordonnance pour que,
le Dimanche, tout soldat allât dans un temple rendre hommage à
l'Etre Suprême. Depuis cette ordonnance il n'y a plus eu autant
de suicides et de moyens odieux de quitter la vie. Quel est le
temps où la France a été souillée des plus grands crimes ? C'est le
temps où une prostituée placée sur un autel semblait disputer à
l'Eternel l'adoration des mortels. Quel est le pays où les mœurs
ont été le plus régulières, et les crimes inconnus, où l'espèce humaine a le plus approché de la perfection morale, a été le plus
assurée de ses moyens de subsistance et le plus préservée des maux
auxquels condamne l'habitation de la terre ? Ce pays a été le
Paraguai sous le régime des Jésuites, pays où le catéchisme était
le code national ; où la piété se confondait avec le patriotisme ;
où le gouvernement était le mieux obéi, et avait moins à sévir ;
où une censure ecclésiastique, et une pénitence publique, étaient
les plus grandes peines qui fussent infligées : voilà le triomphe
temporel de la religion ; voilà ce qu'ont méconnu des hommes qui
se disaient sages, pour y substituer leurs odieuses et funestes opinions ; voilà les égaremens et les crimes de la fausse philosophie.

Mais qu'elle se produise telle qu'elle est dans son essence,
suivant ses vrais principes, respectant les institutions religieuses et
sociales, et par ce sentiment se rendant elle-même respectable :
alors elle se montre dans la dignité qui lui appartient ; elle s'in-

faits, et d'après son ordonnance sur la marche de la pensée, les faits doivent d'abord être constatés, puis analisés, composés, décomposés, recomposés; de cette inspection il faut s'élever jusqu'aux causes productives; de l'observation de ces causes, redescendre aux faits, pour remonter encore jusqu'aux causes, et ce n'est qu'après ces vérifications réitérées, qu'un principe doit être adopté. Or M. Colbert, qui vraisemblablement n'avait jamais lu les ouvrages de Bacon, et peut-être même ignorait qu'ils existassent, a suivi exactement ces erremens, a fait précéder toute détermination importante par un examen détaillé des faits, et la détermination n'en a été que la conséquence. Dans

troduit dans toutes les carrières de la pensée, et en recule les limites; elle ouvre l'univers aux regards de l'homme, et lui en dévoile l'organisation; elle lui donne la dimension du globe qu'il habite, et lui en fait connaître le mouvement; elle lui apprend à fertiliser le sol, à changer l'ordre de la végétation, et à faire porter à un arbre les fruits d'un autre; à modifier toutes les substances, et les adapter à la plus grande utilité; et ce qu'elle ne fait pas par elle-même d'une manière sensible, elle l'opère indirectement par la main de l'agriculteur, de l'artisan, de l'artiste; elle vivifie l'industrie, en lui donnant des principes. Tout ce qui est incorporel est de son domaine; elle fait passer toutes les idées dans un creuset, les lie par le raisonnement; par leur analise, leur distinction, leur comparaison, elle en assure la justesse; et élevant l'homme aux plus sublimes notions, elle en forme un être supérieur à ce qu'il est sans elle; elle fait plus encore pour lui; en le rendant plus éclairé, elle le rend sage; en le rendant sage, elle le rend vertueux; par les lumières, la sagesse, la vertu, elle le rend heureux.

les préambules de ses règlemens, sont rappelés les règlemens antérieurs, l'exposition de leurs motifs et de leurs effets ; sur chaque genre d'affaires, des experts ont été consultés ; leurs rapports ont été soumis à l'inspection, à la méditation, à la prévoyance d'hommes accoutumés à voir sur tous les objets ce que requiert le bien de l'état. Interroger les organes de l'intérêt particulier, et ceux de l'intérêt général ; rechercher ce qui a été ; vérifier ce qui est ; sonder l'avenir ; voilà la règle la plus sage de l'opinion, une méthode vraiment philosophique ; et c'est la méthode de M. Colbert.

Les ministres de Louis XVI. les plus marquans, ont suivi des erremens bien différens ; ils n'ont point rappelé les lois précédentes, ou ne les ont point connues, ou les ont dédaignées ; ils n'ont eu aucun égard aux préjugés, à l'usage, à l'autorité de l'exemple ; ils n'ont point consulté des experts ; ils ont mis à l'écart les délibérations des conseils, ont méprisé l'expérience ; et même quelques-uns d'entre eux ont déclaré qu'ils ne recherchaient point la notion des faits, parce que cette notion leur était inutile, et qu'ils avaient un guide plus sûr dans la force de leurs conceptions ; méthode essentiellement contraire à celle prescrite par la philosophie ; et tandis qu'ils s'écartaient ainsi de ses principes, ils se vantaient d'en être les sectateurs, et se bornaient à en introduire les expressions dans l'administration, où elles sont étrangères et déplacées.

M. Turgot et M. Necker, contradicteurs l'un de l'autre sur presque toutes les parties de l'administra- tion, ne se sont rapprochés, qu'en ce que méprisant également l'observation et l'expérience, ils ont livré la financcetles destinées de la France à des spécu- lations et à des abstractions ; ils sont tombés, en ad- ministration, dans le même genre d'égarement qu'on a reproché dans la religion aux Quiétistes ; dans l'ana- lise des substances aux alchymistes ; dans la con- templation des astres aux astrologues ; à Platon, dans la constitution des états ; divers genres de falsification de la philosophie. Sous le règne de Louis XIV. des ministres ont été réellement philosophes sans pré- tendre l'être, et sans savoir qu'ils l'étaient. Sous le règne de Louis XVI. des ministres qui se sont parés de ce nom, n'en ont eu que le nom.

VI.

Rang qui peut être assigné aux ministres des fi-
nances de France, parmi les ministres de ce dé-
partement dans les autres états de l'Europe.

Quelques défectuosités que nous ayons obser- vées dans l'administration des finances de France ; quelques erreurs, quelques torts qu'on puisse repro- cher à quelques ministres de ce département, ce serait une grande injustice de croire que cette partie de gouvernement ait été plus mal régie en France, que dans d'autres états, et que la classe ministérielle y ait été inférieure à ce qu'elle a été ailleurs.

Des vices dont était infectée la finance Française,
plusieurs tenaient plus à l'ordre politique qu'à l'ordre
administratif; plusieurs impôts onéreux et injustes,
tels, singulièrement, que ceux qui dérivaient de là
féodalité, étaient par cette origine considérés comme
adhérens à la constitution de l'état. Quelques provinces étaient exemptes de contributions, auxquelles
d'autres étaient sujettes, ou en étaient grevées sans
proportion avec leur force contributive; exemptions ou inégalités qui dérivaient du pacte de leur
réunion au corps de l'état, et la réforme de ces vices
de finance semblait inadmissible dans la constitution existante. Quelques impôts, tels que celui
sur le sel, n'avaient point pour appui une base
fondamentale de l'état, et étaient très-onéreux en ce
qu'ils portaient principalement sur la pauvreté, mais
étaient maintenus, parce que la force de leur produit les rendait nécessaires pour l'acquit des
charges et des dettes de l'état, et qu'un remplacement aurait pu exciter une commotion dangereuse.
Enfin il était quelques impôts, tels que les loteries,
qui offraient des monumens d'avidité fiscale et de
fraude scandaleuse, que rien ne justifiait ni n'excusait; mais ces genres de contributions souillaient
aussi la finance de presque tous les états Européens.

Dans la répartition et le recouvrement des impôts
la France avait une supériorité marquée sur les pays
où la finance était réputée le mieux entendue, et le
mieux travaillée ; les impôts justes ou injustes

étaient répartis avec une équité, une intelligence, une industrie admirable ; et la perception était si judicieusement combinée avec le temps, où la faculté de payer était acquise, que, par cette combinaison, les droits les plus onéreux l'étaient aussi peu que leur nature permettait qu'ils le fussent.

La partie de finance, dans laquelle la France a fait de plus grandes fautes, et a eu de plus grands torts, est l'infraction fréquente des engagemens contractés avec ses créanciers ; genre de délit national dont l'état coupable est inévitablement puni par la perte ou l'altération de son crédit ; et ces honteux et funestes événemens doivent moins être reprochés aux ministres qui y ont été amenés et forcés par la situation des affaires, qu'à ceux qui les ont nécessités par leur imprudence et leurs profusions.

Au lieu de comparer les ministres des finances des divers pays d'après leurs fautes, si on les compare d'après leurs talens et les preuves qu'ils en ont données, le parallèle est dans la plus grande partie du temps que nous avons parcourue, évidemment favorable aux ministres de France. La science de la finance doit plus à M. Colbert qu'elle ne doit à aucun des ministres ses contemporains ; nul d'eux n'a aussi bien apprécié les impôts, n'y a introduit une aussi grande rectification, enfin n'a porté à un plus haut degré la richesse du pays dont il avait l'administration. Alors, en Europe, l'industrie n'était en activité qu'en Hollande, en Angleterre, et dans

quelques villes d'Italie ; la France a élevé sa main-
d'œuvre au-dessus de celle de ces pays ; et ses manufactures ont fait tomber les leurs. M. de Machaut a établi une contribution territoriale mieux
réglée, qu'il n'y en avait alors dans aucune partie de
l'Europe ; les droits d'entrée et de sortie du royaume,
l'évaluation de ces droits, le temps de leur acquit,
l'entrepôt, le transit peuvent soutenir la comparaison de ces institutions dans quelque pays que ce
soit. M. de Silhouette a fait connaître à la France
les droits les plus sages sur le luxe ; le cadastre mobile
de la généralité de Paris est une répartition de l'impôt territorial plus ingénieuse, plus sage, plus juste,
que les cadastres de la Silésie, du Milanais, du
Piémont ; les plus renommés de l'Europe. Tandis
que M. Necker, par des innovations, désapprouvées
en France par les hommes d'état, ouvrait le préci-
pice où devaient se perdre et la fortune de l'état, et
l'état même ; des nations étrangères ayant leurs rois
à leur tête, applaudissaient à ces erreurs, et ambi-
tionnaient que leurs finances fussent régies par un si
grand ministre ; preuve que ces pays, dans la science
financière, n'étaient pas aussi éclairés, que la saine
partie de la France.

Ce qui résulte de nos observations est que les
grands hommes en administration, ainsi que dans
toute autre carrière, pour être à l'abri de la critique
ne doivent être vus que de profil ; et que dans les
pays où l'art de régir la fortune publique est porté

le plus loin, il n'est encore qu'imparfait. En mettant à découvert les fautes commises en France, ce ne sont pas seulement celles de cet état que nous avons observées, mais celles de l'Europe, celles du siècle ; et si les ministres étrangers étaient soumis à la même inspection que nous venons de faire subir aux ministres de France, s'ils étaient jugés d'après un examen rigoureux de leur capacité, de leurs connaissances, de l'application qu'ils ont donnée à leurs fonctions, du désintéressement qu'ils y ont porté, la plupart d'entre eux seraient les objets d'une censure plus sévère.

Cependant il aurait été possible que la France eût eu plus d'habiles ministres des finances. Pourquoi ne les a-t-elle pas eus ? C'est ce que nous allons examiner.

SECTION SECONDE.

Pourquoi la France n'a-t-elle pas eu un plus grand nombre d'habiles ministres des finances ?

ON attribue souvent les événemens heureux ou malheureux, et le sort des empires à des causes occultes, que l'ignorance nomme fortune ; mais quand on observe la constitution des états et leur régime, on y découvre l'origine de leur prospérité ou de leur adversité, de leur élévation et de leur décadence ; surtout les causes de leur fécondité ou de leur stérilité en grands hommes.

Première Cause.

Altération de la constitution de la puissance administrative.

COMMENT doit être constituée et organisée la puissance administrative, pour produire d'habiles ministres des finances ? C'est un problème dont la solution est tracée dans toute la nature ; car les êtres politiques doivent être ce que sont les êtres susceptibles de sensibilité, d'action, de production. Dans tous ces êtres existe un caractère universel ; homogénéité de principes, malgré hétérogénéité de substances ; analogie dans la constitution, malgré la différence de la force, de l'action, de la destination. Que la matière sorte de son état brut, et s'organise, les

êtres sont composés de parties distinctes et adhé-
rentes, qui influent les unes sur les autres, se coa-
lisent sans se confondre. La matière s'élève-t-elle
à son plus haut degré de perfectionnement, à l'animalisation ; les parties intégrantes de l'être, et les
qualités qui y sont inhérentes se secondent sous certains rapports, se combattent sous d'autres ; et de
leur concours, et de leur opposition résultent la formation et le maintien de l'animalisation. Dans les
êtres artificiels produits de l'industrie de l'homme,
même genre de constitution, d'autant plus sensible-
ment marqué, que l'œuvre est plus industrieusement
travaillée ; dans ces admirables machines qui me-
surent le temps, les ressorts, par des impulsions
agissantes en divers sens, établissent un équilibre
de forces et un mouvement réglé. Dans les êtres
incorporels produits de l'intelligence humaine, ces
confédérations sociales qui forment d'un nombre
d'hommes un seul être, même combinaison d'action
et de résistance, de forces et de contre-forces ; divers
genres de pouvoirs, l'un législatif, l'autre exécutif,
influent tellement l'un sur l'autre, qu'ils se contiennent sans se détruire. En administration, même
organisation que dans la constitution politique ; un
ministre et un conseil. Ce que le chef de la nation est au corps représentatif de la nation, le ministre l'est au conseil ; de même qu'il ne doit point
y avoir de loi qui ne soit sanctionnée par un vœu
formé au nom de la nation, nulle disposition ré-

glémentaire, qui ne soit délibérée dans un conseil.
S'il n'existe aucune barrière contre les volontés du
gouvernement, il y a despotisme constitutionnel ;
si un conseil n'est pas appelé à discuter les déterminations du ministre, il y a despotisme ministériel.

, Par une suite de cette similitude entre l'ordre
législatif, et l'ordre administratif ; comme les corps
d'états, ou les corps de magistrature qui les sup-
pléent, ne sont point propres à gouverner, mais à
consentir à la formation des lois ou à y résister, et
à réclamer contre les infractions de ces lois *(a)*, les
conseils ne sont point propres à administrer, et
cependant leur coopération est nécessaire en administration. Lorsque pendant la minorité de Louis
Quinze on a voulu administrer par la voie des conseils, on n'a pas tardé à s'apercevoir de leur inaptitude ; et depuis, quand par un excès contraire les
conseils ont été écartés, il n'y a plus eu ni stabilité
dans les principes de l'administration, ni conséquence dans ses dispositions. Il faut donc qu'il
existe une telle relation entre le ministre et le conseil, que le ministre invente, propose, exécute ; que

*(a) Le corps représentatif ne doit pas être choisi, pour prendre
des résolutions actives, chose qu'il ne ferait pas bien ; mais pour
faire des lois et pour voir si on a bien exécuté celles qu'il a faites ;
chose qu'il peut très-bien faire, et qu'il n'y a même que lui qui
le puisse bien faire. (Esprit des Lois.)*

le conseil adopte, rejette, modifie, et inspecte l'exécution *(a)*.

Que les rois craignent et écartent l'intervention
des représentans de la nation, et des corps de magistrature qui en ont les fonctions dans quelques provinces, on n'en doit point être surpris ; il est dans
la nature de toute puissance de chercher à s'étendre,
et d'être peinée de tout ce qui l'arrête et la limite :
d'ailleurs il est possible, et même il n'est que trop
souvent arrivé, que les corps mûs par des intérêts
particuliers, séduits par des intrigues, égarés par le
défaut de lumières, aient formé obstacle à de' sages
institutions ; mais les membres des conseils n'ont
aucune mission pour limiter la puissance des rois,
aucune force, aucun moyen pour lui résister ; ré-
vocables à volonté ils sont bornés à observer et
instruire ; et même la langue qu'on parle dans les
conseils ne peut offenser les oreilles délicates des
rois. Tandis que dans les assemblées nationales, ou
dans les cours de justice, on dit aux rois qu'ils ne
peuvent pas ; dans les conseils on leur dit seulement
qu'ils ne doivent pas ; aussi est-il remarquable que

(a) Cette forme d'administration est à-peu-près la forme originaire, donnée au conseil des finances de France, forme suivie
pendant quelque temps ; depuis négligée, et même presque tombée en désuétude. Il est plusieurs états Européens où cette forme
d'administration est suivie dans plusieurs parties de l'administration ; et ces parties ne sont pas les plus mal régies.

les princes qui par leur capacité et leur expérience pouvaient le plus se passer de conseils, sont ceux qui en ont fait le plus d'usage. On a dit du Roi de France Charles V., surnommé le sage, par excellence, *qu'oncques roi ne se plut d'avantage à demander conseil, et ne se laissa moins gouverner.*

Non-seulement les conseils ne portent point atteinte à la puissance des rois ; mais ils servent à la leur conserver, et empêchent que les ministres ne l'usurpent ; car quand un roi ordonne d'après ce que son ministre lui propose dans un travail particulier, il obéit en ordonnant, parce que le ministre par la supériorité de ses connaissances dans les objets de son département, et par la notion de faits particuliers hors de la vue du prince, a sur lui un ascendant irrésistible ; et si les ministres sont à l'abri de l'inspection des conseils, quoique à l'extérieur les choses restent dans le même état, le ministre devient le roi, le roi n'est que le ministre. Combien de rois ont ainsi été respectueusement détrônés, à leur insu, mais non à l'insu de leurs sujets ! et ainsi a été mise à exécution par des ministres, l'insolente prétention de quelques nations Européennes, qui ont voulu réduire leurs rois à l'emploi de l'estampille. *(a)*

(a) Une composition vicieuse des conseils produit presque le même effet que leur suppression, et c'est un moyen qu'a plus d'une fois employé l'ambition artificieuse des ministres. Dans ces derniers temps on a vu souvent en France le plus grand nombre des membres du conseil de finance être des magistrats, très-bons

Par la discussion des affaires dans un conseil en présence du prince, non-seulement le prince, d'après l'opinion qu'il est à portée de former, juge par lui-même les affaires, mais il juge même ses ministres, parce que par cette discussion, et par la collision des avis, il a la mesure de leur capacité (a).

jugés des procès des particuliers ; des généraux très-capables de mener des soldats au combat et à la victoire ; d'anciens ambassadeurs connaissant bien quelques pays étrangers, mais fort mal leur patrie ; d'autres membres de ce conseil n'excusant à aucun titre leur ignorance en finance. D'autres conseils n'étaient pas plus sagement composés ; une partie des membres du conseil des affaires étrangères n'avait pas la moindre notion des pays étrangers, ni de leur force et de leurs intérêts, ni du caractère de leurs princes et de celui de leurs ministres, ni des intrigues qui agitaient les cours Européennes. Dans une des séances de ce conseil l'Abbé Terrai, qui en était membre, eut l'indiscrétion de hasarder ses idées, et de contrarier le Duc de Choiseul ; ce Duc qui avait un grand goût pour l'ironie, et qui avait des raisons particulières pour ne pas aimer cet Abbé, le félicita sur les grandes connaissances qu'on acquérait à la grande chambre du parlement de Paris dans les affaires étrangères ; mais en même temps il dit au roi, *qu'il croyait devoir avertir S. M., que si elle suivait les avis de ce nouveau politique, avant qu'il fût un ou deux ans, S. M. n'aurait pas un allié en Europe, pas même le Duc de Modène ;* ce furent les termes dont il se servit.

(a) Les Anglais attribuent à la contradiction habituelle à laquelle sont exposés, dans les débats parlementaires, leurs ministres des finances, l'avantage de n'en point avoir d'absolument incapables ; parce que leur incapacité mise à découvert, les ferait tomber dans un discrédit contre lequel ne les pourrait soutenir la plus grande faveur.

En même temps que le conseil maintient dans les mains du prince la puissance qui lui appartient, il l'augmente; parce qu'il attache aux déterminations de la couronne, la considération et la confiance qu'inspirent le résultat d'une mûre délibération, et l'opinion d'hommes sages et instruits; aussi toutes les décisions des rois de France, qui n'étaient pas des ordres particuliers, portaient la mention de *l'avis du conseil*; mais dans nombre d'affaires de finance, cette mention était devenue une fausseté habituelle, et depuis quelque temps ce mensonge légal, qui ne trompait plus, s'était étendu à des affaires d'un ordre important. *(a)*.

Ce n'est pas qu'on doive s'attendre à trouver dans un conseil, d'aussi grandes vues que dans un ministre digne de l'être; car le ministre n'a dû être choisi que d'après l'estime de la supériorité de sa capacité; mais cette considération n'empêche pas la nécessité de la coopération d'un conseil; parceque la plura-

(a) Cette irrégularité est d'un genre bien répréhensible dans toutes les suppositions; car si, par la constitution de l'état, le gouvernement n'a point de barrières, ou n'en a que de faibles, il est important que les rois consultent un conseil, parce que c'est la seule disposition qui puisse assurer à la nation qu'elle est sagement gouvernée. Que si la constitution de l'État oppose aux rois de puissans contradicteurs, une détermination prise d'après l'avis d'hommes de grande réputation, donne à cette détermination sur la contradiction, un ascendant qui appartient nécessairement à la supériorité de connaissances, et de vues, et c'est un soutien qui a manqué absolument au gouvernement de Louis XVI.

lité des opinions sur la question mise en délibération, la fait voir sous divers aspects, la soumet à divers modes d'appréciation relatifs aux diverses connaissances, et aux divers genres d'esprit de chaque membre du conseil ; et ce que la délibération du conseil, comparée à la conception du ministre, perd en fait d'invention, elle le gagne en révision, en inspection, en prudence, en exactitude ; *(a)* ce n'est point un malheur, surtout en France, que le conseil soit moins hardi que le ministre dans ses conceptions, et conserve plus d'attachement aux usages, plus de respect pour les préjugés ; c'est une barrière utile contre les entreprises téméraires, et contre l'attrait qu'a le François pour les innovations.

Il était encore un motif, qui nécessitait en France la coopération d'un conseil dans l'administration des finances ; comme cette administration était une science de tradition, il était intéressant et même

---

(a) On pourrait, d'après la notion de l'intelligence de chaque membre d'un conseil, donner la mesure de la capacité de ce conseil et de son habileté en affaires ; l'évaluation de la force intellectuelle n'est pas la même que celle des forces corporelles dont la coopération donne, en résultat, la puissance de toutes ces forces réunies. Dans une réunion d'hommes délibérans, les plus éclairés attirent à eux les moins éclairés selon qu'ils sont plus ou moins susceptibles de cette élévation, sans cependant qu'ils parviennent à la hauteur de leurs chefs, et conséquemment dans l'admission d'idées neuves ; le résultat de cette réunion de suffrages est un peu au-dessous de ce que serait la conception isolée des premiers personnages de ce corps.

nécessaire que ses principes fussent déposés dans la mémoire d'une réunion d'hommes, qui, se recrutant successivement, conservaient les notions reçues de leurs prédécesseurs, y joignaient les leurs, et les transmettaient à leurs successeurs ; ce qui formait une espèce de code vivant. Si les conseils avaient eu plus de consistance et d'influence, chaque changement de ministres n'eût point opéré une révolution dans l'administration, qui faisait, en quelque sorte, de la France un nouvel état. Sous l'Abbé Terrai, c'est la fiscalité qui a régné ; sous Turgot, la philosophie ; sous Calonne, la faveur ; sous Necker, le peuple. On ne peut voir qu'avec effroi l'audace irrégulière qui a soustrait à l'inspection d'un conseil, des déterminations de la plus haute importance. L'Abbé Terrai faisant, de son chef, souscrire le roi Louis XVI. aux dettes énormes dont était grevé son état ; et ne faisant adopter aucune idée, prendre aucune mesure, pour que cette promesse ne fût pas illusoire. M. Turgot, introduisant un nouvel ordre dans le commerce, sans soumettre ses plans à la discussion d'un conseil, et de conseillers en état de le contredire ; M. de Calonne convoquant des notables sans que le conseil eut été appelé à délibérer sur une disposition qui entraînait de si grandes conséquences ; proposant à ces notables un bouleversement presque total de la finance, et n'ayant donné connaissance de son projet insensé, qu'à deux membres du conseil

respectables à beaucoup d'égards, mais n'ayant aucune notion en finance; M. Necker allant plus loin
encore, non-seulément ne communiquant point au
conseil des dispositions qui intéressaient essentiellement et la finance et la constitution de l'état, mais
encore sur une question de la plus hauté importance
sur laquelle le conseil avait formé un vœu adopté
par le roi, surprenant, dans un travail particulier;
parconséquent soustrait à toute discussion et à tout
éclaircissement, une rétractation subversive de la
constitution des finances et de l'état.

Quelle surprise, quelle douleur, qu'il ait été ainsi
ordonné des intérêts les plus importans d'une grande
nation, sans que le roi en ait donné communication
aux personnes choisies par lui-même pour être con-
sultées sur ces intérêts! Cependant ce n'est pas
seulement en France que cette maturité de délibération, cette règle salutaire de tout sage gouvernement,
sont tombées en désuétude; ou ont souffert de
fréquentes et importantes infractions, qui ont entraîné les plus terribles conséquences dans tout
genre d'événemens. Nous pourrions en citer des
exemples frappans chez les nations modernes; mais
pour ne pas offenser des intérêts encore subsistans,
ne choisissons ces exemples que dans l'antiquité, et
parmi les nations les plus célèbres.

Athènes ne veut point de rois; mais ses orateurs
sont des despotes, qui lui prescrivent à leur gré, ou
la paix ou la guerre; ce n'est pas la rectitude, ce

n'est pas la force du raisonnement, mais la véhémence et le pathétique des discours, la noblesse, la hardiesse des mouvemens oratoires, même la correction et l'élégance du style, même le sonore, le moelleux, la grâce de la voix qui dictent les suffrages des Athéniens. Démosthène, le plus grand orateur qui jamais ait existé, fait ordonner qu'on livrera la bataille à Philippe ; l'armée Athénienne qui n'était point en état de se mesurer avec un ennemi si redoutable est battue ; Démosthène, qui s'y était rendu, et qui n'était capable que de la haranguer, est des premiers à fuir. Athènes a perdu ses plus braves guerriers, est forcée de souscrire à une paix honteuse, et ne l'obtient que de l'indulgence du vainqueur ; cependant l'auteur de tant de malheurs et de honte, par la plus belle des harangues qui soit jamais sortie de la bouche de l'homme, se fait décerner une couronne. Dans une autre circonstance une courtisane, Aspasie, fait déclarer la guerre à une république voisine, parce que quelques citoyens de cette république ont eu le malheur de lui déplaire. Dans tous les temps les services rendus à l'état, la vertu, la gloire, sont aux yeux de ce peuple des titres pour être proscrit. Telles ont été les injustices, tels ont été les égaremens du peuple le plus spirituel, parce qu'ainsi que tant de rois imprudens, il a soustrait des déterminations importantes à la délibération d'une réunion d'hommes experts en affaires.

Le peuple Romain, ce peuple roi, ne s'est pas conduit avec plus de sagesse ; moins sensible aux belles productions de l'esprit, il était mû par ce qui frappait ses sens, et les spectacles lui dictaient ses plus importantes résolutions : c'est ce qu'a observé le génie du dernier siècle, qui a le mieux connu les ressorts moteurs des nations, et ce serait une espèce d'impiété, que d'employer ici d'autres expressions que celles mêmes de cet homme sublime : *le corps sanglant de Lucrèce fit finir la royauté ; le débiteur qui parut sur la place couvert de plaies, fit changer la forme de la république ; la vue de Virginie fit chasser les Décemvirs ; pour faire condamner Manlius, il fallut ôter au peuple la vue du capitole : la robe sanglante de César remit Rome dans la servitude* (Montesquieu). Quels pouvaient être, et quels ont été les résultats d'une telle influence ! Ce peuple avait pris en horreur la puissance royale, et il conféra à des Décemvirs une puissance encore plus illimitée ; sans cesse il changea de constitution et tout changement fut amené par des violences, scellé par des meurtres. Toujours en guerre, nageant dans le sang, fléau du monde, il en triompha ; mais épuisé par la perte d'hommes que lui coûtèrent ses lauriers, il fut obligé de se recruter chez les peuples qu'il avait subjugués. La nation originaire s'éteignit et disparut ; et après des siècles de triomphes et de gloire, il se trouva que Rome n'avait vaincu que pour les vaincus; tel fut le sort de héros, qui n'étaient pas dirigés par des sages. Sur tous les objets, c'est à de telles ou semblables calamités, que doit s'attendre tout état, où la puissance publique, qu'un prince, des magistrats, une corporation, la masse du peuple en soient investis, n'a pas une marche tracée ou inspectée par une institution consultative ; et telles sont les leçons que donne l'histoire, quand elle est analisée et dépouillée de sa pompe insidieuse. Aussi est-ce par le même genre de fautes, que dans la sphère de l'administration des finances, la fortune publique de la France a, dans ces derniers temps, été si mal dirigée, attendu l'inaction et la mise à l'écart des conseils, dont l'importance et la nécessité ont été reconnues de toutes les nations civilisées, quoique ce principe n'ait pas été fidèlement observé.

Cause II.

Imperfection des moyens d'instruction.

Suivant l'opinion la plus généralement adoptée sur les facultés intellectuelles et sur le degré de leur énergie ; quelque soit l'inégalité de ces facultés, tout homme, dont l'organisation est saine, non-seulement peut participer à toutes les notions acquises dans la science qui est l'objet de ses études, mais même par une forte et longue contention de la pensée, peut s'élever à des vérités neuves ; ce qui est réputé symptôme de génie. Cette règle étant admise, il semble que dans l'administration des finances, où les efforts de l'homme sont électrisés par tout ce qui peut agir le plus fortement sur son âme, intérêt de renommée, intérêt d'ambition, la science de l'administration des finances aurait dû faire de plus grands progrès ; mais il est des connaissances dont l'accès n'est ouvert qu'à un petit nombre de personnes, et telle était en France la science de l'administration ; nulle collection de principes qui présentât un système général ; nulle histoire raisonnée qui montrât les succès, et les inconvéniens des institutions. Plusieurs opérations de finance ne pouvaient être bien observées que par quelques personnes dans certaines situations, lors même que ces opérations n'étaient pas occultes, souvent les effets l'étaient. La gradation par laquelle on pouvait parvenir aux grandes places de l'administration, était assez bien tracée, mais mal suivie ; l'aptitude qu'on acquérait anciennement à l'administration générale des finances, par un long exercice de cette administration, était un moyen d'instruction perdu dans ces derniers temps. Prévenons cependant que malgré ces défectuosités que nous allons détailler, il y avait peu d'états en Europe, où le système général de la finance fut mieux entendu, et où quelques parties fussent aussi bien traitées.

Il a paru nombre d'ouvrages sur les finances de France. Quelques-uns étaient de simples collections de lois fiscales, ou des états du produit des impôts; et ce n'étaient pas les ouvrages les moins utiles, parce qu'ils formaient des matériaux pour l'assiette des principes; quelques auteurs ont donné des exposés raisonnés des opérations de finance, et parmi ces auteurs plusieurs, faute de connaître la langue de la finance, ont donné une analise inexacte; et faute de connaître les principes se sont trompés dans leurs éloges, et dans leurs censures. Il est d'autres auteurs plus hardis, qui ont donné leurs idées fondées sur quelques études, mais dépourvues de l'appui de l'expérience, pour des règles d'économie politique; et ce sont ceux dont les opinions sont les plus fautives et les plus dangereuses. Nul ne peut bien décrire une contrée, que l'habitant ou le voyageur qui l'a parcourue; et, à ce titre, deux auteurs méritent d'être distingués, le Duc de Sulli et M. Necker; mais le premier a écrit sur une science qui, de son temps, n'existait pas encore; l'autre dans ses ouvrages volumineux n'a fait que le préambule d'un bon livre, a exposé les faits, n'a pas résolu les questions, dont la solution est nécessaire à l'administration; et n'a pas même donné l'état de ces questions. Quelque mérite qu'on attribue à quelques-uns de ces ouvrages, le ministre qui n'aurait point d'autres guides, tomberait dans de grandes et funestes erreurs.

La statistique, base nécessaire de l'administration, connue en Europe depuis environ quatre-vingts ans, introduite en France depuis environ soixante, y était encore, lors de la révolution, dans une grande imperfection ; on ne connaissait point assez exactement la population, qui, quand on sait en tirer parti, est la première des valeurs, ni les partitions de cette masse, par sexe, par âge, par état du célibat, du mariage, du veuvage, par profession, par habitation des campagnes ou des villes, ni les progrès de la population dans l'un ou l'autre de ces lieux d'habitation, ni les obstacles qu'apportent à ces progrès la dépravation des mœurs, ou des institutions sociales.

Depuis environ quarante ans on avait une juste notion de la superficie de la France, mesurée d'après des procédés géométriques ; mais on n'en avait point encore une notion météorologique ; et l'appréciation de la température modifiée par la situation des lieux et le gissement des montagnes, ce qui change les effets de la distance de l'Équateur.

Non-seulement le sol n'avait point été suffisamment observé, relativement aux richesses renfermées dans son intérieur, mais relativement aux productions végétales dont chaque canton est susceptible, et aux instrumens aratoires analogues aux diverses espèces de sol ; on n'avait point fait de recherches pour reconnaître la proportion de la production territoriale alimentaire, avec la consommation des habitans.

Les procédés des arts avaient été plus surveillés; mais il n'avait point été fait un examen régulier du genre des manufactures les plus avantageuses à l'état, avantage qui n'est pas toujours dans la même proportion que celui du manufacturier.

La proportion des secours dont les provinces sont et peuvent être les unes aux autres, et le genre de leurs relations n'avait point été constaté.

Depuis une quarantaine d'années l'état du commerce extérieur était dressé avec intelligence ; cependant n'établissait point assez exactement la distinction des marchandises qui avaient un caractère plus ou moins prononcé de matières premières ou de matières fabriquées, et autres circonstances qui rendent l'importation ou l'exportation plus ou moins favorable ou défavorable ; ni le degré d'intérêt des divers genres de navigation, grand et petit cabotage, voyage de long cours, etc. ; et de même pour les divers genres de pêche. Point de comparaison exacte de ce que valaient à l'état ses colonies, et de ce qu'elles lui coûtaient. Sur ces objets et nombre d'autres, les faits n'étaient point suffisamment constatés, ni appréciés ; et tant que les élémens des problèmes à résoudre n'étaient point établis, les décisions qui intervenaient ne pouvaient être que hasardées.

Pour exercer avec succès quelque art que ce soit, il faut passer par des fonctions, dont la gradation rectifie et étend les vues ; et la gradation établie

en France pour les fonctions d'administration, quoiqu'elle ne fut pas aussi bien tracée qu'elle aurait pu
l'être, eût conféré une grande instruction, si elle
eut été exactement suivie. Les notions élémentaires de l'administration étaient prises dans des
cours de justice, investies de la sanction et de l'exécution des lois ; aux principes desquelles l'administration doit toujours se conformer. De ce premier
grade on passait au conseil, où l'on ne jugeait point
les individus, mais les jugemens, et le compte qui
y était rendu des plaintes contre les abus commis en
administration, en faisait connaître les règlemens, et
en indiquait l'esprit, qui diffère de l'esprit judiciaire. Cette instruction disposait aux fonctions
de commissaire du roi dans une province ; la translation de l'administration d'une province à l'administration d'une autre, mettait à portée d'établir
entre elles une comparaison qui en faisait distinguer
les caractères essentiels et différentiels. Le succès
dans ces places appelait à celles d'intendant des finances, dont chacun ayant pour département une
partie particulière de finance, devait y exceller par
la concentration de ses études sur cet objet. Ces
intendans des finances avaient entre eux des conférences, dans lesquelles étaient résumées toutes
les connaissances, qui pouvaient être érigées en
principes ; ainsi sous divers rapports, ils étaient
d'une part, d'excellens inspecteurs des commissaires
du roi, départis dans les provinces ; d'autre part,

d'utiles aides de camp du ministre général, qui, en cas de changement, devait être remplacé par l'un d'eux. Mais depuis quelque temps tout cet ordre avait été interverti ; les officiers des parlemens qui avaient le plus de talent, loin de concilier la juridiction avec l'administration, s'en rendaient les frondeurs. Le conseil avait été infecté de formes praticiennes ; les commissaires du roi dans les provinces, n'étaient ni assez dirigés, ni assez surveillés ; ces intendans des finances, au lieu d'être des intendans de province émérites, étaient de jeunes gens sans connaissances, sans expérience, moins instruits que ceux qu'ils auraient dû diriger ; le ministre n'étant point secouru dans son travail, était obligé de se livrer à des détails qui lui faisaient perdre de vue les grands objets, et sur ces objets il était privé de ses conseils naturels. Le ministre des finances a souvent été choisi sans égard aux preuves de capacité, qui devaient faire appeler à une place si importante ; il semblait qu'on eut oublié que les places ne doivent pas être données aux hommes, mais les hommes aux places ; et qu'un roi, pour le succès de son règne, a plus besoin d'un sage, qu'un sage pour son bonheur n'a besoin d'un roi.

La permanence dans les places ministérielles qui peut suppléer, par le secours du temps, aux notions qui doivent être acquises par une étude, et une expérience antécédente dans des places d'un ordre inférieur ; cette permanence, qui donne le meilleur genre d'instruction, a depuis les quarante-cinq dernières années de la monarchie Française, manqué aux ministres des finances. *(a)*   Pendant les règnes de Louis XIV., de Louis XV. et de Louis XVI., la durée des ministères a décru successivement, et les succès ont diminué à-peu-près dans la même proportion.   Sous Louis XIV., dans les dernières cinquante-cinq années de son règne, on compte cinq ministres des finances; *(b)* ainsi le terme moyen de leur existence ministérielle a été de onze années, et il faut même observer que nul d'eux n'a été renvoyé; M. Colbert est mort en place; M. Pelletier, et M. de Chamillart ont abdiqué volontairement; et après avoir long-temps sollicité la permission de se retirer, M. de Pontchartrain n'a quitté les finances que pour la première dignité de l'état; M. Desmarets était en place à la mort de Louis XIV.

Sous le règne de Louis XV., deux époques à distinguer : d'abord les trente premières années qui

(a) Non-seulement cette instabilité nuit à l'instruction, elle nuit aussi aux succès de toute grande entreprise, parce que le projet conçu par un ministre, n'est suivi par le successeur ni avec le même esprit, ni avec la même affection; et le défaut de confiance dans la stabilité des ministres, empêche leurs partisans de leur prêter une assistance nécessaire au succès, et enhardit leurs contradicteurs dans leur opposition.

(b) MM. Colbert, Pelletier, Pontchartrain, Chamillart, Desmarets.

comprennent là Régence, et les ministères du Cardinal du Bois, du Duc d'Orléans, du Duc de Bourbon, du Cardinal de Fleuri, qui peuvent être considérés comme des Régences prorogées, en ne comprenant point dans cette époque environ cinq années, où les finances ont été régies par des conseils, cinq ministres remplissent les vingt-cinq années restantes. *(a)* Ainsi leur administration a été de cinq ans.

Dans les vingt-neuf dernières années de ce règne neuf ministres ; *(b)* terme moyen, ils ont été en place, un peu plus de trois ans. *(c)*

Depuis l'avénement de Louis XVI. au trône, jusqu'à la fin de 1791, dans l'espace de dix-sept ans, huit mois, dix ministères, *(d)* terme commun, vingt et un mois, et quelques jours.

L'exercice des fonctions ministérielles est un moyen de perfectionnement si effectif et si puissant,

(a) Law 1720, Le Pelletier de la Houssaie 11 Septembre 1720, Dodun Avril 1722, Le Pelletier des Forts 16 Juin 1726, Orry 17 Mars 1730, jusqu'en 1745.

(b) Machaut 4 Septembre 1745, Sechelles 28 Mars 1754, Moras 17 Mai 1756, Boullongne 25 Avril 1757, Silhouette 4 Mars 1759, Bertin 21 Octobre 1759, Laverdy 12 Septembre 1763, Dinvau Novembre 1769, L'Abbé Terrai 23 Décembre 1769.

(c) Louis Quinze disait : "ç'est moi qui nomme les ministres des finances, mais c'est le public qui les renvoie."

(d) Turgot 1775, Clugny 1776, Taboureau 1776, Necker 1777, Fleuri 1781, Dormesson 1783, Calonne 1783, Fourqueux 1787, L'Archevêque de Sens 1787, Necker 1788.

que tous les ministres ónt été, à la fin de leur carrière, supérieurs à ce qu'ils étaient dans le commencement, et plusieurs y ont paru si différens d'eux-
mêmes, qu'on pourrait être tenté de croire que ce né
sont pas les mêmes hommes. Les derniers règlemens par M. Colbert des droits sur les consommations sont bien mieux conçus, bien mieux rédigés
que les premiers ; et le plan du cadastre du Querci en
1666, est bien inférieur à l'ordonnance projetée en
1683, pour opérer la refonte générale de la taille
réelle. M. de Machaut n'a établi de justes bases
d'impôt territorial, et de crédit, que dans les derniers temps de son ministère. L'Abbé Terrai, lorsqu'il a été renvoyé en 1774, entendait bien mieux
l'administration qu'en 1769 ; M. Necker n'eût pas
été en état de rendre au commencement de son second ministère, les grands services par lesquels il a
préservé alors la France de la famine et de la banqueroute, s'il n'avait fait un apprentissage dans son
premier ministère.

D'après ces faits, il est évident que la brièveté des
ministères dans les derniers temps de la monarchie,
a grandement contribué aux fautes qu'ont faites les
ministres ; et on devrait former un vœu pour que,
dans tous les temps et dans tous les états, tout ministre des finances soit maintenu dans sa place, à
moins que son renvoi ne soit prescrit par une incapacité incurable, ou par une obstination irrévocable
dans un système erroné, non par quelque faute,

ou quelque erreur, ou quelque tort ; et même dans un homme à grand talent un acte d'improbité, si ce n'est qu'une faiblesse expiée par le repentir et non la marque d'un caractère foncièrement corrompu, n'est pas un motif qui autorise un changement. Quelles pertes eût fait la France, si M. Colbert eut été expulsé du ministère, lorsqu'il défendit aux gens de finance de faire des avances au gouvernement ; ou si M. Desmarets, quoique convaincu de prévarication, n'eut pas été rappelé à l'administration.

Cause III.

Injustice du jugement national sur les ministres des finances.

Si la nation Française n'a pas été servie dans l'administration des finances, aussi bien qu'elle aurait pu l'être, elle-même en est une des causes principales. Quelque ingénieuse et éclairée que soit cette nation, quelque amie qu'elle soit de la vérité, et de l'équité ; sa vivacité, sa susceptibilité, son goût pour l'innovation, son engouement, son emportement l'ont fait tomber dans de grands et fréquens égaremens, sensibles dans presque toutes ses opinions, quels qu'en soyent les objets *(a)*, remarquables

_(a)_ Ce ne sont pas seulement les ministres des finances qui ont éprouvé cette aberration du jugement national ; elle s'est

surtout dans ce qui concerne les ministres des finances ; dont presque aucun, tant qu'il a été en
place, n'a été bien jugé.

étendue jusqu'aux rois, à tous les objets du gouvernement, et
aux objets qui y sont étrangers. Louis XIV, a été exalté et
presque adoré, quand il employait à une vaine magnificence
la substance de ses sujets ; quand il faisait couler le sang humain,
pour des guerres injustes ; quand il incendiait le Palatinat ;
quand il faisait prêcher Dieu dans son royaume par des gens de
guerre. Lorsque soutenant avec courage les malheurs et les
désastres de la guerre de la succession d'Espagne, il a montré la ré-
solution héroïque de reparaître dans sa vieillesse à la tête de ses armées vaincues, et de mourir en roi ; l'admiration et l'affection nationale ont cessé ; on ne lui a pas pardonné d'être malheureux ;
et le peuple a insulté la pompe funèbre de ce monarque, qui,
malgré de grandes fautes, avait fait de grandes choses, ennobli
le trône, illustré le nom Français. La direction des affaires politiques a, comme la direction des affaires de finance, été mal
appréciée. Ecoutons M. de Torcy, un des plus sages ministres
qu'ait eu le département des affaires étrangères. Lorsque la
paix d'Utrecht était sur le point d'être signée, *pendant que le
Roi la retardait, pour obtenir la restitution de Tournay, on mur-
murait en France de sa fermeté, et bien des gens persuadés de
leurs propres lumières, traitaient d'opiniâtreté insensée la constance à demander une place, que certainement on n'obtiendrait
jamais par la négociation. Quelle comparaison, disaient-ils,
entre Tournay et la paix ; ne vaut-il pas mieux abandonner une
ville, que de manquer de conclure cette paix si nécessaire au
salut du royaume? Après l'abandon de Tournay, ces mêmes
politiques murmurèrent encore plus ; et traitèrent de faiblesse
de livrer aux ennemis une place si nécessaire à la sûreté de la
frontière.* Sur la confection des ouvrages les plus utiles à la
nation, les plus favorables au commerce, les plus honorables

Ces injustices nationales remontent à un temps
antérieur à celui sur lequel ont porté nos regards,

aux rois auxquels ils sont dûs, même inconséquence. Ici c'est
M. de Vauban que nous devons écouter, le plus grand ingénieur,
et peut-être le meilleur citoyen qu'ait eu la France. Le canal
de jonction de la Méditerranée à l'Océan n'a été terminé, et
rendu navigable, que peu de temps avant la mort de M. Colbert,
deux ou trois ans après, M. de Vauban en fit l'inspection, et
dans son rapport il observe que tant que M. Colbert a vécu, il
y a eu un murmure général contre la confection de ce canal;
qu'on a prétendu, qu'il ne pouvait être d'aucune utilité, et que
c'était un abîme où l'on enfouissait des sommes immenses; que
cependant le seul reproche qui pût être fait à M. Colbert, était
absolument contraire; c'était de n'avoir pas fait pour un ouvrage aussi important, d'assez grands sacrifices; de n'avoir pas
donné à ce canal autant de profondeur et de largeur, qu'il
aurait pu en avoir, en profitant des eaux de divers lacs et ri-
vières; qu'alors de l'une à l'autre mer les marchandises auraient
pu être transportées, sans rompre charge.

Si de ces grands objets nous passons à ceux qui n'ont pour
juge que le goût, même égarement de l'opinion publique, qui
doit surtout être observée dans les jugemens portés sur des ouvrages dramatiques, d'autant que ces jugemens émanent d'une
masse d'hommes rassemblés. Athalie est méprisée; Esther admi-
rée; la Phèdre de Pradon à son apparition est préférée à celle de
Racine; et le dramatiste qui a porté au plus haut degré la tactique
des sentimens tendres, est si affecté de ces contradictions, qu'il se
détermine à ne plus travailler pour le théâtre. Le Misantrope,
le plus beau drame de Mollière, si le Tartuffe n'existait pas, ne
peut se soutenir à la représentation que par l'adjonction des
Fourberies de Scapin. Qu'on écoute Voltaire sur les mauvais
traitemens qu'ont éprouvé quelques-uns de ses drames, qui par
la suite ont fait les délices de la France; Zaïre, Oreste, Sémi-
ramis, Tancrède, l'Orphelin de la Chine, ont eu peu de succès

Le Duc de Sulli a éprouvé l'indisposition de la nation qu'il servait avec tant de zèle et de succès;

à leur apparition; Mahomet, que Voltaire estimait être son chef-d'œuvre, n'a pu en 1741 soutenir que trois représentations, et dix ans après a reçu les plus grands applaudissemens. Voltaire avait donné ses plus beaux drames; et on soutenait encore qu'il n'était qu'un versificateur, que Crébillon seul était un poëte véritablement tragique, et en qui l'on retrouvait un successeur de Corneille et de Racine.

Toute grande masse d'hommes n'est point en état de former un jugement sain sur les grands hommes, ni sur leurs œuvres; ce serait l'ignorance qui donnerait des lois à la science. Envain a-t-on dit que la voix du peuple est la voix du Dieu; *vox populi, vox Dei*; c'est un axiome que ne reconnaissent pas les hommes d'état; ce suffrage populaire peut toutefois, autant qu'il appartient à l'opinion humaine, avoir un caractère d'infaillibilité quand il est l'expression et la sanction de la pensée des hommes les plus profonds dans une science, les plus experts dans un art; et encore dans tous les temps et dans tous les pays, les classes d'hommes qui par la supériorité de leurs lumières et de leurs connaissances se sont mises en possession de commander l'opinion, souvent l'ont falsifiée en la dirigeant conformément à leurs intérêts. Il y a eu un temps où les moines étant les seuls hommes instruits, se permettaient de nommer saint tout bienfaiteur de leurs couvens. Dans le seizième siècle, François I. ayant été l'admirateur et le bienfaiteur des gens de lettres, ils l'ont placé par leurs éloges au-dessus de Charles-Quint, son concurrent, bien plus habile que lui dans le grand art des souverains, l'art de régner. Dans le dix-huitième siècle les philosophes s'étant érigés en précepteurs du genre humain, Frédéric II. et Catherine II. pour s'être déclarés leurs protecteurs, en ont été les protégés. Tout ce qui pouvait les illustrer a été mis en évidence; sur ce qui pouvait flétrir, ou ternir leur renommée, le silence a été observé.

et jusqu'à sa retraite, suivie d'une décadence de la fortune publique, qui ouvrit les yeux sur la sagesse de son administration, il fut généralement haï. On lui reprochait de ne connaître dans la langue Française que le mot *non*; reproche qui, dirigé contre un ministre des finances, peut, sauf l'exagération, être un éloge; car c'est le mot dont doit faire le plus d'usage l'administrateur de la fortune publique, pour la défendre contre les attaques de l'intérêt individuel.

M. Colbert, le ministre auquel la France doit le plus d'institutions sages en finance, et le plus d'établissemens favorables à l'industrie et au commerce, a vu pendant tout le cours de son administration ses

On dit que la postérité réforme les injustices des contemporains, il faut le croire; mais quelquefois que de siècles se passent avant cette rectification. Il n'y a pas plus de soixante ou quatre-vingts ans, qu'il est généralement reconnu en France, que l'empereur Julien, surnommé l'Apostat, a été dans son gouvernement temporel, un prince juste et vertueux; et que Constantin, premier empereur Chrétien, a été dans tout ce qui ne concerne point la religion, un prince atroce, un homme détestable.

Enfin pour en revenir aux affaires de gouvernement et d'administration, il faut reconnaître, *que les affaires d'un état seraient bien mal gouvernées, si le souverain trop sensible aux discours du public, les écoutait comme la règle de sa conduite; il doit souvent se boucher les oreilles, s'il veut éviter les écueils. Le but auquel il s'est proposé de parvenir, est l'objet qu'il doit toujours avoir en vue, sans s'arrêter dans sa route, et se laisser endormir par le chant des sirènes, sans déférer aux murmures des matelots,* (M. de Torcy.)

services mal accueillis, etsa capacité méconnue. Un commerçant, indigne de le juger, et cependant interprète de l'opinion du commerce, disait avec des expressions assorties à ses idées, que M. Colbert *avait trouvé la charrette versée d'un côté, et l'avait renversée de l'autre.*

À sa mort, le peuple voulut priver d'un tombeau un homme à qui l'on aurait dû ériger un autel, s'il était permis d'en élever aux bienfaiteursde la patrie; la sépulture même n'a pas été pour lui un asile contre l'injustice et la haine. M. Pelletier, son successeur, porté à cette place par ses ennemis, MM. le Tellier et Louvois, disait dans les conseils, et en public, que M. Colbert avait fait bien du mal à l'état, et qu'il serait bien difficile de le réparer ; et jusqu'à la mort de M. de Louvois cette opinion soutenue par un parti puissant, a été celle de la cour et même de la nation.

M. de Machaut lorsqu'il a établi un vingtième général et perpétuel, et une caisse d'amortissement, les deux plus belles opérations de finance qui ayent eu lieu en France depuis le règne de Louis XIV., a excité une indisposition générale ; le clergé, se refusant à ce que ses biens fussent soumis à cet impôt, s'est déclaré hautement contre ce ministre ; et autant qu'il lui a été possible lui a fait ressentir son indignation ; cependant cet assujettissement aurait pu sauver les biens ecclésiastiques de la confiscation totale qui depuis est survenue. L'étendue, la profondeur, là justesse des vues de ce ministre ont été méconnues, jusqu'à ce qu'ayant passé dans un autre département, il y ait par de grands succès obtenu considération et affection.

Pendant les règnes de Louis XV. et de Louis XVI. trois ministres des finances ont joui de la réputation la plus brillante, et ont été les favoris de la nation ; et par une singularité remarquable, leur renommée éphémère a été obtenue par des fautes. On crut voir dans Law un génie bienfaisant, accordé par le ciel à la France, destiné à la sauver et à l'enrichir ; et la nation fut à ses pieds, quand il l'abusa par de fausses relations sur les richesses du Mississippi, et quand il falsifia le crédit et en fit un usage insensé *(a)*. Lorsqu'il voulut mettre des bornes à cet excès, le peuple poursuivit à coups de pierre l'homme que la veille il adorait, et qui lui parut un charlatan, au moment où il cessa de l'être.

M. de Silhouette, pendant six ou huit mois, a été l'idole de la nation qui le plaçait au-dessus des plus grands ministres *(b).* Qu'avait-il fait alors ? il avait

(a) Un officier général à la tête d'un département militaire, ayant demandé une augmentation de fonds pour ce département, et Law lui ayant accordé le triple de ce qu'il demandait, l'officier dans le transport de sa surprise et de sa reconnaissance se jeta à ses pieds, et l'appela *mon dieu Law* ; et telle était l'ivresse publique, que cette extravagance ne parut qu'une exagération, et non un délire, ni une bassesse.

(b) Toutes les modes portaient son empreinte, marque frivole, mais certaine de l'affection des Français.

cassé avec irrégularité et injustice la ferme des droits
sur les consommations ; et, par la concession d'un
intérêt exorbitant à des actionnaires substitués aux
fermiers, il avait mis de grands obstacles à de nouveaux emprunts.   Quelques mois plus tard, lorsqu'il
mit des impôts sur le luxe, pour éviter l'augmentation de ceux établis sur la misère ; lorsqu'il fit faire
des retranchemens dans la dépense personnelle du
roi ; lorsqu'il fit sur les pensions des restrictions dont
étaient exemptes celles, dont la médiocrité prouvait
la necessité ; il devint odieux, sa réputation de talent s'évanouit, sa probité ne fut point inculpée, et
cependant sa sûreté fut compromise. (a)

Necker en 1781, quoiqu'il n'eut ni supprimé, ni
rectifié aucun impôt, qu'il n'eut fait aucune réduction
remarquable dans la dépense, qu'il n'eut pourvu aux
besoins de l'état que par des emprunts sans assiette,
qu'il ne se fut signalé que par un compte artificieux,
et de nombreux et vains manifestes ; et qu'il eut
préparé la révolution par des institutions inconcilia-
bles avec la constitution de l'état subsistante, a été
l'homme de la nation.   Quand il l'a préservée de la
famine et de la banqueroute, à peine ce service a-t-il
été senti ; quand il s'est opposé aux folies financières
de l'assemblée nationale, il a été réputé un petit
esprit, incapable de saisir les grandes vues qu'exigeait la situation de l'état.

(a) Dans les premiers momens de sa retraite du ministère,
il n'osait sortir de sa maison ; il n'aurait pas été en sûreté.

Quelle triste et honteuse série d'inconséquences! Des bienfaiteurs de la patrie méconnus, des charlatans respectés et encensés; l'équité ne se manifestant que pour des tombeaux; les ministres d'un talent supérieur dédaignés et haïs, au moins pendant leur administration; plusieurs dans le cours d'un ministère de peu de durée exaltés, déprisés, chéris, détestés. Par un contraste inconcevable, ce qui méritait censure étant objet d'éloge, ce qui méritait éloge étant censuré. Le peuple Romain ayant prononcé une condamnation grave contre un de ses citoyens, élut ensuite ce même citoyen à la place de censeur; à peine institué dans cette place, il condamna tout le peuple à une déchéance temporaire de ses droits, pour avoir prévariqué, ou en le condamnant, ou en lui conférant ensuite une magistrature. Que la nation Française contemple ce jugement, et se juge.

Qu'elle reconnaisse que de la déviation de son opinion et de ses affections, est émanée la déviation de l'administration des finances; que par ses égaremens elle a donné des entraves au génie, de l'audace à l'ignorance; s'est privée de grands avantages; s'est précipitée dans le désordre et la ruine; que le plus souvent elle n'a été malheureuse que pour avoir été injuste; que surtout elle s'indigne contre les ministres, qui déférant plus à ses inclinations qu'à ses intérêts, n'ont pas osé, pour la servir, braver sa haine; courage ministériel, plus rare que le couráge militaire, mais devoir essentiel de quiconque exerce quelque portion de la puissance publique.

C'est par le sentiment de ce devoir, que l'auteur de cet ouvrage a retracé ici les causes, qui se sont opposées à ce que le ministère des finances fût en France tout ce qu'il pouvait être; et qu'il a eu le zèle et le courage de dire à une grande et respectable nation des vérités désagréables, mais utiles. Un livre écrit dans cet esprit doit être apprécié, non d'après les nombreuses fautes qui peuvent s'y rencontrer, mais d'après les vues pures et louables, qui l'ont dicté.

FIN.

De l'Imprimerie de Cox et Baylis, 75, Great Queen Street, Lincoln's-Inn-Fields, à Londres.